개정증보판

장하준이
말하지 않은 23가지

북오션은 책에 관한 아이디어와 원고를 설레는 마음으로 기다리고 있습니다. 책으로 만들고 싶은 아이디어가 있으신 분은 이메일(bookrose@naver.com)로 간단한 개요와 취지, 연락처 등을 보내주세요. 머뭇거리지 말고 문을 두드리세요. 길이 열릴 것입니다.

개정증보판

장하준이 말하지 않은 23가지

초판 1쇄 발행 | 2011년 10월 25일
개정 증보판 1쇄 인쇄 | 2014년 1월 20일
개정 증보판 1쇄 발행 | 2014년 1월 24일

저　자 | 송원근, 강성원
발행인 | **박영욱**
펴낸곳 | 북오션

경영총괄 | 정희숙
편집 | 이준호
마케팅 | 최석진 · 김태훈
표지 및 본문 디자인 | 서정희
법률자문 | 법무법인 광평 대표 변호사 안성용

주　소 | 서울시 마포구 서교동 468-2번지
이메일 | bookrose@naver.com
페이스북 | bookocean
전　화 | 편집문의 : 02-325-9172　　　영업문의 : 02-322-6709
팩　스 | 02-3143-3964

출판신고번호 | 제313-2007-000197호

ISBN 978-89-6799-031-2 (13320)

*이 도서의 국립중앙도서관 출판시도서목록(CIP)은 e-CIP홈페이지(http://www.nl.go.kr/ecip)
　와 국가자료공동목록시스템(http://www.nl.go.kr/kolisnet)에서 이용하실 수 있습니다.
　(CIP제어번호 : CIP2013028284)

장하준이 말하지 않은 23가지

송원근(한국경제연구원, 공공정책연구실장), 강성원 지음

북오션

경제민주화와 보편적 복지

경제가 아닌 이념 논쟁을 끝마칠 때

『장하준이 말하지 않은 23가지』를 세상에 내놓은 지도 어느새 2년이 훌쩍 지나버렸다. '장하준'이라는 특정 인물을 겨냥해서 책을 내놓는 것이 개인적으로도 상당히 부담스러운 일이었고, 또 그럴 만한 가치가 있나 하는 회의감이 들었던 것이 사실이다. 그럼에도 이 책을 세상에 선보인 이유는 경제와 역사에 대한 잘못된 인식이 우리 사회에 만연하는 것을 막는 데 미력한 힘이나마 보태기 위해서였다.

장하준의 『그들이 말하지 않은 23가지』가 유례없는 판매부수를 기록하며 신드롬을 일으키고 있던 시기는 소위 '공정사회와 친서민'이 날갯짓을 시작하던 때였다. '공정사회와 친서민'은 시장경제와 자유주의에 대한 포퓰리즘적 문제 제기였다고 볼 수 있다. 시장에서의 경쟁에 따른 결과의 공정성에 대한 논란은 항상 있어왔고, 그 이유는 시장에서의 경쟁의 결과가 노력이나 재능이 아닌 행운과 연줄(network)에 의해 결정된다는 믿음이 존재하기 때문이다. 특히 학연, 지연 등 경쟁제한 요소인 연줄이 경쟁의 결과에 영향을 미치는 경우 공정성에 대한 문제 제기는 더욱 강해진다.

물론 연줄과 같은 경쟁제한적인 요인이 시장에서 결과에 영향을 미칠 수는 있다. 그러나 효율성과 생산성을 반감시키는 연줄에 의존한 경제행위가 역동적이고 혁신적인 시장경제에서 지속 가능하기는 어렵다. 오히려 연줄과 같은 경쟁제한적 요소가 경쟁의 결과에 결정적인 영향을 미치는 경우는 정부의 개입과 규제가 지배적인 사회다. 이런 사회에서 기업들은 수익을 얻기 위해 효율적 생산이나 혁신을 위한 노력보다는 정부로부터 보호 및 특혜를 얻기 위한 지대추구행위에 치중하게 된다. 그런데 정부의 지원, 보호, 특혜를 얻기 위한 지대추구행위는 주로 학연, 지연 및 이익집단의 정치적 영향력을 통해 이루어진다. 따라서 정부의 개입 및 규제가 확대될수록 연줄의 중요성이 더욱 커진다. 결국 정부의 역할과 시장 개입이 커질수록 연줄을 통한 지대추구행위가 만연하게 되고 결과의 공정성에 문제가 생긴다. 장하준 식의 큰 정부, 시장이 아닌 정부 주도의 산업정책, 성장, 소득재분배는 오히려 지대추구행위를 촉발시켜 결과의 공정성을 훼손할 가능성이 더 크다. 그럼에도 오히려 시장 경쟁에 따른 결과의 공정성에 의문을 제기하는 것은 우리 사회 전반에 걸쳐져 있는 잘못된 이념과 지식 때문일 가능성이 크다.

미국과 유럽 국가들을 비교해보면 미국이 유럽에 비해 세전 소득불평등 수준이 더 높고 소득분포가 편향되어 있다. 그럼에도 재분배정책에 대한 정치적 지지는 유럽 국가들이 더 높고 시장경제 시스템을 통한 경제적 결과의 공정성에 대한 믿음은 유럽 국가들보다 미국이 더 높다. 이는 양자 간 사회주의 이념의 영향력 차이로 볼 수 있다. 유럽에서 사회주의 이념의 정치적 영향력이 높아진 원인은 여러 가지를 들 수 있다. 먼저 유럽에서는 노동운동이 확산되고 사회주의 정당의 정치적 영향력이 커진 시점에 정치체제의 변화와 더불어 새로운 헌법이 성립되었다. 독일의 예를 보면 제1차 세계대전 이후 왕정의 종식과 함께 비례대표제의 도입, 근로자 및 노조의 권리 강화 등 좌파 사회주의 세력의 의견이 반영된 바이마르 헌법이 1919년 성립되었고 제2차 세계대전 이후 성립된 독일기본법도 바이마르 헌법의 특징을 이어가고 있다. 프랑스도 19세기 말부터 노동운동의 확산과 더불어 노동조합 등의 의견을 정책에 직접적으로 반영하기 위해 현 '경제사회위원회(Le Conseil Economique et Social)'의 모태가 된 '경제위원회(Conseil National Economique)'가 1925년 성립되었고, 1946년 헌법에서는 위원회의 설립의무를 공식화하여 제3의회의 역할을 하고 있는 것에서 볼 수 있듯이 노동조합의 정부 및 정책에 대한 영향력을 헌법에서 보장하고 있다.

유럽의 예에서 알 수 있는 것은 노동운동 및 사회주의 정당이 정치적 영향력을 발휘할 수 있는 정치제도 및 역사적 환경이 대중영합적 재분배정책의 지속성과 복지국가의 성립에 필수적이라는 점이다. 더욱 중요한 것은 대중영합적 재분배정책 채택의 근본적 원인이 '시장경제 메커니즘에 따른 분배 시스템은 불공평하며 따라서 시스템의 변혁이 필요하다'는 좌파 이념의 확산에 있다는 점이다. 좌파 사회주의 이념은 대중에게 쉽게 전파되는 정치제도와의 상호작용을 통해 유럽에서 사회의 지배적인 이념 혹은 기존 지배 이념에 대항하는 주요 이념으로 자리잡았다.

유럽에서 마르크스주의 혹은 마르크스주의에 경도된 좌파 이념의 전파에 큰 역할을 한 것은 '교원노조'다. 독일과 프랑스의 경우 사회민주당이나 인민전선이 정권을 획득하기 이전부터 교원노조가 학교를 장악하여 초등교육에서부터 사회주의적 이념을 주입하기 위한 노력이 진행되기 시작했다. 독일의 경우 제1차 세계대전 이전부터 사회주의 이념이 가미된 초등교육 커리큘럼 전환이 사민주의자들에 의해 시도되었고 프랑스에서도 좌파의 학교 장악과 더불어 커리큘럼 변화가 나타났다. 대부분의 유럽 국가에서는 기초교육에서부터 마르크스주의에 기초한 사회주의적 세계관이 교육되었다.

사회주의적 세계관에 따르면 기존의 자본주의적 생산관계는 불평등한 계급관계를 야기하고 이에 따라 고착화된 계급 간 소득불평등이 지속되므로 평등을 지향하는 사회변혁 혹은 개혁이 필요하다. 유럽사회에서는 20세기 전반에 걸쳐 이와 같은 이념이 교육을 통해 전파되었다. 이는 유럽인들이 미국인들에 비해 시장경제에서의 소득 분배가 불공평하다고 느끼는 원인이며 유럽에서 재분배정책이 상대적으로 광범위하게 큰 규모로 행해진 이유이다.

유럽에서와 같이 좌파 이념이 영향력을 발휘하기 위해서는 좌파 세력의 주요 정당화, 교원노조에 의한 교육기관에서의 이념 전파 등이 가능해야 한다. 한국에서 좌파 이념이 정치적 영향력을 나타내게 된 결정적 계기는 좌파 정치세력의 국회 진출과 더불어 이들이 함께한 정당이 집권당이 된 것이다. 김대중 정부와 노무현 정부가 좌파 정부였는가에 대해서는 논란의 여지가 있다. 그러나 사회주의를 지향하는 좌파 정치세력이 참여했던 정부라는 데에는 의문의 여지가 없고 그런 이념이 정책에 반영되었다는 점도 부정할 수 없다.

이 시기에 두드러진 또 하나의 중요한 특징은 전교조, 민주노총 합법화를 통해 좌파의 정치세력 확대와 이념 전파에 용이한 제도적 환경이 조성되었다는 점이다. 교육기관에서 교원노조의 영향력 확대가 사회주의 이념 전파를 통한 대중영합적 재분배정책의 채택에 있어서 중요한 역할을 한다는 것은 유럽의 예에서 알 수 있다. 1989년 5월 결성된 전교조는 '참교육 실천'이라는 명분을 가지고 실질적으로 사회주의 혹은 사민주의적 교육 및 이념 전파를 목적으로 교육계뿐만 아니라 사회적으로 영향력 확대를 꾀해 왔으나 교사의 노조 설립은 법적으로 허용되지 않았기 때문에 불법단체로서 활동에 제약을 받아왔다. 그러나 김대중 정부 출범 이후 법적 인정을 받은 것을 계기로 전교조의 영향력은 크게 확대되었다.

전교조는 1999년 합법화된 이후 조직의 규모도 확대되었고 단체의 이념적 색채를 보다 분명히 드러내어 학교에서 다양한 이념교육을 실시하였다. 특히, 국가적으로 이념문제가 쟁점이 되었던 사안들 — 남북통일, 국가보안법, APEC 정상회담, 한미 FTA — 에 대해 전교조 차원에서 실시한 소위 계기수업이 대표적이다. 전교조가 학교 현장에서 행한 이념교육의 실시는 사회 전반적으로 좌파 사회주의적 이념의 전파를 촉진시켰다. 특히, 초·중·고 학생들에 대한 이념 교육이 우리 사회의 이념적 지평에도 큰 변화를 주었을 것으로 생각된다. 이념적 변화의 단적인 예는 시스템의 공정성에 대한 세계가치관조사(WVS, World Values Survey)의 최근 조사 결과를 통해 알 수 있다. WVS의 조사 결과에 따르면 한국에서 시스템 공정성에 대한 긍정적 인식이 최근 급격히 낮아지고 있다. 이와 같은 현상은 좌파적 이념 성향을 띤 정부의 등장, 사회주의적 이념 성향의 교원단체인 전교조의 교육 현장에서의 영향력 확대 등 좌파 이념 확산의 전제조건이 충족된 상황에서 이념적 변화가 나타난 증거라고 볼 수 있다.

결론적으로 우리 사회의 이념적 지평이 좌파 이념, 즉 시장경제에 부정적인 이념에 호의적으로 바뀌었다고 할 수 있다. 보수적이고 친시장적인 정책을 들고 나왔던 이명박 정부가 '공정사회·친서민'과 '공생발전'을 지향하는 정부로 전환한 것도 우리 사회 이념적 지평의 변화와 무관하지 않다. 그리고 정치권 전체가 경제민주화를 주장하고 있는 것도 시장경제에 대한 부정적인 이념 확산에 그 원인이 있다. 장하준의 『그들이 말하지 않는 23가지』는 이런 상황에서 잘못된 이론의 제공과 역사적 사실의 왜곡을 통해서 시장경제에 대한 부정적 인식에 기름을 붓는 역할을 했다. 또한 경제민주화를 거스를 수 없는 시대정신이고 이 시대의 화두로 만드는 과정에서 장하준의 저서가 큰 역할을 했다. 자유시장은 존재하지 않으며, 기업은 통제받아야 하고, 경제는 산업정책과 보호무역을 통해 성장·발전할 수 있으며, 현대 자본주의 경제는 고도의 계획경제라는 장하준의 주장은 모든 분야에서 시장에 대한 정부의 개입으로 귀결된다. '경제민주화'와 '복지'로 대변되는 정치권의 경제정책 방향은 장하준의 주장과 궤를 같이 한다.

경제민주화란 이름의 통제사회

재산권 보호와 같이 시장친화적인 제한된 정부의 역할만이 자유시장을 유지시키고 경쟁과 혁신을 촉진시켜 경제의 성장과 후생의 증대를 가져온다는 것이 필자가 주장하는 바이다. 본서는 계획경제, 산업정책, 보호무역, 기업과 금융에 대한 통제, 복지지출이 경제의 성장·발전에 도움이 된다는 장하준의 주장을 조목조목 반박한다. 그럼에도 2013년 이후 대한민국의 경제정책 방향은 장하준의 주장에 근접하고 있다. 모든 문제를 정부가 해결하려고 하고 있으며 모든 부문에 정부의 잣대를 들이대어 규제하려고 하고 있다. 또한 보편적 복지든 생애 주기별 맞춤형 복지든 복지 확대의 필요성에 대해서는 공감하는 분위기이다. 복지지출의 확대가 장기실업, 재정건전성 악화의 문제점을 가져온다는 것은 본서 22장에서 지적한다. 따라서 여기서는 경제민주화에 대해서 먼저 언급하고자 한다.

경제민주화는 그 용어 자체가 경제학에 존재하지 않는 애매한 개념이다. 장하준에 따르면 '1원 1표'의 시장원리를 '1인 1표'로 견제하는 것을 의미한다. 그러나 장하준의 경제민주화에 대한 정의도 애매하기는 마찬가지이다. 물론 경제민주화의 개념 자체가 애매하므로 경제민주화에 대한 여러 종류의 정의가 나올 수 있다. 그럼에도 경제민주화를 주장하는 사람들이 근거로 내세우고 있는 대표적인 것은 경제민주화가 헌법에 규정되어 있다는 것이다. 그렇다면 헌법에 규정되어 있는 경제민주화에 대한 해석을 토대로 경제민주화를 표방하는 정책, 그리고 그 파급효과를 가늠해볼 수 있을 것이다. 그럼 먼저 경제민주화의 헌법적 근거라고 주장되는 헌법 제119조 2항을 보자.

국가는 균형 있는 국민경제의 성장 및 안정과 적정한 소득의 분배를 유지하고, 시장의 지배와 경제력의 남용을 방지하며, 경제주체간의 조화를 통한 경제의 민주화를 위하여 경제에 관한 규제와 조정을 할 수 있다.

헌법 제119조 2항을 보면 경제의 민주화란 경제주체 간의 조화와 균형을 추구하며 시장의 지배와 경제력의 남용을 방지하는 것을 목적으로 하는 것으로 보인다. 특정 경제주체의 소득이나 지위가 상대적으로 높아 경제주체 간의 불균형한 성장이 나타나면, 이는 시장에서의 지배력과 경제력 남용이라는 결과를 가져온다는 논리로 해석할 수 있다. 조화와 균형의 대상이 되는 경제주체에 대해서도 다양한 해석이 가능하다. 자본가와 노동자, 기업과 소비자, 대기업과 중소기업 모두 조화와 균형을 이루어야 할 경제주체가 될 수 있다. 이들 간에 조화와 균형이 깨지면 자본가, 기업, 대기업의 노동자, 소비자, 중소기업에 대한 지배와 경제력의 남용이 나타나게 되며 이러한 일을 방지하기 위해 경제에 관한 규제와 조정이 필요하고 이와 같은 규제와 조정이 경제민주화를 회복시킬 수 있다는 결론에 도달한다.

경제민주화를 명분으로 제시되는 정책 제안들이 예외 없이 대기업에 대한 규제를 내용으로 하고 있다는 점은 헌법 제119조 2항에 대한 이러한 해석과 상충되지 않는다. 한국사회에서 가장 앞서가는 집단이 대기업이고 경제주체 간의 조화와 균형을 깨뜨리는 존재도 대기업이기 때문이다. 따라서 경제민주화를 회복하기 위해서는 대기업에 대한 규제와 조정이 필요하다는 논리가 성립한다.

그렇다면 이런 논리에 따라 경제민주화를 위해 대기업에 대한 규제를 강화하는 것은 무엇이 문제일까? 문제는 경제민주화 자체에 있다. 경제민주화가 최종적으로 도달할 곳은 관료주의이다. 흔히들 관료주의(bureaucracy)라고 하면 민주주의와 반대되는 개념으로 인식한다. 민주주의란 1인 1표에 의한 선거로 선출된 사람들이 다수 국민의 뜻에 따라 정책을 수립하고 집행하는 체제를 의미한다. 반대로 관료주의란 선거로 선출되지 않은 관료들이 자의적으로 정책을 수립하고 집행하는 경우를 말한다. 그렇다면 민주주의를 지향하는 경제민주화와 관료주의는 대척점에 서 있어야 한다.

일반적으로 인식하는 관료주의의 문제점은 관료, 즉 사람의 문제로 귀결된다. 관료주의의 폐해를 이야기하면서 관료들의 자질, 자의성, 부패의 문제가 항상 거론된다. 그러나 관료주의의 폐해를 개별 관료들의 문제로 환원하여 이들을 비난하는 것은 정당하지 않다. 관료주의는 사람의 문제가 아니고 관료제라는 체제의 문제이며, 관료제는 정도의 문제는 있으나 정부의 작동을 위해 필수 불가결하게 존재하는 체제이다. 정부 기구의 운영에 관료적 관리방식이 요구되는 것은 불가피하고 여기서 관료주의가 나타나는 것이다.

이런 관점에서 볼 때 민주주의와 관료주의는 배치되지 않는다. 민주주의는 국민에 의한 지배이고 국민이 선출한 국민의 대표들이 만든 법에 의한 지배를 의미한다. 민주주의하에서 국민의 대표들이 만든 법과 예산에 의해 엄격하게 정부가 운영이 된다고 해도 정부기구의 운영은 관료적 관리에 의해 이루어진다. 관료적 관리는 상부조직의 권한에 의해 정해지는 규칙과 규정에 따르는 관리이고, 상부조직이 전제적 군주나 독재자냐 아니면 국민이냐의 차이점이 있을 뿐 본질적으로 관료제라는 점에서는 차이가 없다. 따라서 문제는 관료제가 아니라 관료제가 적용되는 영역의 팽창에 있다.

관료적 관리는 시장에서 가치를 평가할 수 없는 행정업무의 처리에 적용되는 방식이다. 따라서 관료적 관리에서 성공의 기준은 상부조직이 정한 규칙과 규정에 얼마나 부합하는가 여부이다. 예를 들면 민주주의하에서 국민 대다수가 복지국가를 원하는 경우 복지의 확대라는 목적이 달성될 수 있도록 법과 제도가 만들어지고 정부기구가 이에 부합하는 방향으로 운영된다면, 정부기구의 관료적 관리는 성공적이라고 평가받을 수 있다. 문제는 국민의 뜻에 따라 정부의 역할과 시장에 대한 개입이 커지면서 관료적 관리가 적용되는 영역이 증대되는 경우이다. 이 경우 시장에서 혹은 사기업에서 해야 할 영역까지 정부가 그 역할을 대신하게 되고, 이 영역에서 기준이 되어야 할 이윤, 효율에 따른 관리가 아닌 관료적 관리가 나타나게 된다.

관료제와 그 적용에 따른 관료주의의 비효율성이 사회 전반에 만연하게 되는 것은 이렇게 시장이나 민간 기업이 담당해야 할 영역까지 정부가 담당하는 경우 나타난다. 관료제의 영역 팽창은 비효율성의 만연, 혁신의 부재를 야기한다. 이는 시장의 역할을 축소시키면서 경제 전체의 활력을 떨어뜨리고 국민 전체의 삶의 질의 정체 혹은 저하라는 결과를 가져온다.

다시 경제민주화로 돌아가자. 경제주체 간의 조화와 균형이 깨지는 경우 시장의 지배와 경제력의 남용을 방지하기 위해 정부가 경제에 관한 규제와 조정을 할 수 있다는 것이 경제민주화의 논리이다. 이 논리에 따르면 정부는 시장에서 결정되는 결과물이나 민간 기업의 행태가 정부의 정치적 기준을 충족시키지 못할 경우, 경제민주화를 명분으로 규제와 조정을 할 수 있다. 따라서 경제민주화를 강화하면 할수록 정부의 시장이나 민간 기업에 대한 개입은 강해질 것이고 경제 전반에 걸쳐서 관료적 관리가 적용될 것이다. 이는 결과적으로 관료제의 영역 팽창과 관료주의의 만연으로 이어질 수밖에 없다.

경제민주화를 명분으로 제시되는 정책들은 대부분 대기업 혹은 재벌에 대한 규제다. 먼저 공정거래정책을 보면 진입장벽 등 경쟁을 제한하는 제도적 장벽의 제거보다는 경제력 집중의 억제에 초점이 맞춰져 있다. 여기서 말하는 경제력 집중이란 특정 산업 내에서의 독과점의 문제인 시장집중(market concentration)이 아닌 대규모기업집단(재벌)이 전체 경제에서 차지하는 비중을 나타내는 일반집중을 의미한다. 예를 들면 30대 대기업의 매출액이 전체 기업 매출액에서 차지하는 비중이 높아질 경우 경제력 집중이 심화되었다고 한다. 그러나 일반집중의 의미를 지닌 경제력 집중의 확대는 경쟁제한과는 별 관계가 없다. 오히려 일반집중을 억제하기 위한 정책들이 진입장벽을 만들고 경쟁을 제한하는 역할을 한다. 왜냐하면 기업의 규모를 문제 삼을 경우 규모가 큰 기업이 특정 산업에 진입하는 것을 막는 실질적인 진입장벽이 형성되기 때문이다. 따라서 정책의 초점은 일반집중에서 특정 산업 및 시장에서의 독과점인 시장집중으로 옮겨져야 한다. 출자총액제한제도, 순환출자 금지 등 일반집중에 근거한 정책들은 그 정책들이 투자를 제약하는 영향으로 인해 폐지된 바 있다. 그러나 순환출자의 경우 신규 순환출자는 금지하고 기존의 순환출자에 대해서도 해소를 논의해보겠다는 정책 제안들이 경제민주화를 명분으로 제시되고 있다.

경제민주화를 명분으로 제시되는 규제들로는 순환출자 금지 등 기업지배구조 규제, 금산분리의 강화, 징벌적 손해배상제와 집단소송제 도입 등이 있다. 순환출자는 대규모기업집단 총수 일가의 지배체제 구축 수단으로 악용되기 때문에 금지되어야 한다는 논리이다. 특정 집단의 경제력 남용을 방지하기 위해 필요한 기업지배구조 규제라는 것으로 경제민주화의 일환이라고 볼 수 있다. 그러나 환상형, 지주형, 행렬형 등 다양한 형태의 순환출자구조는 적은 지분을 가진 대주주들이 안정적으로 경영권을 행사하고, 잠재적인 적대적 인수·합병의 위협으로부터 벗어나기 위해 노력한 결과이다. 싱가포르 자딘 메디슨그룹, 호주 엘더스그룹, 홍콩 신시어그룹, 일본 도요타그룹 등 외국에서도 순환출자구조는 보편화돼 있다. 심지어 경영 안정을 위해 대주주 지분에 대해 10~20배에 이르는 차등의결권과 거부권을 부여한 황금주 제도도 도입하고 있다. 순환출자 금지는 경제민주화를 명분으로 이런 현실을 외면한 정책이다. 한국의 대기업들이 이룩한 글로벌 경쟁력의 배경에는 오너체제 특유의 과감하고 신속한 투자의사결정과 계열사 간 자원배분 및 협력이 있었다. 시대를 초월하는 기업지배구조의 모범답안은 없음에도 경제민주화를 명분으로 특정 기업지배구조를 배제하는 것은 자유로운 기업 활동을 제약하는 결과를 초래할 것이다. 기존에 형성된 기업지배구조는 나름대로의 독특한 역사적, 시대적 배경에서 진화되어 온 것임을 감안해야 한다.

금산분리의 강화도 재벌로 대표되는 산업자본의 금융부문에 대한 지배력을 억제하려는 목적을 가지고 있다. 대기업 계열 금융·보험계열사가 보유하고 있는 비금융 계열사에 대한 지분의 의결권 한도를 현행 15%에서 궁극적으로 5%로 제한하겠다는 정책, 산업자본의 은행지분 보유한도를 9%에서 4%로 축소한다는 정책 등이 그것이다. 유럽과 일본에는 산업자본의 은행 소유에 대한 제한이 없으며, 금산분리가 엄격한 미국의 경우에도 산업자본의 금융업 지분 소유를 15%까지 허용하고 있다. 금산분리 강화 정책의 경우 일부 대기업의 지배구조에 직접적인 영향을 미친다.

물론 산업자본의 금융부문에 대한 지배력 억제라는 목적도 특정 집단의 경제력 집중에 따른 남용을 방지하겠다는 경제민주화 정책의 일환이다. 그러나 이러한 금산분리의 강화가 외환위기 이전 대기업의 부실로 인해 금융기관이 부실해지면서 경제위기가 도래했던 사실을 떠올리며 이러한 위기상황의 재발을 방지하기 위해 행한 조처인지는 의문스럽다. 외환위기 이후 금융 부문의 구조개혁과 자본시장의 자유화에 따라 이루어진 금융시장의 발전을 보면 설사 대기업이 금융기관의 지분을 보유해 대주주의 지위를 가진다 하더라도 금융기관이 대기업의 사금고가 되리라는 우려는 과도한 것이라고 할 수 있다. 금산분리의 강화는 오히려 관련 대기업의 지배구조 전환비용을 늘려 투자를 위축시키고 금융권의 자율성 감소를 가져와 금융시장의 발전을 제약하는 역할을 할 것이다.

현재는 경제민주화를 명분으로 대기업에 대한 규제를 강화하려고 하고 있지만 경제민주화에 대한 요구가 커지면 커질수록 대기업뿐만 아니라 기업 일반에 대한 전반적인 규제 강화가 나타날 것이다. 더 나아가 정부의 개입과 관료적 관리가 특정 집단이 아닌 개인의 일상생활까지 옥죄게 될 수 있고, 민주화라는 이름의 또 다른 전체주의가 우리 앞에 나타날지도 모른다. 이것이 경제민주화의 본질이고 앞날이다. 더 큰 문제는 이렇게 경제민주화를 명분으로 하는 정책이 확대된다면 한국 경제가 당면하고 있는 문제점이 해결되는 것이 아니라 오히려 더 악화되리라는 점이다.

규제는 지대추구행위만 강화한다

한국 경제가 현재 당면하고 있는 가장 큰 문제는 성장잠재력이 둔화되고 있다는 점이다. 외환위기와 글로벌 금융위기 등 두 차례의 금융위기를 거치면서 한국 경제의 잠재성장률은 3% 수준까지 하락하였다. 물론 두 차례 금융위기의 충격이 성장 자체에 타격을 준 것은 사실이나 그 원인은 보다 복합적이다. 경제가 성숙 단계에 도달한 선진국은 규모에 따른 수확체감으로 높은 성장률을 기록하기는 어렵다. 즉, 성숙한 경제에서는 자본이나 노동과 같은 생산요소 투입의 증대에 따른 생산 증대의 효과가 감소하기 때문에 성장 단계의 국가에 비해 성장률 자체는 낮은 경우가 일반적이다. 그렇다면 한국 경제는 이제 성숙 단계에 도달했기 때문에 성장잠재력이 하락하는 것인가? 경제규모 세계 15위권의 한국 경제는 소위 캐치업(catch-up) 단계를 벗어나 앞으로 이전과 같은 고도성장을 기대하기는 힘들다고 볼 수도 있다. 그러나 1인당 GDP를 기준으로 아직 세계 30위권에 있고 과학기술 수준이나 제도의 선진화 측면에서도 선진국에 미치지 못하고 있다는 점을 고려하면 성장잠재력이 급속히 둔화될 정도로 한국 경제가 성숙 단계에 접어들었다고 단정하기는 어렵다.

오히려 문제는 한국 경제에 향후 지속적 성장을 촉진시킬 수 있는 기반과 이런 기반을 지속적으로 강화할 수 있는 제도적 뒷받침이 있는지 여부다. 지속적인 경제성장을 촉진시킨다는 말은 지속적인 투자와 혁신을 통해 생산성 향상이 이루어질 만한 환경을 조성해주는 것을 의미한다. 기업하기 좋고 투자에 매력적인 환경은 기업 활동과 투자를 증대시켜 성장을 촉진시킨다. 이런 환경은 정부 개입이 최소화된 자유로운 시장경제에서 조성된다. 여기서 중요한 것은 혁신(innovation)하기 위한 환경의 조성이다. 경제성장을 촉진시키는 가장 중요한 요인은 생산성 향상이고 이는 혁신을 통해 가능하다.

혁신은 기업하기 좋은 환경과 그에 따라 기업들의 경쟁을 심화함으로써 발생한다. 기업들이 기업 활동을 통해 자유롭게 이윤을 추구하는 데 제약을 받는 경우를 가정해보자. 이 경우 기업들은 기술진보와 생산성을 향상시켜 혁신을 하기보다는 정부의 보호 및 이권을 얻으려고 지대추구행위를 하게 된다. 따라서 한국 경제가 지속적인 성장을 하기 위해서는 투자 여건이나 기업환경이 좋아야 하고 혁신적인 기업 활동을 촉진시킬 경쟁이 심화되어야 하며 이를 제한하는 정부의 개입이 있어서는 안 된다.

앞서 소개한 경제민주화를 명분으로 하는 정책들은 자유로운 기업 활동과 경쟁을 제한하는 역할을 한다. 한국 경제는 외환위기 이후 규제완화, 감세, 공기업 민영화 등 자유로운 시장경제를 만들기 위한 제도개선 노력을 지속해왔다. 그럼에도 각종 규제와 노동시장의 경직성, 불합리한 세제 등이 기업 활동 및 투자를 여진히 제약하고 있다. 특히 세제의 경우 일반적 인식과는 달리 기업의 세부담이 높고, 법인세가 총조세수입과 GDP에서 차지하는 비중도 주요 선진국들에 비해 높다. 따라서 향후 한국 경제의 지속 성장을 촉진하기 위해서는 규제완화 및 세제 합리화, 노동시장의 유연성 확보 등과 같은 자유시장경제에 친화적인 제도개혁이 필요하다.

앞서 언급한 바와 같이 2013년 한국의 경제정책은 장하준의 주장에 근접하고 있다. 경제민주화는 민주화라는 이름을 달고 정부가 기업의 행태에 관한 틀을 자의적으로 정해놓은 뒤 기업들에게 따라오라고 말하는 식이다. 기업지배구조의 사전적 규제, 금산분리의 강화, 중소기업 적합업종제도 등은 모두 기업 활동을 사전적으로 제약하는 것이며 진입장벽을 만들어 경쟁을 제한하는 것이다. 이런 규제들은 대부분 대기업에 대한 규제이며 대기업으로의 경제력 집중을 막기 위한 규제들이다. 그렇다면 이런 규제들 덕에 경제력 집중이 줄어들고 중소기업의 경쟁력이 강화되는가? 결코 그렇지 않다. 중소기업이 영위하는 업종에 대기업이 진입을 못하게 한다고 해서 중소기업의 경쟁력이 올라가는 것은 아니다. 진입장벽을 통해 보호와 지원을 받는 중소기업들은 혁신의 유인을 갖지 못하고 정부로부터의 지원을 유지하기 위해 중소기업 지위에서 벗어나지 않으려고 한다. 우리나라 중소기업들이 경쟁력을 갖지 못하고 중견기업, 대기업으로 성장하지 못하는 가장 중요한 이유 중 하나가 제도적으로 중소기업 지위를 벗어나면 혜택을 받지 못하기 때문이다. 따라서 장하준의 주장과 궤를 같이하는 경제민주화 정책들은 대기업을 옥죄고 중소기업의 경쟁력 정체를 가져옴으로써 한국 경제의 성장과 발전을 저해하는 요인으로 작용할 것이다.

복지 확대의 문제점

여야를 막론하고 정치권에서 한 목소리로 주장하는 내용 하나가 복지의 확대이다. 이는 장하준의 주장과 궤를 같이하며 특히 보편적 복지의 확대가 시대적 흐름인 것처럼 주장하는 사람들이 있다. 그러나 섣부른 복지의 확대는 고령화의 심화와 더불어 재정건전성 악화의 문제를 야기한다. 현재 한국 경제를 위협하는 가장 큰 문제점 중 하나가 급속히 진행되고 있는 고령화이다. 고령화는 경제활동인구의 감소를 가져오고 복지비용의 급증에 따른 재정건전성 악화 가능성을 높인다. 고령화 사회로 접어드는 상황에서 보편적 복지의 확대는 실질적으로 도움이 필요한 빈곤층에게 돌아갈 몫을 오히려 감소시키는 결과를 초래할 수 있다. 따라서 복지정책은 도움을 필요로 하는 사람들에게 지원이 효율적으로 이루어지도록 하는 데에 초점을 맞추어야 한다.

고령화가 진행되면 기존의 제도만으로도 복지비용이 장기적으로 크게 늘어나 재정건전성이 악화될 것으로 예상된다. 이런 상황에서 기존의 제도에 더해 보편적 복지의 확대가 시행되면 복지비용이 대폭적으로 늘어날 것은 확실하므로 재정건전성이 악화되어 재정위기를 앞당길 수 있다. 만약 복지비용이 증세를 통해 충당된다면 재정건전성 악화의 문제는 완화될 수 있으나 세 부담이 늘어나므로 민간 부문의 경제를 위축시켜, 성장을 제약하게 된다. 성장 제약은 다시 조세수입 감소, 복지비용 증대라는 결과로 이어져 재정문제를 악화시키는 악순환을 거듭하게 된다. 복지의 확대는 Thing 21에서 지적했듯이 근로 유인을 약화시킨다. 우리나라의 기존 복지제도도 누수와 낭비적 지출이 많을 뿐만 아니라 근로 유인을 감소시키는 문제점이 있다. 예를 들면 기초생활수급권자의 4인 가구 기준 수급액(최저 연 25,933,794원)은 최저임금근로자의 소득(연 11,486,640원)보다 2배 이상 많다. 이 경우 기초생활수급권자는 근로 능력이 있더라도 근로를 하지 않는 것이 유리하다. 근로 유인의 감소는 복지 수혜자들을 '복지와 빈곤의 악순환'에 빠지게 할 수 있다. 복지가 필요하다면 근로 유인을 감소시키지 않는 정책이어야 하고 제한적이고 합리적인 국가재정 내에서 빈곤층에 집중해야 한다. 모든 국민이 혜택을 받는 보편적 복지, 무상복지는 말은 달콤하지만 결코 무상이 아니며 이는 선진국의 경험을 보아도 증세를 통해서만 가능하다. 반면 증세 없는 복지는 재정건전성의 악화로 이어진다. 이는 재정위기를 겪고 있는 유럽 국가들의 예를 통해 알 수 있다.

그리스, 스페인, 이탈리아 등 재정위기를 겪고 있는 남유럽 국가들은 글로벌 금융위기 이전부터 막대한 규모의 재정적자와 정부부채에 시달려 왔다. 과도한 복지지출 및 비효율적이고 비대한 공공부문에서 비롯된 재정지출과 이에 미치지 못하는 재정수입 때문이다. 그리스는 1980년대 이후부터 정치권에서 포퓰리즘적 복지정책을 경쟁적으로 내놓으면서 복지지출이 급속하게 증대하고, 공공부문이 방만하게 확대되었다. 그 결과 1980년 30% 수준이던 GDP 대비 국가채무 비중이 170%를 상회하게 되어 국가부도의 위기까지 나타나게 된 것이다. 이탈리아도 공적연금 지출의 비중이 선진국 중 가장 높고 공공부문과 세제가 비효율적이어서 재정건전성이 양호하지 못하다. 이탈리아의 GDP 대비 국가채무는 1990년대 중반부터 120% 수준을 유지하고 있는데, 이는 선진국 중 가장 높은 수준이다. 이탈리아는 연금개혁을 추진하는 등 재정건전성을 제고하기 위해 노력하던 와중에 글로벌 금융위기를 맞아 다시 재정건전성이 악화되었다. 그러나 GDP 대비 연금지출이 14%로 선진국 중 가장 높은 데서 볼 수 있듯이 이탈리아는 복지지출과 정부지출이 많은 복지국가이면서 재정수입이 그것을 따라가지 못한다는 데에 근본적인 문제가 있다.

장하준이 복지지출이 경제성장에 도움이 되는 예로 들었던 스웨덴을 비롯한 북유럽 국가들을 보자. 이 국가들은 높은 복지지출을 포함해 정부지출의 규모가 상대적으로 크다. 스웨덴의 경우 GDP 대비 정부지출의 비중이 50%를 상회한다. 이렇게 상대적으로 큰 재정지출에도 불구하고 북유럽 국가들은 재정건전성 문제가 심각하지 않다. 국가채무의 상대적 규모도 유로존 및 OECD 평균에 비해 낮은 수준이다. 높은 과세를 통해 복지지출을 포함한 재정지출을 충당하고 있기 때문이다. 스웨덴의 예는 광범위한 보편적 복지를 위해서는 높은 수준의 과세가 불가피하다는 것을 보여준다. 이와 같이 북유럽 모델의 특징은 높은 세부담이다. 보편적 복지에 필요한 재원의 조달을 위해서는 단순히 부유층에 대한 과세 혹은 증세만으로는 부족하고 복지 수혜자들에 대한 광범위한 과세가 불가피하다. 스웨덴은 인구가 900만에 불과하고 노사 간 자율적 합의 전통이 있으며 사회적 갈등에 대한 자율적 조정 능력을 가지고 있다. 스웨덴의 이런 사회적 특징이 높은 과세를 통한 광범위한 복지시행을 가능하게 했다.

세금을 부과하고 증세를 하는 것은 정치적으로 인기가 없다. 복지재원을 마련하기 위해 증세를 하면 조세저항으로 인해 정치적 갈등이 커진다. 따라서 국민 대다수가 증세에 동의하고 사회적 갈등에 대한 조정 능력이 있는 국가가 아니면 보편적 복지 시행을 위해서는 국채발행에 의존하는 수밖에 없다. 그리스, 이탈리아 등 남유럽 국가들이 이에 해당한다. 북유럽 국가들처럼 높은 과세를 통해 보편적 복지를 시행하더라도 문제는 남는다. 스웨덴은 스웨덴식 복지시스템이 본격적으로 작동하기 시작했던 1970년대 초반부터 경제성장세가 상대적으로 정체하기 시작했다. 높은 과세와 복지의 확대가 근로 유인과 저축 유인을 감소시켜 노동공급의 감소와 저축률 감소로 이어졌기 때문이다. 근로 유인의 감소는 노동 공급의 감소로 이어졌는데, 경제활동인구의 1인당 노동투입량이 1998년에는 1965년에 비해 17% 감소하였다.

스웨덴에서 사회보험 혜택을 받기 위해서는 근로 조건을 충족시켜야 하기 때문에 근로 유인 감소를 보완할 수 있을 것으로 기대할지도 모르지만 현실은 다르다. 정부의 이전소득에 의존하는 인구비율이 1960년대 중반 16%에서 1990년대 초반에는 35%까지 늘어났다. 또한 부유세를 포함한 자본이득에 대한 높은 과세는 가계 저축률을 하락시켜 민간의 저축 및 신용공급을 낮은 수준에 머물게 했다. 이와 같이 낮은 민간 저축은 공공 부문의 대규모 저축과 신용공급을 통해 상쇄되었다. 공공부문의 순저축은 국가 순저축의 절반 이상을 차지했고 신용시장에서 총신용의 절반 정도가 공공 부문의 신용공급을 통해 이루어졌다. 이런 현상은 지속 가능한 민간기업의 기반을 약화시켜 중소 규모 신생 기업들이 시장에 진입하는 것을 제한하고 지속적인 생산성 향상을 가능하게 하는 자본축적을 제약하는 결과를 가져왔다. 스웨덴의 저축률은 지속적으로 하락했고 GDP 대비 총투자의 비중도 1960년대에는 OECD 평균에 비해 2.5%포인트 높았으나 1980년대에는 2%포인트 낮아졌다. 이로 인한 경제성장의 정체는 1990년대 초반 재정위기를 가져왔다. 이후 연금개혁 등 복지시스템 개혁, 강력한 재정준칙에 따른 정부지출의 억제, 부유세 폐지 등 감세(減稅)정책 시행으로 경제의 성장세 및 재정 건전성이 회복되었다.

스웨덴을 복지지출이 경제성장에 도움을 주는 예로 제시하는 것은 어불성설이다. 스웨덴은 기업에 대한 규제가 거의 없다. 자유시장, 자유무역을 통해 성장한 대표적인 국가이다. 이미 언급한 바와 같이 스웨덴은 노동시장에 대한 규제 완화, 실업보험 수혜자들의 구직활동 의무화 등을 통해 실업자 지원의 부작용을 줄이기 위해 노력하였다. 스웨덴은 복지정책으로 인한 성장의 정체를 규제완화, 감세, 연금개혁, 민영화 등 시장친화적 개혁을 통해 극복한 예라고 할 수 있다.

복지체계의 효율성이 먼저

복지와 관련해 가장 중요한 과제는 효율적인 복지체계의 확립이다. 우리나라는 그동안 복지지출이 크게 늘어났음에도 불구하고 OECD 행복지수조사(2011)에서 34개 회원국 중 26위를 차지하는 등 복지에 대한 체감도는 낮은 상태이다. 그 주요 원인으로는 사각지대의 존재와 효율이 낮고 적절하지 못한 전달체계가 지적되고 있다. 따라서 복지제도의 양대 축인 사회보험과 공적 부조의 사각지대 해소와 전달체계 개선을 통해 복지 체감도를 높이고 재정건전성 악화를 예방해야 할 것이다.

복지체계의 효율성을 높이기 위해서는 국민세금에 의존하는 복지의 국가 독점에서 탈피하여 경쟁과 협력을 촉진하는 복지 공급 주체의 다원화로 나아가는 것이다. 국가 이외에서는 비영리 민간단체 및 영리 부문 사회서비스가 복지를 공급한다. 이들의 역량을 강화하는 것이 복지

체계 효율성 제고의 핵심이다. 민간 부문의 복지 공급 역량을 강화하기 위해서는 관련된 각종 규제를 개혁해야 한다. 복지 사각지대를 해소하는 것도 복지체계의 효율성을 높이는 데 필수적이다. 이를 위해서는 먼저 정확한 소득 파악을 위한 인프라가 획기적으로 개선되어야 한다. 근로 능력이 없는 빈곤층, 노령층에 대해서는 기초생활보장제도 등 공적 부조를 통해 지원해야 하는 것이 맞다. 그러나 기초생활보장제도와 같은 공적 부조가 근로 동기에 부정적 유인이 되지 않도록 제도적 보완이 필요한 것도 사실이다.

결론적으로 장하준의 주장과 궤를 같이 하는, 흔히들 시대의 화두라고 이야기하고 있는 '경제민주화'와 '보편적 복지'의 확대는 한국 경제의 지속 성장에 걸림돌이 될 뿐이다. 진정한 자유시장경제, 시장친화적인 제도 개혁만이 혁신을 통해 한국 경제를 저성장의 늪에서 벗어나게 하여 국민들의 삶의 질을 지속적으로 향상시키는 지름길이다. 한국 경제의 성장 지속 가능성에 많은 전문가들이 의문을 표하고 있다. 저출산과 고령화로 인해 노동공급이 감소할 것이고 자본투입에 따른 생산의 증대도 감소할 전망이다. 그렇다면 이런 제약을 극복하고 지속적인 성장을 하기 위해서는 혁신을 통한 기술 진보와 그에 따른 생산성 향상 이외에는 답이 없다. 혁신의 유인은 정부의 개입이 아니라 시장에서의 경쟁을 통해 주어진다. 시장에서의 경쟁을 제한하는 정부의 계획과 정책들은 모두 혁신의 유인을 감퇴시킨다. 기업규제, 산업정책, 보호무역, 금융규제 등과 더불어 정부의 계획에 의해 경제를 재단하려는 대부분의 시도들은 경쟁을 제한하여 개인과 기업의 혁신 유인을 제약한다. 자유로운 기업 활동과 시장에서의 경쟁이 경제성장을 촉진시켜 국가의 번영을 이룬다는 것은 대공황, 글로벌 금융위기와 같은 역사적 굴곡에도 불구하고 변하지 않는 사실이다. 이 책을 펴낸 지 2년이 훌쩍 지난 지금에도 여전히 느끼는 소회이다.

이 책은 장하준의 『그들이 말하지 않는 23가지』(이하 장하준)에 대한 자유주의 시장경제학자의 반론이다. 장하준은 경제성장 및 후생 증진에서 정부의 역할을 강조하고 시장의 역할을 폄하했다. 그는 정부가 제조업을 중심으로 하는 산업 정책과 보호무역 정책을 펼쳐 경제성장을 촉진하고, 소득재분배를 주도하여 후생을 증진해야 한다고 말한다. 그리고 금융시장에 대해서는 규제를 강화하여 금융시장을 장기 투자 자본을 공급하는 역할로 축소해야 한다고 주장한다. 기록적인 판매 부수에서 알 수 있듯이, 장하준의 주장에 대한 대중의 호응은 그야말로 '열광적'이다.

그런데 모든 주장에는 나름대로의 약점이 있으며, 장하준의 주장도 예외는 아니다. 그는 시장의 효율성을 무시하고 정부의 역할을 지나치게 강조했다. 구체적으로 장하준은 경쟁을 통해서 우수한 경제주체를 선발하고 그에게 재원을 집중하는 방식으로 효율적인 자원 배분을 할 수 있다는 시장의 장점을 무시한다. 그리고 그러한 재원의 집중이 경제주체에게 강력한 동기를 부여해 경쟁력을 강화함을 무시한다. 무엇보다도 장하준은 계획경제가 지속되면 자생적인 시장의 성장이 지체되어 정부의 비효율적 자원 배분이 고착되어 버리는 위험은 고려하지 않았다.

이러한 정부 주도 계획경제의 약점은 투자의 불확실성이 증가할수록 심화된다. 시장은 다양한 경제주체가 벌이는 실험적인 투자가 어떠한 성과를 얻는지 경쟁을 통해 검증한다. 그리하여 수익률이 높은 분야에 재원을 집중할 수 있다. 반면 정부투자는 시장 경쟁을 통한 검증의 과정을 거치지 않으므로 수익률이 낮은 분야에 재원에 낭비되는 경향이 있다. 투자의 불확실성이 증가할수록 정부가 수익률이 낮은 분야에 투자할 가능성은 높아지고, 그에 따라 재원의 낭비는 더욱 심화된다.

문제는 이제 세계경제의 흐름과 한국 경제의 성장 단계가 모두 불확실성이 증대되는 방향으로 진행되고 있다는 데 있다. 정보통신혁명과 세계화의 촉진으로 세계경제는 과거 그 어느 때보다 투자의 불확실성이 높은 상태에 도달하였다. 그리고 한국 경제의 성장 방식도 자원의 신속한 투입이 경쟁력의 기반이었던 투자기반 성장(investment based growth)에서 기술 진보가 경쟁력의 기반인 혁신기반 성장(innovation based growth)으로 전환하고 있다. 투자기반 성장단계에서는 선진국이 이미 개발한 기술을 역추적(reverse-engineering)하는 방식으로 투자의 불확실성을 줄였지만, 혁신기반 성장단계에서는 스스로 기술을 개발해야 하므로 불확실성이 높아질 수밖에 없다. 이러한 상황에서는 시장 경쟁을 통해서 자원을 수익률이 높은 산업으로 유연하게 재배치하는 능력, 즉 시장의 효율성이 경제성장의 중핵이 된다.

장하준의 주장은 이러한 세계경제의 변화와 한국 경제의 현실에 대한 고려가 부족하다. 그렇기 때문에 그는 시장의 자원 배분 기능을 축소하는 '산업 정책'과 경쟁을 제한하는 '보호무역 정책'을 지지했던 것이다. 또한 그는 자원 배분 기능을 담당하는 금융시장의 역할을 무시하고, 신속한 자원의 이전을 규제하자고 주장한다. 그는 인적 자본 축적을 유도하는 시장 경쟁의 기능을 무시하고, 국가가 소득재분배에 적극적으로 개입할 것을 주장한다. 이러한 그의 주장은 한국 경제의 당면 과제인 시장의 효율성 제고를 무시하고 있으며, 오히려 시장의 효율성 제고를 저해하는 정책 처방으로 보인다.

이 책의 목적은 장하준의 주장에 시장의 효율성을 무시하는 약점이 있음을 비판하고, 혁신 기반형 단계에 접어든 한국에서 지속적인 경제성장을 제약하는 정책 조합을 처방하고 있음을 규명하는 데 있다.

장하준의 주장을 '시장 만능주의'에 대한 비판이라고 정리한다면, 그의 약점은 '정부 만능주의'라고 요약할 수 있다. 그는 '자유시장은 없다'고 단언하면서 정부 개입이 항상 정당하다고 주장한다. 그는 정부가 산업 정책을 통해서 제조 업종의 유망주를 개발하고 이들을 지원하여 경제성장의 견인차로 삼아야 한다고 주장한다. 그리고 노동시장에서, 보수로는 개인의 능력에 대해서 적절하게 보상하지 못하므로, 정부가 직접 소득재분배에 개입해야 한다고 주장한다. 이렇게 자원을 배분하는 정부의 효율성을 주창하다 보니, 자연스럽게 자원을 배분하는 금융시장의 역할을 폄하한다. 그는 금융시장은 기업의 장기 투자를 방해하는 존재이기 때문에, 장기 투자 이외의 금융시장의 기능은 규제되어야 한다고 주장한다.

그러나 장하준은 정부의 한계에 대해서는 언급하지 않았다. 정부가 유망주를 잘못 선정하여 투자에 실패할 가능성을 애써 무시한다. 그리고 정부가 소득재분배에 개입하면 근로 의욕이 감퇴되고 장기 실업이 야기될 가능성에서 눈을 돌린다. 특히 장하준은 정부의 투자가 기업의 투자와는 달리 실패할 경우에도 자본 투입이 지속되는 단점이 있음을 부인하고, 이렇게 잘못된 투자에 재원이 투입되는 것을 신속하게 중단할 수 있는 금융시장의 장점을 보지 못한다.

장하준은 그의 저서에서 2차 대전 이후 동아시아 국가의 경험, 특히 한국의 경험을 통해 국가가 긍정적인 역할을 수행할 수 있다고 주장한다. 그러나 이러한 국가주도 경제성장의 경험은 자본주의 역사상 이례적인 현상이다. 산업혁명을 달성한 영국은 제조업 기업이 경제성장을 주도하였고, 2차 산업혁명을 달성한 미국은 J.P. 모건(J.P. Mogan)과 같은 투자은행이, 독일은 대규모 은행이 경제성장을 주도하였다. 2차 대전 이후 일본의 경제성장도 기업 집단을 경영한 은행의 역할이 컸다. 장하준이 강조하는 개발도상국의 경제성장 사례도 결국 수출주도형 경제성장 전략을 선택한 개발도상국에 국한되며 이들도 국제시장에서 경쟁을 통해 성장하였다. 오히려 국내시장 보호를 위해 경쟁을 억제하는 수입 대체형 경제성장 전략을 채택한 개발도상국은 예외 없이 성장 지체와 생활수준의 악화가 지속되는 빈곤의 악순환을 경험하였다. 결국 시장경제의 장점을 잘 활용한 국가들이 경제를 성장시키고 생활수준을 개선할 수 있었다.

특히 한국과 같이 개발도상국의 한계를 벗어나기 시작한 국가는 더 이상 정부가 앞서서 투자하고 기업이 따르는 방식에 안주할 수 없다. 한국은 이제 선진국들과 동등한 입장에서 신기술 및 신제품을 개발하고, 이를 통해서 시장을 선점해야 하는 단계로 접어들었다. 이미 한국을 대표하는 기업들은 이러한 혁신 기반형 성장을 몸으로 받아들여 국제시장에서의 경쟁에 임하고 있다. 이렇게 투자의 불확실성이 높은 발전 단계에서는 다양한 경제주체들을 실험적인 투자에 참여시키고, 경쟁을 통해 그 결과를 검증하는 시장의 역할이 경제성장의 핵심이다. 실패의 위험이 높으며, 실패 이후에도 재원의 이동이 경직적인 '정부의 선도적 투자'는 더 이상 한국 경제의 성장을 담보하기 어렵다.

| 차례 |

자유시장은 존재한다

장 하 준 은   이 렇 게   말 했 다

장하준은 정부의 개입이 없는 시장이란 존재하지 않는다고 단언하고(Thing 1. 자유시장이라는 것은 없다), 자유시장의 확대를 도모하는 근대경제학의 유용성을 부정한다(Thing 23. 좋은 경제정책을 세우는 데 좋은 경제학자가 필요한 건 아니다). 그의 주장에 따르면 모든 시장에는 정부의 개입이 존재하며, 정부는 다양한 정치적 이해관계를 반영하기 때문에 객관적인 평가에 의해 자유시장의 범위를 결정하기 어렵다. 근대경제학은 이러한 정부의 개입을 부정하기 때문에 경제성장에서 정부의 역할을 무시하고 있고, 그렇기 때문에 근대경제학에 입각한 경제정책은 경제성장에 기여하지 못하고 경기를 안정시키지도 못한다.

또한 그는 모든 시장에는 정부가 개입한다고 주장한다. 그리고 '자유시장'의 개념과 모순되지 않는 정부 개입의 수준을 규정할 수 있는 객관적인 기준도 없다고 주장한다. 따라서 정부의 개입은 모두 정치적 상호 작용에 의해 결정되는 것이며, 어떠한 개입이 보다 '자유시장'에 적합하다고 평가할 기준이 존재하지 않는다고 말한다.

장하준은 정부가 시장에서 거래되는 상품 및 서비스의 종류를 제한하고, 이자율 및 임금과 같은 기초적인 가격 결정에 개입하며, 거래 조건을 규제하는 현상을 지적한다. 정부는 마약, 노예, 아동 노동 등 다양한 재화 및 서비스의 시장 거래를 금지하거나, 전문직 서비스업의 면허 제도, 상장 기업에 대한 공시 의무를 통해 시장 거래를 제한하고 있다. 또한 정부는 이민 노동력의 수급을 조절하여 임금 수준에 간섭하고, 중앙은행의 통화 공급 기능을 통해서 이자율을 조정하고 있다. 마지막으로 정부는 소비자 보호, 환경 보호 등 여러 가지 사회적인 목적을 위해서 각종 규제를 도입하여 운영하고 있다.

장하준은 이렇게 광범위한 국가의 개입이 존재하기 때문에 '자유시장'이라는 개념은 객관적으로 정의될 수 없다고 주장한다. 정부의 개입은 항상 존재하므로 자유시장이란 '정부 개입이 없는' 절대적인 개념이 아니라, '자유시장 자본주의에 위배되지 않는 불가피한 국가 개입'으로 정부의 개입이 제한되는 상대적인 개념이라고 주장한다.

그리고 '자유시장 자본주의에 위배되지 않는 불가피한 국가 개입'에 대해서는 다양한 견해가 존재하며, 이를 정의할 객관적인 기준은 존재하지 않는다고 주장한다. 그 근거로 장하준은 현재 당연한 것으로 여겨지는 정부의 개입이 실제로는 전쟁이나 사회 운동과 같은 정치적인 과정의 산물임을 제시한다. 즉, '자유시장 자본주의에 위배되지 않는 불가피한 국가 개입'을 결정하는 것은 경제적인 필요가 아닌 정치적인 요구이며, 이는 과학적인 과정이 아닌 역사적인 과정을 통해서 결정된다. 따라서 그의 주장에 따르면 객관적인 기준으로 정의할 수 있는 '자유시장'이란 존재하지 않는다.

이 런 말 은 하 지 않 았 다

장하준이 주장하는 바와 같이 근대자본주의는 정부의 개입 없이는 성립되지 않는다. 그러나 모든 정부의 개입이 자유시장과 모순되지는 않는다. 경제주체가 시장에서 교역의 이익을 실현하도록 촉진하는 시장 친화적(market-friendly) 정부 개입이 존재하는가 하면, 교역의 이익 실현을 제한하는 반시장적(market-unfriendly) 정부 개입도 존재한다.

자유시장이란 장하준이 말하는 '정부의 개입이 전혀 없는' 시장이 아니라 정부가 시장 친화적 개입을 통해서 교역의 이익 달성을 촉진하되, 반시장적 개입은 최대한 억제하는 시장을 의미한다.

시장 친화적 정부 개입은 개인이 교역에 참여할 만한 조건을 마련하고 제한은 축소하되, 가격 및 수량의 결정은 시장 거래를 통하도록 유도하는 정책 조합을 의미한다. 대표적인 시장 친화적 정책으로는 거래에 참여할 최소한의 조건인 소유권 보호 정책, 장기 거래를 촉진하는 통화가치 안정 정책, 금융 상품과 같은 복잡한 상품의 거래를 촉진하기 위해 상품 관련 정보를 유통하는 정책이 있다. 반면 반시장적 정책으로는 교역의 이익을 위축시키는 가격 및 수량 규제, 소수의 이익집단에게 특권을 부여하여 시장에 참여할 의욕을 약화시키는 산업 정책 등이 있다. 서론에서 서술한 바와 같이 전자의 정책 조합을 시행한 국가들은 지속적 경제성장과 생활수준의 향상을 달성한 반면, 후자의 정책 조합을 시행한 국가들은 경제성장을 지속시키지 못하였다.

근대경제학에서는 시장 친화적 정부 개입의 중요성을 강조하고, 반시장적 정부 개입의 부작용을 경계한다. 이러한 근대경제학에 입각한 자유주의적 경제정책은 1980년대부터 서구 선진국들에 의해 적극적으로 추진되었다. 장하준의 주장과는 달리 자유주의적 경제정책은 1970년대 후반~1980년대 초반의 고물가·저성장 현상을 극복하고 1980년대 중반 이후 안정 성장과 물가 안정이 병행되는 '안정화(Great Moderation)' 시기를 이룩하였다. 이러한 성과를 이룩한 것은 선진 각국의 중앙은행을 운영한 근대경제학자들이다.

시장 친화적 개입과 반시장적 개입

장하준은 'Thing 1 자유시장이라는 것은 없다'에서 자유시장을 일체의 정부 개입이 없는 상황으로 설정하고, 광범위한 정부 개입의 예를 들어서 자유시장은 존재하지 않는다고 주장하고 있다. 그러나 자유시장이란 장하준의 주장과 같이 정부 개입의 진공 상태를 의미하지 않는다. 자유시장은 정부가 교역의 이익을 실현하도록 그 가능성을 보장하는, 친시장적(market friendly) 기능을 충실히 수행하는 시장을 말하는 것이다.

구체적으로 자유시장이 존재하기 위해서는 정부가 보편적 소유권 보호 기능, 통화가치 안정 기능, 정보 공급 기능을 충실히 갖추어 거래의 범위를 확대하여야 한다. 이러한 제도가 받쳐주면 교역의 이익이 교역에 참가한 개인에게 돌아가기 때문에 시장에 참여할 이유가 생기고, 불확실성이 축소되어 교역의 범위가 확장된다.

반면 정부가 가격 및 수량을 통제하거나 시장 참여를 제한하는 반시장적(market unfriendly) 개입을 자행할 경우, 거래의 이익이 정부의 특혜를 받는 집단에 국한되고 거래의 불확실성이 심화되어 교역의 범위가 축소된다. 장하준은 이러한 차이를 무시하고 정부의 개입을 모두 유사하게 취급하여 자유시장의 존재를 부인하는 오류를 범하고 있다.

장하준이 지적한 바와 같이 정부가 개입하지 않는 시장은 존재하지 않는다. 하지만 이러한 현상이 자유시장의 존재를 부정할 만한 근거는 아니다. 만약 그가 암시하듯이 자유시장이 정부의 개입이 전혀 없는 시장이라면, 자유시장은 정부가 존재하지 않는 무정부 상태에서 가장 흔히 관찰될 것이다. 그러나 중세 서구의 예에서 알 수 있듯이 무정부 상태에서는 시장 거래가 활성화되지 못하고 촌락 단위의 자급자족형 경제가 유지된다. 자유시장은 오히려 정부의 운영이 가장 고도로 발달한 선진 자본주의 국가에서 보편적으로 관찰된다. 반면, 구 공산권 국가의 예처럼 정부의 개입이 과도할 경우에도 자유시장은 유지되기 어렵다. 결국 자유시장은 정부의 '적절한 개입'을 통해서만 유지될 수 있다.

여기서 '적절한 개입'은 '시장 친화적 개입'을 의미한다. 시장 친화적 개입은 교역을 확대하여 교역의 이익(Gains of trade)을 실현하는 형태이다. 대표적인 시장 친화적 개입으로는 개인 소유권의 확립, 물가의 안정적 유지, 그리고 상품 관련 정보의 유통을 들 수 있다. 이들 세 가지 제도는 각각 거래 관계, 거래 시간, 거래 품목의 한계를 극복하고 시장 거래를 확대하는 역할을 한다.

모든 시장 친화적 개입은 경제주체들이 교역에 참여할 만한 이유를 주며 고도로 발달된 관료제와 3권 분립의 원칙이 갖추어진 민주국가에서만 기능할 수 있다.

소유권의 확립은 기회주의적인 행위를 통제하여 서로 모르는 사이라도 일회적인 거래가 가능하도록 하여 시장 참여자의 범위를 확대하였다. 물가 안정은 제품의 미래 가치의 변동성을 줄여서 계약 시점과 교역 시점 간에 시간 공백이 큰 장기 거래를 가능하게 하였다. 그리고 정보 공개 의무 및 면허 제도는 정보를 개방해 복잡한 내구재와 전문 서비스의 시장 거래를 가능하게 하였다. 이러한 조치들은 교역을 통한 이익을 볼 수 있게 하여 더욱 교역에 집중해야 할 이유를 만들었고 규모의 경제를 활용한 생산성 향상을 가능하게 하였다.

이렇게 교역을 확대하는 정부의 개입은 성숙한 민주주의 정부와 발달된 관료제도에서만 가능하다. 소유권의 확립은 소유권을 침해하는 행위를 정해진 규칙에 따라 처벌하는 법치주의(Rule of law)가 정립되어야 가능하며, 이를 위해서는 3권의 분립이 공고하게 자리 잡아야 한다. 통화가치를 유지하기 위해서는 정부 예산에 대한 의회의 통제 및 중앙은행의 독립이 필요하며, 이를 위해서는 공공 기관의 실질적 독립성이 확보되어야 한다. 또한 정보 공개와 면허 제도가 원활하게 유지되기 위해서는 규제 당국의 전문성과 유연성이 확보되어야 한다.

흔히 선진국 혹은 선진 자본주의 국가라고 지칭되는 국가들, 그중에도 경제적인 성과가 좋은 국가에는 모두 이러한 제도가 잘 정비되어 있다. 이들 국가에서 시장경제가 잘 운영되고 있는 현상은 우연이 아니라 필연이다. 다시 말해서, 자유시장은 정부가 시장 친화적 개입을 적극적이고 효과적으로 수행하는 국가에서만 제대로 운영될 수 있다. 반면에 정부가 반시장적 개입을 자행하는 국가에서는 이러한 시장 친화적 개입을 지지하는 제도들이 잘 갖추어져 있다고 하더라도 자유시장의 기능이 약화된다.

시장 친화적 개입은 시장 참여는 촉진하되 거래의 결과인 가격 및 수량에 대해서는 민간의 자율에 맡겨두는 반면, 반시장적 개입은 참여를 제한하고 가격 및 수량에 대해서 정부가 직접 개입한다는 특징이 있다. 이러한 개입은 가격이 정보를 전달하는 기능을 왜곡하며, 경쟁을 저해하고, 장기적으로는 시장의 성장을 억제하는 부작용이 있다.

소유권 확립이 어떻게 자유시장을 보장하나

소유권의 확립은 두 가지 측면에서 거래 관계를 확대한다.

우선, 소유권이 확립되면 교역의 결과로 얻은 이익이 개인에게 돌아오므로 각 개인이 약탈과 같은 행위보다는 시장에서의 거래에 참여하게 된다. 그리고 거래 관계에서 사기와 같은 기회주의적인 행위에 대한 처벌이 강화된다. 이에 따라 과거에는 서로 잘 알고 있던 상대하고만 하던 거래가 지금은 잘 모르는 상대라도 소유권만 확실히 확보하고 있다면 일시적으로 거래하는 것으로 변모하였다.

개인의 소유권은 정해진 법률에 따라서 소유권을 침해하는 행위에 대한 처벌이 가해지는 경우에만 확립될 수 있다. 이에 대한 처벌이 없다면 교역보다 약탈을 통해서 원하는 재화를 취득하는 편이 이익이 더 크다. 개인의 소유권을 보호하는 책임이 개인에게 있다면 결국 동원할 수 있는 물리력의 차이에 의해서 소유권 보호의 수위가 결정된다. 그러므로 설령 시장에서 거래를 한다고 하더라도 거래 당사자가 교역의 이익을 누릴 수 있다는 보장이 없다. 이때 시장 거래는 교역의 이익을 스스로 보호할 수 있는 물리력을 가진 경제주체 간 교역으로 국한된다.

소유권이 확보되지 않으면, 설령 물리력을 확보한 당사자끼리 거래를 한다고 해도 사기와 같은 개인의 기회주의적 행위를 통제하기 어렵다. 재화를 받고 대금의 지급을 거부한다든지 양도하기로 했던 재화의 양을 속이거나 질을 낮추는 등 각종 기회주의적 행위가 모두 거래 상대방의 소유권을 침해한다. 이와 같이 소유권 침해에 대한 처벌이 확립되어 있지 않은 상황에서는 두 가지 방법으로 대응할 수밖에 없다. 물리력을 행사하여 손해를 입힌 상대방을 직접 처벌하거나, 아니면 거래 관계를 단절하여 거래 상대방에게 교역의 이익을 더 이상 누릴 수 없도록 하는 것이다.

그러나 물리력을 동원한다고 해도 압도적인 물리력을 확보하지 않고는 거래 상대방에게 충분한 타격을 입히기 어려워 그 효과가 제한적이다. 또한 거래를 단절한다고 해도 교역에 참여한 거래 당사자들이 장기적으로 상호 교역을 한 경우에만 거래 단절에 따르는 피해가 크기 때문에 처벌로서의 효력이 있다. 따라서 소유권이 확립되지 않은 상황에서 거래의 대상은 상호 장기적인 거래를 지속할 수 있고 물리력을 어느 정도 확보한 대규모 상인들 간으로 국한된다. 이러한 장기적인 거래 관계가 지속되면 당사자 사이에는 경험이 축적되고 인맥이 형성된다. 여기에 참여할 수 있는 상인들만이 거래의 관계망을 점진적으로 확대시킬 수 있다.

이러한 관계 내에서는 신용을 잃을 경우, 거래에 참여할 수 없게 되고 교역의 이익을 누릴 수 없기 때문에 신용을 유지하기 위해 기회주의적 행동을 억제할 수 있다. 그러나 관계망 외부의 개인들과의 일회적인 거래에서는 여전히 기회주의적인 행동을 통해 교역의 이익을 흡수하려 할 것이다. 따라서 면식이 없는 사람들의 일회적인 거래는 소유권의 확립 없이 유지되기 어렵다.

오늘날 시장에서의 거래 행위를 살펴보면 소유권의 확립이 얼마나 거래의 범위를 확대시키는지 확인할 수 있다. 시장의 거래에 참여하는 대부분의 경제주체는 자신의 소유권을 지키기 위해 물리력을 확보할 필요가 없다. 상인이 강도로 돌변할 경우 경찰이 거래 당사자를 지켜주기 때문이다. 또한 대부분의 거래는 면식이 없는 거래 당사자 사이에 이루어진다. 심지어 외국인과도 인터넷을 통해서 거래를 하고 신용카

드로 결제를 할 수 있다. 만약 사기를 당할 경우 법적인 절차에 따라서 손실을 보상받을 수 있기 때문이다. 즉, 소유권이 경찰 및 사법당국에 의해 보호되고 있기 때문에 물리력이 없는 개인이 면식이 없는 거래 상대방과 거래에 임할 수 있다.

소유권이 확립되면 경제주체들은 약탈이나 사기를 통해서 이익을 획득하기 어려워지고 거래를 통해서는 이익을 온전히 보전할 수 있다. 따라서 잘 팔리는 상품을 저렴하게 생산하여 이윤을 획득하고자 하려는 움직임이 생기고 이는 생산성의 향상을 가져온다. 그리고 물리력 확보에 투입된 재원을 생산성 향상에 활용할 수 있기 때문에 재원의 낭비도 감소한다. 무엇보다도 시장의 규모가 확대되면서 대량으로 생산하여도 판로를 확보할 수 있으므로 대량생산을 할 경우에만 적용할 수 있는 혁신적인 경영 기법과 기술을 활용할 수 있다. 즉, 시장 규모의 확대는 생산에 있어서 규모의 경제(Economies of Scale)를 실현시키는 필요조건을 제공한다.[1] GM, GE, 듀퐁(Dupont)과 같은 세계적인 대기업들은 모두 19세기말~20세기 초에 규모의 경제를 활용하여 오늘날과 같은 대기업으로 성장[2]하였다.

그렇다면 소유권은 어떻게 확립되는가? 소유권의 확립은 사법 기능과 입법 기능을 통한 정부의 개입 없이는 불가능하다. 소유권이 확립되기 위해서는 법치가 확립되어야 하고, 민의를 대표하여 법률을 제·개정하는 민주적 의회 정치가 확립되어야 된다. 소유권은 그것을 침해하는 행위가 일관된 원칙에 따라 처벌되어야 보호할 수 있다. 그런데 정부가 거래 상대방에 따라 처벌을 가하지 않거나 처벌의 정도를 자의적으로 조정한다면, 결국 거래는 정부에 의해 보호를 받는 소수의 권력자들 사이의 거래로 축소될 수밖에 없다. 따라서 소유권 침해 행위에 대한 처벌은 공개된 원칙에 따라 모든 거래 당사자에게 공평하게 가해져야 한다. 즉, 법률에 따라 소유권 침해 행위를 처벌하는 국가의 사법 기능이 소유권 확립의 핵심이다.

그러나 국가가 독점적으로 물리력을 행사할 때 개인의 소유권이 침해될 수 있다. 이러한 소유권 침해는 부패한 독재국가에서 흔히 발생하는데, 특히 국가가 법률을 자의적으로 제·개정하여 '적법한' 절차에 따라 개인 소유권을 침해하는 경우가 빈번하다.

따라서 소유권의 확립은 현재 통치자의 자의적 통치 행위로부터 법률을 제·개정하는 입법 기능과 법률을 적용하는 사법 기능을 분리해야 가능하다. 선진국에서는 법률을 제·개정하는 입법 기능을 민의를 대변하는 의회의 고유한 권한으로 설정하여 행정권으로부터 독립시킨다. 그리고 법률을 적용하는 사법부를 통치자의 권력으로부터 분리된 독립 기구로 설치한다. 또한 선거를 통해 현재의 통치자를 주기적으로 교체하여 장기 집권으로 발생할 권력의 집중을 막는다. 이러한 민주적인 견제 장치를 통해서만이 통치를 법치로 국한할 수 있고, 통치자가 자의적으로 일반 시민의 소유권을 침해하는 행위를 막을 수 있다. 다시 말해서 발달된 민주주의 정부에서만 소유권의 보호가 가능하다.

물가 안정 대책은 자유시장을 보장한다

근대 자본주의는 장기(長期) 거래의 비중이 높다는 특징이 있다. 즉,

거래 당사자들이 계약을 체결하는 시점과 실제로 재화 및 서비스의 교역이 이루어지는 시점 사이에는 많은 시간 간격이 있다는 것이다. 이러한 장기 거래는 거래 참여자들이 대상이 되는 제품의 미래 가치를 어느 정도 예측을 하고, 이에 동의할 수 있어야 성립될 수 있다.

이렇게 제품의 가치가 예측 가능한 범위 내에서 안정되기 위해서는 물가의 안정이 필수적이다. 또한 물가가 안정되면 장기적인 시장 상황에 대한 예측이 가능하므로 투자가 촉진되어 생산성이 제고된다. 이 때문에 선진국들은 모두 중앙은행이 이자율을 조정하여 물가를 관리한다. 그리고 정치적인 원인으로 발생하는 물가 폭등을 막기 위해서 중앙은행을 정치적으로 독립된 공공 기관으로 운영하고, 재정적자로 물가가 상승할 것을 억제하기 위해 의회가 예산 기능을 전담한다.

모든 장기 거래는 물가수준의 변동이 예측 가능한 범위 내로 안정되어야만 수행 가능하다. 장기 거래에 참여하는 거래 당사자는 재화 및 서비스의 가격에 대해 일정한 기대를 갖는다. 장기 거래는 이러한 기대 수준이 일치하는 거래 참여자들 사이에서만 유지될 수 있다. 물가수준의 변동이 심하면 재화의 미래 가치에 대한 기대 역시 천차만별이기 때문에, 기대 수준이 일치하는 거래 당사자를 찾기가 더욱 어려워진다. 따라서 장기 거래의 폭이 축소된다. 또한 대부분의 금융 상품은 그 가치가 물가수준에 따라 변동되기 때문에, 물가의 변동이 극심해지면 금융 상품의 미래 가치에 대한 불확실성이 심화되어 금융거래가 축소된다.

물가 변동이 심하면 생산성을 제고하는 장기적인 투자는 위축되고, 자산의 거래 차익을 추구하는 단기적인 투기가 활성화된다. 일반적으로 생산성을 제고하기 위한 기업의 투자는 실제로 성과가 나타나기까지 긴 시간이 소요된다. 그런데 물가 변동이 심하면 투자의 성과가 나타나는 시점에서 재화의 가격이 어떻게 변할지 예측하기 어렵고, 따라서 얼마나 투자해야 할지 예측하기 어렵다. 반면 부동산과 같은 자산의 가격은 물가수준을 반영하여 단기적으로 변동하므로 매도 및 매수 시점을 적절히 조절하면 쉽게 수익을 올릴 수 있다. 그러므로 물가 변동이 심하면 투자는 위축되고 투기가 촉진된다.

마지막으로, 물가수준의 안정은 환율을 안정시켜서 국제 교역을 확대시키는 효과가 있다. 장기적으로 환율은 각국의 통화가치를 반영한다. 교역 당사국의 물가수준이 급격하게 변동하면 환율 역시 이를 반영하여 크게 변동한다. 환율 변동이 심하면 국제 교역에서 수익에 대한 불확실성이 커지고, 거래를 안정적으로 유지하기 어려워진다. 게다가 국제 교역은 운송에 적지 않은 시간이 소요되므로 환율 변동에 따른 수익의 불확실성은 더욱 심화된다.

그렇다면 물가수준은 어떻게 안정시킬 수 있는가? 일반적으로 인플레이션이 낮게 유지될 경우에는 물가의 변동성이 축소된다. 예를 들어 미국은 1973년부터 1982년까지 10년간, 전년 동월 대비 물가상승률이 평균적으로 8.9%에 달하였으며 변동성을 나타내는 표준편차는 2.7%에 달했다. 반면 1983년부터 1992년까지는 물가상승률이 3.8%로 억제되었는데, 이때 표준편차는 1.1%에 그쳤다. 따라서 물가의 변동성을 낮추기 위해서는 인플레이션을 낮게 유지하여야 하고, 이를 위해서는 통화를 발행하는 중앙은행이 정책 금리를 높게 유지하여 인플레이션의 급등을 억제하는 저물가 정책 기조를 유지해야 한다. '이자율은 정부 개입에 의해 결정된다'는 장하준의 주장은 이러한 내용을 의미한다.

그렇다면 중앙은행이 물가 안정을 유지하려면 어떠한 형태의 정부 개입이 필요한가? 가장 흔한 처방은 중앙은행을 정치적인 권력에서 독립된 전문가 조직으로 운영하는 것이다. 한국의 중앙은행인 한국은행은 무자본특수법인이며, 한국은행장의 임기가 보장되어 정치권의 직접적인 간섭을 최소화할 수 있도록 설계되어 있다. 이는 물가 안정을 위협하는 가장 큰 원인이 정치적 목적의 인위적인 경기 부양이라는 인식에 기초한다. 앞서 말한 바와 같이, 금리가 오르면 물가가 안정되어 장기적으로는 거래의 범위와 기업의 투자가 촉진된다. 그러나 단기적으로는 기업의 대출 부담이 커져 투자 및 고용이 위축되면서, 가계의 소득이 감소하고 소비가 위축된다. 따라서 선거 등 단기적으로 정권에 대한 지지도를 높여야 할 상황에서는 정책 금리를 낮추어 경기를 부양하려는 시도를 한다. 중앙은행의 정치적 독립은 이러한 단기적인 정치적 이해관계가 통화정책에 반영되는 현상을 차단하기 위한 조치이다.

그러나 장기적으로 중앙은행의 정치적 독립 못지않게 중요한 장치는 재정에 대한 민간의 감시와 통제다. 정부가 재정을 방만하게 운영하면 장기적으로는 인플레이션을 피하기 어렵다. 단기적으로 정부 지출이 수입을 초과하면 정부는 국채를 발행하여 재원을 조달한다. 하지만 장기적으로 부채가 누적되면 국가는 원리금 상환의 부담을 덜고자 한다. 그런데 모든 부채와 마찬가지로 국채의 원금과 이자는 명목 가치가 정해져 있기 때문에, 물가가 상승하면 실질 가치가 하락하여 원리금 상환 부담이 줄어든다. 그러므로 정부는 자의적으로 지출을 확대하고, 세금을 걷기보다는 국채를 발행하여 조세 저항을 회피하며, 인플레이션을 일으켜 부채 상환 부담을 축소하려고 할 것이다. 이러한 악순환을 방지하기 위해서는 재정 운용에 대한 민간의 통제를 강화하여 방만한 재정 운영 자체를 막아야 한다. 이를 위해서 대부분의 선진국에서는 국민의 대표 기관인 의회에서 정부 예산을 심의하고, 의회의 결의를 거쳐 예산을 확정한다.

발달된 민주주의 국가의 정부 기구가 개입하지 않고서는 소유권의 확립과 마찬가지로 물가의 안정 역시 불가능하다. 정부 예산에 대한 민간의 통제가 이루어지려면 입법부가 행정부로부터 독립되어 있어야 할 뿐만 아니라 의회가 장기적인 시각에서 방만한 재정 운용을 통제해야 한다. 중앙은행 역시 형식적인(de jure) 독립이 아닌 실질적인(de facto) 독립을 확보해야 한다. 실제로 정부는 중앙은행장의 인사에 어떠한 형태로든 개입하기 때문에 중앙은행이 실질적인 독립을 유지하기 위해서는 행정부가 스스로 중앙은행에 대한 간섭을 자제하는 관행이 정립되어 있어야 한다. 이러한 정부 조직의 운영은 민주주의의 원칙을 견지하면서 장기간 정부를 운영한 경험이 있는 국가에서나 가능하다. 결국 시장 경제는 발달된 민주주의 국가에서만 정상적인 운영이 가능하다.

정보의 공개가 어떻게 자유시장을 보장하나

근대 자본주의의 또 다른 특징은 상품의 질을 평가하기 위해 복잡한 정보를 소화해야 한다는 점이다. 시장에서 거래될 수 있는 재화 및 서비스의 종류는 다양하다. 재화 및 서비스의 교역이 활발하게 이루어지기 위해서는 상품 관련 정보가 투명하게 공개되어 소비자들에게 전달되어야 한다. 그렇지 않으면 소비자들은 상품을 구입해서 어떤 편의를 누릴 수 있는지 알 수 없기 때문에 제품의 구입을 망설이게 되고, 그 결과 제품의 교역이 축소된다. 제품에 대한 설명서의 제공, 상장 기업에 대한 공시 의무, 고급 서비스 업종의 면허 제도 등은 모두 복잡한 상품에 대한 정보를 전달하는 기능을 수행한다. 이러한 제품 관련 정보는 민간에 의해서 자생적으로 제공될 수도 있다. 그러나 정부가 정보 제공의 기준을 설정하고 이를 강제할 경우에 제품 간 비교가 쉬워져 제품의 교역이 촉진된다.

자동차, 가전제품, 컴퓨터 등 사용 기간이 긴 상품을 '내구재' 라고 한다. 이러한 내구재들은 제품의 구성이 복잡하여 사용 방법이 어렵고, 사용 기간이 길어지면 고장이 잦다. 대부분의 기업들은 내구재에 대해서는 상품 설명서를 제공하고, 설치 및 수리 관련 서비스를 제공하여 소비자의 불편을 덜어주는 방식으로 수요를 촉진한다. 이와 같이 민간이 자발적으로 복잡한 제품에 대한 정보를 소비자에게 제공하기도 한다.

금융 상품의 선택을 위해 소비자가 알아야 하는 정보는 더욱 복잡하다. 가장 간단한 금융 상품인 주식이나 채권도 방대한 정보를 파악하고 해석할 능력이 있어야 자신의 용도에 맞는 상품을 선택할 수 있다. 주식은 발행하는 기업의 수익 흐름을 파악할 수 있어야 주가를 예측할 수 있고, 채권 역시 발행 기업의 수익 전망을 예측할 수 있어야 채무 이행 가능성을 파악할 수 있다. 따라서 금융 상품을 거래할 때는 방대한 기업 관련 정보를 수집하고 이를 해석해야 한다. 상장 기업의 공시 의무와 금융 상품 정보 공개 의무는 모두 이러한 정보를 소비자에게 제공하여 금융 상품의 시장 거래를 확대하기 위한 조치이다.

법률, 의료, 금융 서비스와 같은 전문 서비스는 선택을 위해 소비자가 소화해야 하는 정보의 수준이 너무 높아서 소비자 개개인이 정보를 분석하기 어렵다. 따라서 이러한 서비스는 보통 공급자가 소비자를 대리하여 필요한 정보를 분석하는 역할과 서비스를 공급하는 역할을 겸한다. 이러한 고급 서비스 업종에서 공급자가 정보를 왜곡하여 소비자에게 필요 없는 소비를 강요할 때, 소비자가 이를 거부하기 어렵다. 이 경우에 서비스를 제공하는 공급자의 질이 유지되지 않으면 소비자는 공급자를 믿을 수 없게 되고, 결국 서비스 교역의 범위가 제한된다. 고급 서비스 업종에 대한 면허 제도는 공급자의 질을 유지하여 교역을 확대하기 위한 것이다.

내구재, 금융 상품, 고급 서비스와 같은 재화 및 서비스는 일반적으로 정보의 비대칭성이 존재한다. 소비자보다는 공급자가 재화 및 서비스에 대한 정보를 더 많이 가지고 있기 때문에, 공급자는 소비자에게 결함이 있는 재화를 시장 가격에 판매하여 폭리를 취할 가능성이 있다. 이와 같이 제품의 가치가 불확실해지면 소비자의 입장에서는 소비를 해야 할 이유가 점차 사라진다.[3] 극단적인 경우에는 높은 가격을 지불하고 공급자와 단골 거래를 형성하거나 이들을 직접 고용할 수 있는 고소득층을 제외하고는 시장 교역에 참여하기 어려운 경우도 발생할 수 있다.

양질의 재화를 공급할 능력이 있는 생산자는 재화의 질을 증명할 수 있는 정보를 스스로 공개하여 시장의 확대를 도모할 수 있다. 그러나 시장에는 항상 정보의 비대칭성을 이용해서 기회주의적인 행동을 하는 공급자가 존재하며, 정부의 단순한 개입만으로는 이들이 제품 관련 정보를 공개할 유인이 약하다. 그런데 소비자들이 적절한 선택을 하기 위해서는 최소한 관련 정보의 공개가 이루어져야 한다[4]. 따라서 정부가 제품 관련 정보의 공개 의무를 부여해야 복잡한 상품에 대한 교역이 이루어질 것이다. 장하준이 제시한 정부 개입 형태 중 뉴욕증권거래소(NYSE)에 상장한 기업이 정보를 의무적으로 공개하도록 한 것도 바로 정보를 제공하는 정부 기능의 예이다.

면허 제도에 대해서는 논란이 있을 수 있다. 면허 제도는 특정 서비스를 제공하는 공급자들이 독점적인 이익을 누리기 위해서 시장을 방어하는 도구로 활용할 수도 있기 때문이다. 그러나 고급 서비스 중 일부는 특정 분야에 대한 전문적인 지식을 동원해야 소비자에게 필요한 수요를 산출할 수 있기 때문에 공급자가 수요를 진단하는 경우가 일반적이다. 특히 이 경우에는 소비자가 서비스의 질을 판단하기 어려워서 정보의 공개만으로는 공급자의 기회주의적인 행동을 억제하기 어렵다. 따라서 면허 제도를 운영하여 공급자의 질을 통제하고, 면허 제도를 이용해서 정부가 서비스의 질을 유지하는 방법이 통용되고 있다. 장하준이 제시한 면허 제도 역시 복잡한 서비스의 시장 교역을 가능하게 하는 정부 개입 형태로 이해할 수 있다.

이러한 정보 공개 및 면허 제도와 관련된 정부의 기능은 행정적인 기능인 '규제' 영역에 속한다. 규제를 할 때는 정부의 섬세한 접근이 요구된다. 자칫 잘못하면 불필요한 정보 공개를 요구하거나, 혹은 지나치게 높은 진입 장벽을 형성하여 교역의 범위를 축소하는 잘못을 범할 수 있다. 따라서 규제의 설정과 운영은 민간과 긴밀한 협조를 통해서 교역을 촉진하되 규제 이행에 따르는 비용을 최소화하는 수준으로 유지하는 지혜가 필요하다. 이를 위해서는 고도의 전문성 확보와 현실적인 변화에 유연하게 적응할 수 있는 발달된 관료제가 필요하다.

자유시장을 억제하는 규제

정부가 가격 및 수량의 결정에 개입하면 가격을 통한 자원 배분이 왜곡되고, 시장 참여를 제한하여 경쟁이 억제된다. 정부가 이와 같은 형태로 자원 배분에 장기적으로 개입하면 원래 자원 배분을 담당해야 할 금융시장의 성장이 지체된다. 그렇게 되면 원천 기술의 창조가 필요한 혁신 기반형 성장 단계에서 성장을 도와줄 위험 자본(risk capital)의 성장이 지체되어 장기적인 경제성장을 도모하기 어렵다.

자유시장에서 지속적 경제성장이 가능한 이유는 가장 생산성이 높은 경제주체만이 시장에서 생존할 수 있도록 경쟁을 강제하므로 자원의 낭비가 억제되기 때문이다. 가격을 통해 자유시장의 효율적 자원 배분이 이루어지고, 자유로운 시장 진입에 의해서 시장 경쟁이 이루어진다. 즉 가격 결정의 자유와 시장 진입의 자유는 자유시장의 핵심이다. 따라서 정부가 이 두 가지 시장의 기능을 왜곡하면 자유시장이 성장을 이끄는 힘이 약해진다.

가격은 수요와 공급에 대한 정보를 전달하고, 수요와 공급을 조정하게 하여 효율적으로 자원을 배분한다. 특정 산업에서 수요량이 공급량을 초과할 경우 가격이 상승하고, 수요량이 공급량에 미치지 못할 경우 가격이 하락한다. 가격이 상승하면 이윤 창출의 기회가 발생하기 때문에 공급량은 증가하고, 지불 능력이 없는 소비자는 구매를 포기하기 때문에 수요가 하락하면서 가격도 하락한다. 이러한 가격의 조정 과정을 거쳐서 전 산업 분야에서 수요와 공급이 일치하는 수준에 도달한다. 이 경우 주어진 가격에서 소비자들이 소비하고자 하는 양을 정확히 공급자들이 공급해 낭비가 없는 자원 배분이 이루어진다.

생산성의 향상은 공급자 간의 경쟁을 통해서 이루어지는데, 이것은 가격의 역할과 함께 시장 진입의 자유가 보장되어야 가능하다. 특정 산업에서 생산물 가격이 높아서 이윤이 높다면 생산성 향상을 통해 가격을 낮추어 시장점유율을 높이고자 하는 기업 간에 경쟁이 격화된다. 동시에 생산물 가격이 높은 산업에 이윤 창출 기회가 크다는 정보가 제공되어 그 산업에 새로이 진입하려는 생산자가 늘어난다. 시장 진입의 자유가 보장되어 있는 경우 새로운 기업들이 그 산업에 진입하면서 공급량은 증가하고 경쟁은 더욱 격화된다.

결국 장기적으로는 가장 생산성이 높은 기업만이 시장에 남고 기술 조건이 허락하는 가장 낮은 수준에서 이 상태가 유지된다. 설령 시장 내에 규모의 경제가 존재하여 일시적으로 독과점의 상태에 있다고 해도, 자유로운 시장 진입이 허용되면 신규 진입에 의한 경쟁 압력은 지속된다. 특히 자유무역이 허용될 경우 경쟁의 폭이 넓어지면서 경쟁을 통한 생산성 제고 압력이 강화된다.

정부가 가격 및 거래량 결정에 간섭하면 자유시장의 자원 배분 및 생산성 제고 기능이 위축된다. 정부가 시장가격보다 낮은 가격을 강제로 유지하면 그 산업 분야에는 상시적으로 공급 부족이 발생하고, 이윤이 저하되면서 새로 진입하려는 사업자도 없어져 경쟁력이 약화되어 생산성이 저하된다. 반대로 시장 가격보다 높은 가격이 유지될 경우에는 상시적으로 공급 과잉이 발생하고, 초과이윤이 보장되면서 생산성이 낮은 공급자도 시장에서 살아남게 되어 역시 생산성이 저하된다. 즉, 정부가 농산물 가격을 조정할 경우에는 어떤 형태로 조정을 하든 간에 농산물 수요와 공급의 불균형이 발생하고 농업 생산성의 저하를 가져온다는 것이다.

또한 정부가 특정 산업의 진입을 제한할 경우에는 신규 진입을 통한 경쟁의 압력이 약화되기 때문에 경쟁의 범위가 기존 기업들로 국한된다. 최악의 경우에는 기존 기업들이 생산성 향상 경쟁을 지속하기보다는 담합을 통해 시장을 분할하고 현재 상황에 안주하는 상태로 고착될 수 있다. '중소기업 고유업종 제도'는 중소기업을 보호하기 위해서 특정 업종에 대해서는 대기업의 진입을 제한하는 제도인데, 결국 그 산업 내 중소기업에 대한 경쟁의 압력이 약화되면서 생산성 향상이 이루어지지 않는 부작용 때문에 폐지되고 말았다.

그렇다면 진입 촉진 정책은 어떠한가? 진입 촉진 정책은 주로 과세 특례, 규제 완화, 보조금 지급 등을 통해서 이루어진다. 이 제도는 이윤 창출 기회를 확대하여 보다 많은 기업이 새로 시장에 진입할 유인을 인위적으로 창출한다. 그런데 정부가 진입을 촉진한 산업에서는 타 산업에 비해서 생산성이 낮아도 정부의 특혜를 이용하여 생존이 가능하다. 따라서 진입 촉진 산업에 진출하는 기업들 중에는 생산성이 낮아 타 산업 부문에서 생존하기 어려운 기업들이 다수 포함된다. 결국 경쟁의 압력이 약화되어 생산성은 정체되고 경쟁만 과열될 수 있다.

외환 위기 직후 시행한 벤처산업 육성정책은 바로 이러한 정책의 폐해를 생생하게 보여준다. 결국은 생산성이 지극히 낮은 '무늬만 벤처'인 기업을 양산하였고, 정부의 특혜가 축소되면서 과잉 투자로 형성된 버블이 붕괴하면서 국민경제에 심대한 타격을 주었다.

정부의 개입이 금융에 미치는 영향

비시장적 개입의 심각한 폐해는 장기적으로 효율적인 시장, 특히 금융시장의 성장을 지체시키는 데 있다. 비시장적 개입은 정부가 자원 배분에 직접 관여하는 것을 의미한다. 가격 혹은 수량을 조정하면 가격이 높게 유지되는 산업으로 자원 투입이 증대되고, 진입을 제한 혹은 권장하면 특정 산업의 이윤이 높아지면서 그 산업으로 자원이 우선 배분된다. 이렇게 되면 기업 간 경쟁이 시장 수요를 파악하고 기술을 개발하여 생산성을 제고하기보다는 정부의 특혜에 대한 정보를 파악하고 특혜 대상으로 선발되려는 형태의 경쟁으로 전환된다. 이러한 상태가 장기화되면 기업은 시장 파악 및 연구 개발에 필요한 인적 자본 및 경영 기법을 개발할 목적을 상실해 시장 경쟁의 압력을 소화하기 어려운 형태로 퇴화된다. 이때 정부의 특혜가 사라지면 기업의 경쟁력이 급격히 쇠락한다.

　금융기관의 주된 수익은 투자 자금을 지원하는 서비스에서 발생한다. 투자가 성과를 거두면 이윤 혹은 주식의 형태로 그 성과의 일부를 취득하는 것이 수익의 원천이다. 따라서 금융기관의 경쟁력은 이윤 획득 가능성이 높은 기업을 발굴하고 그 기업에게 재원을 제공하는 데 있다. 특히 금융기관은 자금은 부족하지만 경쟁력이 있는 기업을 선별하여 자금을 지원함으로써 신규 기업의 진입을 도와 경쟁을 촉진하는 기능을 담당한다. 기업 간 경쟁이 생산성 제고를 중심으로 이루어질 경우 금융기관은 생산성이 높은 기업을 지원하는 경쟁에 참여하게 되고, 그 결과 생산성 높은 기업을 선별하는 능력을 함양하고 인적자원을 축적한다. 이러한 경험이 축적되어 효율적인 금융시장으로 성장한다.

　정부의 개입으로 기업 간 경쟁이 왜곡되면 금융기관의 기업 선별 능력도 개발되기 어렵다. 정부는 세금을 걷어서 지원하므로 특정 분야에 무제한에 가까운 재원을 투입할 수 있다. 따라서 기업의 이윤 획득 가능성은 그 기업의 경영 혹은 연구 개발 역량보다는 정부의 지원을 확보하는 능력에 좌우된다. 여기에 금융기관의 기업 선별도 기업의 생산성보다는 정부 지원을 확보하는 능력을 기준으로 이루어진다. 이러한 상황이 장기화되면 금융기관은 생산성 기준으로 기업을 선별하는 능력이 퇴화되고, 인적자원의 축적이 지연된다. 위험을 회피하다 보면 안정성이 높은 대출에 대한 양적 경쟁과 수신고 경쟁에 치중하게 된다.

산업 정책은 뿌리를 약하게 한다

산업 정책은 반시장적 개입의 대표적인 예이다. 이것은 정부가 특정 산업을 육성하기 위해 그 산업에 참여하는 기업에 각종 특혜를 제공하는 정책이다. 산업 정책은 그 산업에 참여한 기업에 인위적으로 높은 이윤을 보장해 주어서 자원 배분을 왜곡하고 경쟁을 제한한다. 단기적으로는 특정 산업에 많은 재원이 투입되어 생산을 촉진할 수 있지만, 장기적으로는 경쟁의 압력을 약화시켜 기업의 생산성이 저하된다. 또한 산업 정책이 광범위하게 적용될 경우 금융기관들은 정부 특혜 기업을 우선적으로 지원하게 되고, 그 결과 생산성이 높은 기업을 선별하는 능력이 퇴화된다.

과거, 산업 정책이 경제성장을 주도할 수 있었던 이유는 특정 기업에 지원을 집중했기 때문이라기보다는 지원 기업이 수출을 통해서 국제시장에서의 경쟁에 참여했으며, 그로 인해 경쟁의 압력에 지속적으로 노출되었기 때문이다. 그러나 그 시기의 산업 정책은 결국 기업의 기술 역량과 금융기관의 기업 선별 능력 부족을 가져왔으며, 이는 한국 경제의 지속적인 성장을 위해 해결해야 할 중요한 과제로 남았다. 그러나 몇몇 수출 대기업을 제외한 한국 기업의 연구 개발 능력과 금융기관의 기술 투자 및 기업 선별 역량은 아직까지 매우 초보적인 수준이다.

기업은 이윤을 위해 일해야 한다

장 하 준 은 이 렇 게 말 했 다

장하준은 자유시장은 존재하지 않으며 자유주의 경제학이 저성장과 금융 위기를 불러왔다고 주장한다. 그리고 기업의 목적인 이윤 극대화 혹은 주주 가치 극대화에 정면으로 의문을 제기한다. 장하준은 그의 책에서 주주들은 기업의 이해 당사자 중에서 가장 손쉽게 빠져나갈 수 있고 기업의 장기 전망에 가장 관심이 없는 집단이어서 단기 수익 극대화 전략을 선호하며, 이렇게 되면 재투자에 필요한 유보 이윤이 줄어들게 되므로 주주들을 위한 기업 경영은 결국 기업의 장기적인 성장 잠재력을 약화시킨다고

한다(장하준, Thing 2. 기업은 소유주 이익을 위해 경영하면 안 된다).

장하준에 따르면 유한책임 회사의 등장은 대규모 지본 동원을 가능하게 하여 중화학공업과 같은 산업에서 비약적인 생산의 증대를 가져와 자본주의 경제의 발전을 이루게 한 원동력이 되었다. 그리고 이러한 유한책임 회사의 등장과 함께 그 중요성을 가장 먼저 파악한 사람으로 마르크스를 지목하고 있다. 마르크스는 유한책임 회사의 등장을 사회주의 이행의 전환점으로 생각했다는 것이 장하준의 해석이다.

그렇다면 장하준은 마르크스의 견해에 동의하고 있는가? 장하준은 유한책임이 투자 리스크를 완화시켜 대규모 자본 축적을 가능케 하였다는 점은 마르크스와 의견을 같이 하면서도 사회주의 사회로 필연적으로 이행한다는 마르크스의 주장이 실현되지 않았음을 지적하고 있다.

반면 장하준은 사회주의 계획경제로의 혁명적 이행 없이도 이해 당사자가 경영에 대한 통제를 제도화한다면 주주 가치를 극대화함에 따른 경제의 불안정성 문제를 해소할 수 있다고 주장한 점에서 마르크스의 견해와 차이가 있다.

이런 말은 하지 않았다

그의 주장대로라면 기업의 주인인 주주의 이익을 극대화하는 기업 지배 구조, 그리고 이를 기반으로 하는 주주 자본주의는 해당 기업과 국민경제에 해롭다. 반면 이해 당사자가 통제하는 기업 지배 구조 혹은 이해 당사자 자본주의는 기업과 국민경제에 이롭다.

마르크스와 달리 장하준은 사회주의 계획경제로의 혁명적 이행 없이도 기업에 대한 사회적 통제를 통해 자본주의의 모순을 해소하고 지속적인 경제 발전을 이룰 수 있다는 입장이다. 기업과 국민경제의 발전을 위해서는 재산의 사적 소유를 부정하고 생산수단을 사회화하자는 마르크스의 주장까지는 아니더라도 기업 지배 구조와 경영 방식의 사회화가 일정 정도 이루어져야 한다는 것이다.

그런데 마르크스가 자본주의의 발전에 따라 나타난다고 말하는 '생산의 사회화' 현상은 자본주의적 구조에서만 가능하다. 즉, 재산권이 보장되는 자본주의 시장경제에서 개인과 기업이 이윤과 손실을 따져보고 자발적으로 분업화해야 생산의 사회화가 이루어지는 것이다. 개인이나 기업은 이윤과 손실 기준을 세우고 자신에게 비교 우위가 있는 분야의 생산에 종사하고, 생산한 제품이나 서비스를 시장에서 거래한다. 이런 구조를 통해 생산의 전문화 및 특화 그리고 사회적 분업이 이루어진다. 이와 같은 자본주의적 구조는 재산권의 보호, 사유재산제도의 보장을 전제로 한다.

따라서 사유재산제도가 훼손되어 사회적 소유를 지향하는 방향으로 전환되면 시장에서의 거래를 활성화시키기 위한 분업 및 특화의 심화, 그리고 이에 따른 생산의 전문화와 대형화를 해야 할 이유가 사라진다. 이는 경제의 퇴보 그리고 사회 후생의 감소로 이어지는 파괴적 결과를 초래할 것이다. 결론적으로 생산의 사회화와 더불어 기업 지배 구조 및 경영 방식이 사회화되어야 할 이유는 전혀 없다.

비신성 동맹이면 어떤가

장하준은 주주 가치 극대화, 즉 이윤 극대화가 경제 전체는 물론 해당 기업을 위해서도 바람직하지 않다고 주장한다. 유한책임 회사의 등장은 대규모 자본 투자를 가능하게 한 반면 소유와 경영을 분리시켜 경영자의 도덕적 해이 문제를 발생시켰다. 경영자의 도덕적 해이 문제는 주주 가치 극대화를 위한 인센티브 설계로 주주와 전문 경영인 간 비신성 동맹을 성립함으로써 해소되었다는 것이 장하준의 주장이다. 장하준은 주주와 전문경영인 간의 관계를 비신성 동맹(unholy alliance)이라 칭하고 있다. 비신성 동맹은 정치적 혹은 종교적으로 반대되는 입장에 있는 세력이나 국가들 간에 동맹을 맺는 것을 말한다.

주주와 전문 경영인 간의 관계를 비신성 동맹이라 칭한 것은 이들이 서로 다른 이해관계를 갖고 있는 기업의 이해 당사자들이라는 것을 나타내기 위한 것으로 보인다. 즉 주주와 전문 경영인은 이해관계가 서로 다른 기업의 이해 당사자들임에도 불구하고 주주 가치 극대화를 위한 인센티브 설계로 양자 간 동맹이 성립되었다는 논리다. 그럴듯해 보이는 논리지만 기업에 대한 인식 면에서 주주를 다른 이해 당사자와 동일하게 취급한다는 점에서 문제가 있다.

기업의 주인은 주주다. 따라서 주주는 어떤 경우에도 기업의 성과에 대한 책임을 져야 한다. 기업이 많은 수익을 내는 경우 그만큼의 이익을 얻지만 손실을 보면 그 손실을 감당해야 하는 것도 역시 주주의 몫이다. 반면에 경영인, 근로자 등 기업에 고용된 사람들은 기업과 계약 관계에 있다. 이들은 기업의 성과와 무관하게 계약 기간 동안 정해진

임금을 받는다. 따라서 일정 기간 기업과 계약 관계에 있는 이들과 기업의 성과에 대한 책임을 감당해야 하는 주주를 동일하게 취급하는 것은 기업의 소유주로서 주주의 중요성을 의도적으로 간과하는 것이다. 더 나아가 소유권 혹은 재산권 자체를 보호받고 존중되어야 할 권리가 아니라 다양한 이해관계의 하나라고 암묵적으로 주장하고 있는 것으로 해석할 수도 있다.

장하준은 주주와 전문 경영인 간 비신성 동맹의 성립이 소유와 경영의 분리로 발생하는 경영자의 도덕적 해이 문제는 해소할 수 있었으나 이러한 동맹이 기업의 기타 이해 당사자들을 착취해서 유지하는 것이라고 주장한다. 주주 가치 극대화를 지향하기 위해 고용의 불안정성을 높이고 납품 업체에 지속적으로 단가 인하 압박을 가한다는 것이다. 또한 기업이 이런 목표를 달성하기 위해 정부에 대해서도 법인세 인하와 보조금 확대 압력을 가해 직접적인 이해 당사자뿐만 아니라 국민경제에도 부정적인 영향을 미친다고 주장하고 있다.

비신성 동맹이 기업을 위해서도 바람직하지 않다는 것이 장하준의 주장인데 이는 다음과 같은 논리에 근거한다. 먼저 주주들은 기업에서 쉽게 손을 뗄 수 있어 기업의 장기적 생존에는 관심이 없다는 것이다. 반면 다른 이해 당사자들을 보면 노동자는 해당 기업에 특화된 기술을 갖고 있고 납품 업체들도 해당 기업에 특화된 투자를 하였기 때문에 다른 대안을 찾기 어려워 기업의 장기적 생존에 민감하다고 주장한다. 따라서 주주 가치 극대화는 해당 기업을 위해서도 바람직하지 않다는 것이 장하준의 주장이다.

주주 가치 극대화를 위한 지배 구조가 국민경제에 부정적일까

장하준이 주장하듯이 주주 가치 극대화를 위한 지배 구조보다 이해 당사자가 경영을 통제하는 지배 구조(stakeholder society)가 기업의 장기적 성과라는 측면에서 보다 더 긍정적인가? 유한책임 회사의 공통적인 문제점은 소유와 경영이 분리되어서 나타나는 대리인(agency) 문제이다.

기업의 주인은 주주이고 주주의 목표는 이윤 극대화를 통해 장기적으로 기업의 가치를 극대화하는 것이다. 반면에 주주와 계약 관계에 있는 경영인이나 근로자는 일을 해야 할 적절한 보상 체계가 존재하지 않으면 기업의 이익과 무관하게 자기 자신의 이해관계에 따라 행동하는 도덕적 해이(moral hazard)가 나타날 가능성이 있다. 따라서 이와 같은 도덕적 해이가 나타나는 대리인 문제 해소를 위해 경영인이나 근로자가 기업의 이윤극대화 및 주주 가치 극대화라는 목표에 부응하도록 보상 체계가 설계된다.

예를 들면 전문 경영인에게는 투자, 생산, 마케팅, 인사 등의 경영에 관한 의사 결정을 하도록 하고 그 과정과 결과를 주주들이 평가하여 보상을 하는 체계를 형성한다. 전문 경영인은 이윤 극대화 및 주주 가치 극대화를 위해 행동하도록 주주들의 통제를 받는다고 할 수 있다. 장하준은 이 시스템을 나머지 이해 당사자들을 착취해서 주주와 전문 경영인의 이익을 극대화하는 '비신성 동맹'이라고 한 것이다. 물론 이 시스템의 문제점 중 하나로 지적되는 것은 '주주 가치 극대화 원칙'에 입각한 의사 결정이 기업의 다른 이해 당사자들에게는 부(負)의 외부 효과로

작용할 수 있다는 점이다[1].

이에 대한 대안으로 이해 당사자들의 경영 참여와 통제가 가능한 지배 구조가 제시되었다. 장하준의 지적과 같이 독일, 프랑스, 일본 등 일부 국가에서는 근로자의 경영 참여 등과 같은 형태로 이해 당사자들이 통제하는 기업 지배 구조가 시행되고 있다. 그렇다면 이와 같은 이해 당사자 지배 구조는 부의 외부 효과를 극복하고 기업 성과에도 긍정적인가? 결론부터 이야기하면 이해 당사자 지배 구조는 기업의 효율성을 담보할 수 없다. 이해 당사자 지배 구조에도 모든 이해 당사자와 경영진 간의 대리인 문제가 존재하고 마찬가지로 이해 당사자의 이익 혹은 후생을 높이기 위해 경영진이 일하도록 보상 체계를 제공해야 한다. 즉, 각각의 이해 당사자는 자신의 이익과 일치하는 의사 결정을 하도록 경영진에 인센티브를 제공해야 한다. 여기서 당사자들의 각각의 이해를 종합적으로 고려하기 위해서는 각자 모두의 이익 혹은 후생을 극대화하는 것을 목표로 해야 한다. 그러나 이해 당사자 모두의 후생 극대화를 측정할 수 있는 객관적 지표는 존재하기 어렵다. 따라서 이러한 목표를 달성하기 위한 유인 체계를 경영진에게 제공하는 것도 어렵다.

이해 당사자 지배 구조에서 경영진은 다양한 당사자의 이해를 대변해야 한다. 여기서 문제는 경영진이 어떤 행동을 하더라도 특정 이해 당사자의 이익을 위한 것으로 합리화될 수 있다는 것이다. 이는 비효율적인 기업 경영을 합리화하는 수단으로 활용될 수 있다. 예를 들면 일자리 보호, 납품 기업 보호의 명목으로 기업의 장기적인 수익성을 악화시키는 비효율적인 의사 결정이 빈번하게 나타날 수 있다. 또한 이해 당사자 지배 구조에서는 다양한 이해관계를 반영하므로 신속한 의사 결정이 이루어지기 어렵다. 이러한 어려움은 신속한 투자, 위험부담에 대한 의사 결정의 부재로 이어져 기업의 효율성, 특히 장기적인 수익성에 부정적인 영향을 미치게 된다[2]. 결론적으로 당사자 지배 구조는 기업의 주인인 주주뿐만 아니라 다른 이해 당사자들에게도 이익을 가져올 수 없다.

주주 가치 극대화가 국민경제에 더 부정적이라는 근거로 장하준이 제시하고 있는 것은 미국의 국민총생산 대비 투자의 비중과 1인당 GDP 증가율을 시기별로 비교한 자료다. 그는 미국의 국민총생산에서 투자가 차지하는 비중이 1980년대 20.5%에서 1990년~2009년 18.7%로 감소했음을 지적하였다. 그러나 다음 도표에서 보듯이 미국의 GDP 대비 투자의 비중은 1990년대부터 오히려 증가하는 추세를 보이고 있다. 1인당 국민소득 증가율 비교를 통해 주주 가치 극대화를 지향하는 지배 구조가 국민경제에 부정적이라고 주장하는 것은 대단히 자의적인 논리이다. 장하준에 따르면 주주 자본주의의 전성기는 1990년부터 2009년까지다. 이 말이 옳다고 해도 이 시기의 연평균 1인당 국민소득 증가율과 1960~1970년대의 연평균 1인당 국민소득 증가율을 비교하는 것은 무슨 이유에서인가? 미국 경제 그리고 선진국을 중심으로 한 세계경제는 제2차 세계대전 이후 1960년대까지 빠르게 성장하였고, 이 시기는 전후 자본주의의 황금기라고 평가할 수 있다. 이 시기 미국경제는 실질 GDP 성장률이 4%가 넘는 높은 성장을 경험했다. 1970년대도 오일쇼크, 그리고 높은 인플레이션과 더불어 전후 세계경제가 가격기구 작동

의 경직성이라는 한계를 보여준 시기였으나 미국의 GDP 성장률 자체
는 평균 3% 수준을 유지한 시기였다. 다만 높은 인플레이션과 함께 성
장률의 편차가 매우 심해 경제의 불안정성이 매우 높았고 성장의 둔화
와 높은 인플레이션이 동시에 나타나는 스태그플레이션이 본격적으로
나타났던 시기였다.

1970년대 만성적인 스태그플레이션의 지속은 자본주의의 위기였다
고 말할 수 있지만 역으로 이러한 현상은 시장경제의 원활한 작동을 제
한하는 다양한 요인들에 기인한 것이다.

1970년대 후반과 1980년대 초반부터 영국과 미국을 중심으로 나타
난 규제 완화, 민영화 그리고 자유무역 등의 자유화 정책은 가격기구와
시장경제의 원활한 작동을 위한 것이었다. 이러한 정책의 효과는 미국
에서 1980년대 중반 이후 낮은 인플레이션과 안정적인 성장이 지속적
으로 2000년대 중반까지, 더 정확히는 2007년 서브프라임 모기지 위
기가 오기 전까지 이어진 것으로 나타났다고 할 수 있다. 1990년 이후
미국경제는 GDP 성장률, 특히 연평균 GDP 성장률이 이전 시기에 비
해 크게 개선되었다고 이야기할 수는 없지만 안정적인 성장을 지속하
였고 낮은 물가와 낮은 실업률을 달성하여 전후 제2의 번영을 구가했다
고 평가할 수 있다.

반면 장하준이 주주 자본주의의 전성기라고 말한 1990년대와 2000년
대를 보자. 장하준은 이런 긍정적인 부분들을 모두 간과한 채 단순히
연평균 1인당 GDP만을 비교하고 있다. 그것도 글로벌 금융위기로 예
외적인 경기 침체를 경험한 2008~2009년을 포함[3]하여 이 시기를 대단

히 부정적인 시기로 묘사하고 있다. 이 시기 미국 경제에 대한 왜곡된 평가와 더불어 이를 주주 자본주의, 주주 가치 극대화를 지향하는 지배 구조의 탓으로 돌리는 것은 논리적·현실적 근거가 전혀 없는 주장이다. 이 시기 미국 경제가 소득 증가·성장이라는 측면에서 1960~1970년대나 1980년대보다 좋지 않았다는 장하준의 주장이 사실이라고 가정해도 왜 이것이 주주 가치 극대화를 위한 기업 지배 구조가 국민경제에 부정적인 영향을 미친 증거가 되는 것인지는 쉽게 납득하기 어렵다.

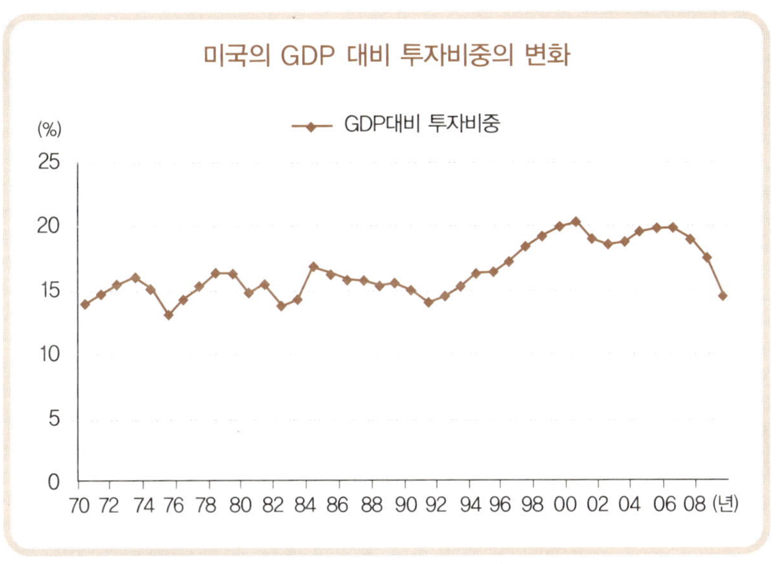

자료 : Bureau of Economic Analysis

선진국 근로자가 후진국 근로자보다 생산성이 높다

장 하 준 은   이 렇 게   주 장 한 다

장하준은 'Thing 3. 잘사는 나라에서는 하는 일에 비해 임금을 많이 받는다'에서 선진국 근로자들은 이민 제한 덕분에 후진국의 동일 직종 근로자보다 더 많은 임금을 받는다고 주장한다. 장하준은 스웨덴의 버스 운전사가 인도의 버스 운전사보다 50배 높은 임금을 받고 있지만, 실제로 운전 실력은 수많은 돌발 상황에 대처해야 하는 인도의 버스 운전사가 더 좋다는 사실을 지적한다. 장하준에 의하면 이러한 현상은 스웨덴이 이민을 제한하여 자국의 버스 운전사를 후진국 버스 운전사와의 경쟁으로부터 보호하기

때문에 발생한다. 장하준은 이러한 경쟁 제한으로 발생하는 임금 격차는 최고 경영직, 연구직, 엔지니어와 같은 고임금 직종을 제외하고는 일반적이라고 주장한다[1]. 결국 가난한 나라 근로자들의 소득이 낮은 것은 개인의 능력이 부족해서가 아니라 정부의 보호가 부족해서라는 것이 그의 주장이다.

장하준은 근로자의 생산성을 '근로자가 다양한 직무를 수행할 수 있는 개인적 능력'이라고 정의한다. 따라서 장하준의 입장에서는 후진국의 근로자가 선진국의 근로자보다 생산성이 높다.

이런 말은 하지 않았다

선진국과 후진국의 임금 격차가 큰 이유는 선진국 기업이 후진국 기업보다 근로자의 생산성을 제고하는 능력이 탁월하기 때문이다. 선진국 기업들은 효과적인 분업 체계, 우수하고 풍부한 자본재, 그리고 고급 경영 기법을 통해서 근로자 1인당 생산성을 크게 증대시킬 수 있다. 또한 선진국 근로자들은 후진국 근로자보다 노동규율에 더 익숙해서 기업이 운영하는 생산공정에 효과적으로 투입될 수 있다.

실제로 이민을 많이 받는 프랑스나 미국에서도 이민 노동자들은 노동규율을 습득하기 어려워하고 있으며, 그 결과 저임금 단순 서비스 직종에 집중되는 경향이 있다. 따라서 장하준의 지적과는 달리 '잘사는 나라에서는 생산성에 따라 임금을 받는다'. 선진국 근로자들이 하는 일은 단순해 보여도 후진국 근로자보다 훨씬 많은 상품을 생산한다.

정리하자면, 노동시장은 생산성이 반영된 소득을 지급한다. 즉, 선진국과 후진국 근로자의 임금 격차는 1인당 생산성과 노동규율의 강도를 반영한 결과이다. 결국 노동시장에서의 소득을 결정하는 가장 중요한 요인은 기업을 통해 구현되는 개인의 생산성이다.

선·후진국 소득의 격차 원인은 노동생산성의 차이 때문이다

왜 선진국 근로자는 후진국 근로자보다 같은 산업, 같은 직종에서 일하면서도 더 많은 소득을 버는가? 이는 근본적으로는 선진국 근로자가 후진국 근로자보다 생산성이 높기 때문이다. 여기서 생산성이란 같은 시간에 더 많은 상품을 생산해 내는 능력이다. 근대 자본주의에서 생산성은 효과적인 분업 체계의 설계, 자본재 투입 수준, 그리고 기업 경영의 효율성에 의해 결정된다.

장하준이 강조하는 개인적 기량은 생산성을 결정하는 지배적인 요인이 아니다. 오히려 근로자 개인에게는 분업 체계 내에서 정해진 직무를 생산계획에 맞게 수행할 수 있는 노동규율이 요구된다. 선진국 근로자들은 후진국 근로자들보다 이러한 노동규율에 익숙하며, 따라서 보다 높은 생산성을 발휘할 수 있다. 이민 제한이 완화되더라도 이민 노동자들은 이러한 노동규율을 습득해야 소득을 제고할 수 있다. 이민 제한이 약한 국가에서도 이민 노동자들이 저임금 직종에 주로 종사하는 이유는 바로 이 때문이다.

선진국 근로자들은 1인당 노동생산성이 후진국 근로자들보다 일반적으로 높다. 예를 들어 1950년~2009년간 스웨덴의 근로자 1인당 국민총생산(노동생산성 지표)은 이집트의 근로자 1인당 국민총생산보다 5배~10배 정도 높았다[2]. 그러나 이는 선진국 근로자들의 개인적 기량이 더 뛰어나기 때문이 아니다. 선진국 근로자들이 보다 효율적인 분업 체계에 편입되어 생산하고, 보다 양과 질이 뛰어난 자본재를 사용하기 때문이다. 또한 선진국 기업들은 보다 효율적인 생산공정 관리기법을 적용해서 같은 노동력을 가진 근로자로부터 더 높은 생산성을 이끌어 내기 때문이다.

아담 스미스가 국부론에서 지적한 바와 같이 분업은 1인당 생산성을 크게 증대시킨다. 전 공정을 한 근로자가 담당할 경우에는 하루 20개의 핀을 만들기 어렵지만, 이를 18개의 공정으로 분리하여 10명의 근로자가 2~3개의 공정을 담당할 경우에는 1인당 하루 4,800개를 생산할 수 있다[3]. 이러한 분업의 이익은 설비투자를 통해서 더욱 강화된다.

헨리 포드는 1913년에 컨베이어 벨트를 활용한 일관 생산공정(assembly line)을 도입하여 포드 T형 자동차 생산공정을 8분의 1로 단축시킬 수 있었다. 또한 선진국 기업들은 생산성을 극대화할 수 있도록 공정을 설계하고 이를 운영하는 기법을 개발하여 생산성을 향상시켰다. 이미 19세기 말에 미국의 프레드릭 테일러(Frederick Winslow Taylor)는 각 공정에서 가장 효율적인 근로자의 작업 방식을 모든 근로자에게 적용할 수 있게 시간 및 동작 단위로 표준화하는 '과학적 경영(scientific management) 기법'을 개발하였다. 이 기법은 대량생산 작업 방식을 상징하는 테일러주의(Taylorism)의 기원이 되었다.

선진국이 지금의 선진국이 된 이유는 1차 산업혁명과 2차 산업혁명을 거치면서 기술 및 조직 문화를 개발하는 데 성공했기 때문이다. 1차 산업혁명은 기존의 수공업을 공장제 수공업(manufacture)로 대체시키면서 분업·협업을 일반적인 생산방식으로 정착시켰다. 그리고 2차 산업혁명은 대규모 설비투자를 통해서 근로자 1인당 자본재의 사용을 급격하게 증가시키고, 생산공정 관리와 같은 경영 기법의 혁신을 가져와 오늘날의 대량생산방식을 정착시켰다. 이러한 두 차례의 역사적인 전환을 거치면서 선진국은 근로자의 생산성을 개인 기량의 한계를 크게 넘어서는 수준으로 제고하였다. 선진국이 선진국인 이유는 개별 생산자들의 기량이 뛰어나기보다는 평범한 생산자로부터 높은 생산성을 이끌어 낼 수 있는 시스템을 가졌기 때문이다. 장하준이 강조하는 근로자의 개인적 기량 격차는 근로자의 생산성 격차가 아니다. 따라서 선·후진국간 근로자 소득 격차와는 관계가 없다.

장하준의 예로 돌아가 보자. 장하준은 인도의 버스 운전사가 스웨덴의 버스 운전사보다 개인적 기량이 뛰어나지만 소득은 낮다고 주장했다. 인도의 버스 운전사가 운전 기술은 뛰어날 수 있다. 그러나 스웨덴의 버스 운전사는 근로시간을 준수하고, 운행 시간표에 맞추어 차량을 운행하며, 교통법규를 준수하고, 무엇보다도 승객 및 보행자를 보호하는 데 인도의 버스 운전사보다 뛰어나다. 스웨덴에서는 급작스러운 돌발 상황에 대처하는 운전 능력보다는 규칙적이고 안전한 교통수단을 제공하는 능력이 더 중요하다. 그렇기 때문에 이들은 높은 보수를 받고 서비스를 제공하는 것이다. 인도 버스 운전사가 스웨덴에 이민 온다고 해서 이러한 직무를 단시간에 습득할 수 있을까? 쉽지 않은 일이다[4].

선·후진국 근로자의 노동생산성의 차이는 '이민정책' 때문인가?

근대 자본주의 생산방식은 근로자 개인에게 강력한 노동규율(discipline)을 요구한다. 생산공정의 원활한 흐름이 생산성을 좌우하므로, 근로자는 항상 정해진 직무를 정해진 시간 내에 달성할 수 있어야 한다. 후진국 근로자들은 임기응변에 능하고 다양한 과제를 수행할 수 있을지는 모르나, 규칙적인 직무를 꾸준히 수행하는 능력은 선진국 근로자들보다 떨어진다.

근로자들이 노동규율을 익히는 과정은 그리 쉬운 일이 아니다. 제 1차 산업혁명이 이룩한 생산성 제고의 근원은 공장제 수공업 도입에 따른 분업의 일반화다[5]. 분업이 일반화되기 위해서는 전근대적 근로 방식에 익숙한 근로자들에게 노동규율을 습득시켜야 했다. 근로자 개인의 자율성이 보장되는 수공업적 생산방식에 익숙했던 근로자들은 이를 받아들이기 어려워했다. 그래서 산업혁명기에는 성인 남성의 노동력보다는 여성 및 아동 노동력에 대한 의존도가 높았으며, 이들 아동 노동력이 성장한 이후에나 노동규율이 안착되었다[6].

장하준의 지적대로 이민 장벽을 완화하여 후진국 근로자를 선진국에서 고용하면 바로 높은 생산성을 올릴 수 있는가? 그렇지 않다.

이민 제한이 해소된다 해도 선진국 근로자들의 급여가 급격하게 하락한다고 보기는 어렵다. 경제학의 용어를 빌리면, 후진국 근로자들은 선진국 근로자들을 완전히 대체할 수 있는 완전대체재(perfect substitute)

가 아니기 때문이다. 특히, 생산성이 높아서 임금 수준이 높은 산업이나 직종에 종사하는 선진국 근로자일수록 후진국 근로자로 대체하기 어렵다. 이들은 근로 방식이 후진국과 크게 다르고, 인적 자본 수준도 매우 다르기 때문이다. 실제로 이민을 많이 받는 선진국에서 이민 노동자들이 주로 단순 서비스업[7]에 종사하는 것을 볼 수 있다. 이는 단순 서비스업은 제조업과 달리 분업이 활발하지 않으며, 개인적 기량에 많이 의존하기 때문이다.

실제로 이민자 비중이 상대적으로 높은 미국에서[8] 이민자들은 낮은 소득 계층에 집중적으로 분포한다. 특히 이민 5년차 이내 신규 이민자의 경우에는 이러한 현상이 더욱 두드러진다. 1990년 현재 전체 이민자의 32.9%는 소득 하위 20% 이하의 계층에 집중되어 있으며, 이민 5년차 이내 이민자는 무려 48.9%나 소득 하위 20% 이하의 계층에 집중되어 있다(Borjas, 1999).

다음 표에서 보듯이 2000년에도 이민자와 내국인 간의 임금 격차는 지속되고 있다.

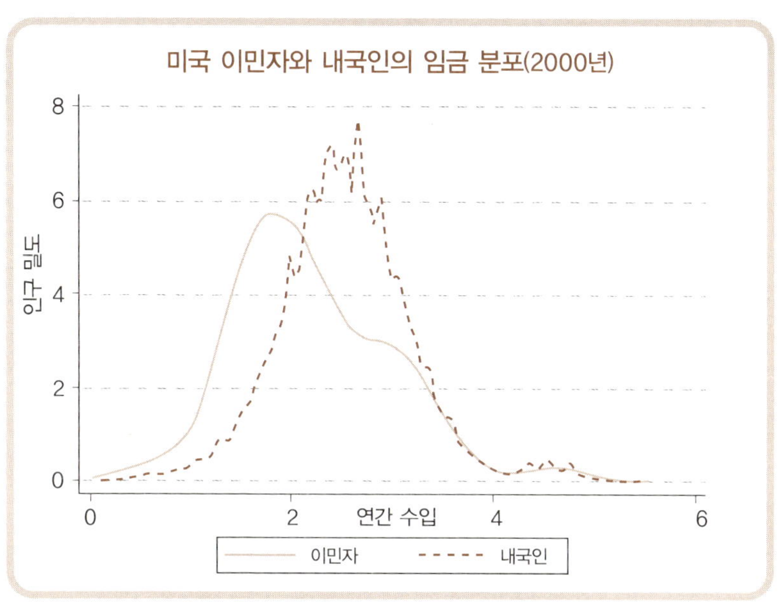

자료 : Borjas and Friedberg(2009)

이는 이민자가 내국인과 유사한 생산성을 발휘하기까지 시간이 걸림을 의미한다. 미국에서 이민자들은 이민 초기에 유사한 인적 자본을 가진 내국인보다 17% 낮은 임금을 받으며, 그 격차는 연간 1%p씩 매우 느리게 좁혀지는 것으로 추정된다. 즉 이민자들이 유사한 노동을 하는 선진국 근로자들과 같은 급여를 받으려면 평균 17년이 걸린다(Chaswick, 1978; Borjas, 1999에서 재인용). 이렇게 이민자들이 저소득 계층에 집중되는 현상은 미국에 국한된 현상만은 아니다. 2005년도에 파리를 비롯한 프랑스 주요 도시의 외곽에서 발생한 이민자 폭동은 이민자들과 본국인들과의 생활수준 격차가 너무 커지면서 이민자들의 불만이 누적되어 발생한 사건이다[9].

정보통신혁명은 아직도 진행형이다

장 하 준 은   이 렇 게   말 했 다

장하준은 정보통신혁명의 효과가 과대평가되어 있다고 주장한다. 그의 주장에 따르면 정보통신혁명이 생산성 증대에 미친 영향은 학술적으로 확인되지 않고 있다. 가전제품의 영향과 비교해 보면 정보통신혁명의 사회적 파급효과는 그리 인상적이지 않다.

장하준은 정보통신혁명으로 변한 환경을 경제정책에 반영하는 경향에 문제를 제기한다. 특히 장하준은 정보통신혁명으로 세계화가 돌이킬 수 없는 흐름이 되었다는 견해에 반대하며, 이와 같은 견해를 반영한 시장 개방 정책을 비판한다.

장하준은 19세기에 발명된 전보가 인터넷보다 더 혁신적인 통신 기술이라고 주장한다. 전보는 편지보다 통신 시간을 2,500배나 단축시킨 반면, 인터넷은 팩스보다 통신 시간을 5배 단축시키는 데 그쳤을 뿐이라는 것이다. 장하준에 의하면 인터넷과 전보는 예외적인 경우가 아니라 정보통신 기술로 생산이 증진한 전형적인 예이다. 정보통신 기술이 생산성을 제고한 효과에 대해서는 기존에 많은 연구가 있었으나, 그 성과는 뚜렷하지 않다. 장하준은 그 근거로 정보통신혁명의 성과에 대해 '말만 떠들썩하고 정작 구체적인 증거는 없다' 라고 평가한 로버트 솔로우의 견해를 소개한다.

또한 장하준은 세탁기와 같은 가전제품의 사회적 파급효과에 비하면 인터넷의 사회적 파급효과는 미미하다고 주장한다. 가전제품이 보급되면서 가사 노동 시간이 급격하게 줄었으며, 그에 따라 여성의 노동시장 참여가 비약적으로 확대되었다. 이렇게 여성의 사회적 진출이 일반화되면서 여성의 사회적 지위가 신장되었고, 그에 따라 여성의 가정 내 지위도 향상되었으며 결국 가정 내의 여성상(像)이 근본적으로 변화하였다. 그는 인터넷에 기인한 사회적 변화 중에는 이렇게 근본적인 변화를 찾아보기 어렵다고 주장한다.

이런 말은 하지 않았다

장하준의 정보통신혁명에 대한 평가는 1990년대 중반 이후에 실현된 정보통신혁명의 성과를 무시하는 것이다. 또한 정보통신혁명으로 투자의 불확실성이 높아지고 그가 일관되게 주장하는 산업 정책의 효과가 약화되고 있는 경향을 무시하고 있다.

정보통신 산업은 산업 정책의 효과가 크게 약화될 수 있는 환경을 만들었다. 정보통신 산업으로 기업의 규모가 축소되고, 기업의 연구·개발에서 신기술의 비중이 높아졌으며, 은행의 역할이 축소되는 대신 위험자본의 역할은 확대되었다. 신기술의 비중이 높아져서 투자의 불확실성은 크게 심화되었고, 기업 규모가 축소되고 은행의 비중이 작아지면서 신규 기업의 경쟁력이 강화되었다. 따라서 정부가 유망주를 선정하기도 어렵고, 선정한 유망주가 격화된 경쟁을 극복하기도 어려워졌다.

결국, 산업 정책은 그 효과가 크게 제약되었다. 1990년대 각국 정부는 첨단산업 육성정책을 추진하였으나, 그 성과는 보잘것없었다. 바로 이러한 환경 변화를 고려하지 않았기 때문이다. 장하준은 정보통신혁명을 과대평가하는 정책적인 조류를 경계한다. 그러나 그는 정보통신혁명의 성과를 무시하기 때문에 그 효과가 의심스러운 산업 정책을 주창하는 오류를 범했다.

정보통신혁명의 성과

정보통신혁명은 1990년대 이후 서구 선진국들의 총요소생산성(TFD, Total Factor Produtivity) 증진을 견인하여 1970년대 이후 20년간 지속된 생산성 정체를 극복하였다. 아직까지는 정보통신혁명의 성과가 19세기 말~20세기 초 거대장치산업이 주도한 생산성 증진의 성과를 넘어선다고 평가하기는 어렵다. 그러나 정보통신혁명은 현재 진행 중이고, 2000년 이후부터는 생산성 증진 효과가 정보통신 산업 외부로 확장되고 있어 향후의 성과가 기대된다.

정보통신혁명은 1990년대 이후 정보통신 산업의 생산성 증대 효과에 힘입어 미국의 노동생산성[1]이 급격히 증대한 현상을 의미한다. 1959년부터 1972년까지 미국의 노동생산성은 연 2.82%로 꾸준히 성장하였으나, 1973년부터 1995년까지는 연 1.49% 성장에 그쳤다. 그러나 1995년부터 2000년까지 연간 2.70%로 성장하여 '생산성의 회복(productivity resurgence)' 현상을 경험하였다. 비록 2000년 닷컴 버블 붕괴 이후, 경기는 하강 국면으로 진입하였지만 2000년부터 2006년까지 노동생산성 성장률은 연 2.5%를 유지하였다. 정보통신 산업의 자본 투자 및 총요소생산성(같은 자본 투입으로 더 많은 생산이 이루어지는 정도) 증진은 1995년부터 2000년까지 노동생산성을 59%나 증가시켜 타 산업의 공헌도를 압도하였다. 2000년 이후에도 정보통신 산업은 노동생산성 증대의 38%를 견인하였다. 이는 1973년 이전에는 노동생산성 증대에서 정보통신 산업의 공헌이 11%에 지나지 않았던 것을 감안하면 엄청난 변화다(Jorgenson et al, 2008)[2].

장하준이 언급한대로 솔로우는 1987년 「뉴욕 북리뷰(New York Book Review)」에 발표된 기사[3]를 통해 '컴퓨터 시대는 어디에서나 볼 수 있으나 정작 생산성 통계에서는 확인되지 않는다'라고 정보통신혁명의 역할을 부정적으로 해석한 바 있다. 그러나 이 기사는 실제로 정보통신혁명의 성과가 실현되기 이전에 발표되었으며, 1970년~1995년간 생산성의 성장이 정체되어 있던 시기의 분위기를 반영한 것이다. 그 이후의 연구 성과들은 1995년~2000년간 생산성의 꾸준한 증대와 이에 대한 정보통신 산업의 공헌을 인정하고 있다(Baily, 2002; Jorgenson et al. 2008).

장하준은 두 가지 근거를 들어 정보통신혁명의 성과를 평가절하한다. 첫 번째는 세탁기 및 전보와 같은 기술 진보에 비해서 정보통신혁명의 성과는 미약하다는 것이다. 그리고 두 번째는 로버트 솔로우의 정보통신혁명에 대한 부정적인 평가이다. 앞에서 살펴본 바와 같이 솔로우의 평가는 1990년대 이전의 비관론을 반영하며, 1990년대 중반 이후의 성과를 고려하지 않았다. 따라서 두 번째 근거는 현실을 반영하지 못하고 있다.

그렇다면 첫 번째 근거는 어떠한가? 반은 맞고 반은 틀렸다. 세탁기와 전보는 모두 19세기 말~20세기 초 기술 진보의 산물이다. 어떤 기준을 통해서 평가해 보아도 19세기 말~20세기 초 기술 진보의 생산성 제고 효과는 정보통신혁명의 성과를 능가한다. 이 시기의 기술 진보는 1970년대 중반 이전까지 미국 노동생산성이 연 2.8%로 증대한 원동력이 되었으며, 근대적 대기업을 출현시켰고, 현대적인 생활양식을 안착시켰다. 이 시기의 기술 진보를 '제2차 산업혁명'이라 칭하며, 생산성 제고의 관점에서는 오히려 제1차 산업혁명보다 더 공헌이 크다. 그러나 정보통신혁명의 성과가 제2차 산업혁명에 미치지 못한다는 사실이 정보통신혁명을 폄하할 근거가 될 수는 없다. 세탁기 및 전보의 파급효과가 정보통신혁명보다 크다는 장하준의 주장은 타당하지만 그렇기 때문에 정보통신혁명의 성과는 뚜렷하지 않다는 주장은 타당하지 않다.

제2차 산업혁명과 정보통신혁명

장하준이 강조한 전보와 세탁기는 모두 19세기 말~20세기 초[4] 제2차 산업혁명기 기술 진보의 산물이다. 제2차 산업혁명은 19세기말~20세기 초 미국·독일 등 후발 선진국이 주도한 일련의 기술 개발과 그에 따른 생산성 증대 현상을 의미한다. 이 시기 기술 진보는 전기·자동차·화학과 같은 대규모 장치산업에서 주도하였으며, 규모의 경제를 실현하여 생산성을 비약적으로 증대시켰다. 또한 1950년대~1970년대 전반기 '자본주의 황금기'의 기술적인 배경이 되었다. 제2차 산업혁명으로 위계적 구조를 가진 대규모 기업이 출현하였고, 독과점이 일상화되었으며, 기업이 자체적으로 세운 계획이 시장기구 못지않게 자원 배분에 중요한 영향을 주었다. 동아시아 국가들의 경제 기적은 바로 이러한 제2차 산업혁명의 성과를 추격하여 재현한 것이다.

19세기 말~20세기 초 일련의 기술 진보를 '위대한 발명(Great Invention)'이라고 지칭하며, 이는 4개의 기술 진보군(群 : cluster)으로 분류할 수 있다(Group of Four', Gordon, 2000). 4개의 기술 진보군 중에서 개별 기술 진보군 하나의 사회·경제적 파급효과는 1995년 이후 정보통신혁명의 사회·경제적 파급효과에 필적할 정도로 큰 공헌을 하였다. 예를 들어, 전기모터의 발명이 이끌어낸 생산성 증진 효과는 정보통신혁명의 생산성 증진 효과와 유사한 것으로 평가된다(Craft, 2002).

● **4개 기술진보군**

전기 (electricity)	전등 및 전기 모터의 발명. 전등의 발명으로 24시간 조명이 가능해졌고, 전기 모터의 발명으로 제조업 생산공정에서 동력을 분산 배치할 수 있게 하여 공정 배치의 효율성을 획기적으로 제고하였다. 헨리 포드의 자동차 일관 생산 공정이 그 전형적인 예이다. 그리고 전기 모터를 장착한 가전제품의 보급으로 가사 노동 부담이 급감하였다.
내연기관 (internal combustion engine)	가솔린 엔진의 발명으로 자동차와 항공기의 사용이 일상화되었다. 고속도로의 건설, 자동차 및 항공 운송의 보편화와 같은 현상이 내연기관의 발명으로부터 비롯되었다.
고분자 화합물 (rearrange molecules)	각종 석유 제품(등유, 경유, 나프타 등), 플라스틱, 약재 등 고분자 화합물이 발명되었다. 고분자 화합물의 발명으로 석탄 의존도가 크게 줄었고, 제품의 경량화 등 품질 개선이 가능해졌으며, 의료 기술이 증진되었다.
정보, 통신, 오락 (complex of entertainment, communication and information)	전신, 전화, 라디오, 영화, 텔레비전, 레코드, 대규모로 유통되는 신문·잡지가 모두 이 시기에 새로이 등장하였고, 텔레비전을 제외하면 이들 모두는 2차 대전 이전에 대중화되었다.

　이들 '위대한 발명' 이전에는 서구 선진국의 생활 양상이 오늘날과는 판이하게 달랐다. 근거리 교통은 마차에 의존했고, 식재료는 냉장할 수 없었으며, 각종 전염병이 창궐하였다. 취사는 화덕에, 세탁은 손빨래에 의존했다. 공장의 동력은 증기 기관에 의존했기 때문에 작업장은 연기와 열기로 가득 찼고, 작업 시간은 길었다. 장거리 여행 시에는 기차 이용이 빈번했는데, 통신이 원활하지 않아서 대형 사고의 위험이 상존했다. 그러나 19세기 말~20세기 초 기술 진보는 이 모든 문제를 해결했고, 선진국들은 1950년대에 이미 현재와 유사한 생활수준을 달성하였다. 정보통신혁명의 영향이 아무리 크다고 해도 이들 '위대한 발명'의 영향보다 크다고 하기는 어렵다.

무엇보다도 19세기 말~20세기 초의 기술 진보는 1920년대~1970년대 초까지 장기적인 생산성 증대를 가져왔다. 기술 진보가 진행 중이었던 1870년~1913년간 미국의 노동생산성은 연 1.18%로 상승하였는데, 기술 진보가 완료되어 그 성과가 실현된 1913년~1973년간 노동생산성 증가율은 1.86%로 급증한다. 이 시기를 '생산성의 시기(Productivity Era)'라고 칭한다. 이 생산성의 시기에 미국의 산업 생산은 연 3.14%로 꾸준히 성장하였고, 소득이 증가하면서 교육 수준도 높아지고 평균수명도 연장되는 등 생활수준이 획기적으로 개선되었다. 2차 대전 이후에는 서구 선진국들도 이러한 기술 진보를 흡수하여 1970년대까지 '자본주의 황금기(Golden Era of Capitalism)'를 이루었다. 흥미롭게도 1870년부터 1970년까지 기간 중 획기적인 제품의 발명은 1950년 이전에 집중되었다(Kleinknecht, 1987; Gordon, 2000에서 재인용). 다시 말해서 2차 대전 후부터 1970년대 초반까지 세계경제 부흥의 기술적인 기초는 이미 19세기 말~20세기 초에 놓여졌다고 해도 과언은 아니다[5].

게다가 제2차 산업혁명은 기업의 형태를 크게 변화시켰다. 제2차 산업혁명을 주도한 산업은 중화학공업으로 대규모 설비투자가 필요했다. 따라서 고정비용을 회수하자면 대량생산이 가능해야 하고, 이러한 상품을 판매할 수 있는 대규모의 판로를 유지해야 한다. 그리고 대량생산을 원활하게 유지하기 위해서 중간재의 안정적인 공급을 확보해야 한다. 그래서 이들 산업의 기업들은 대량생산을 위해 일관 생산과정을 도입하였고, 중간재를 외주에서 들여오기보다는 자체 생산에 의존하는 수직적 공정 통합을 추구하였으며, 판로를 유지하기 위해서 전국적인

(경우에 따라서는 세계적인) 유통망을 갖추게 되었다.

결국 단일 기업이 중간재 생산 및 완제품 생산 그리고 판매를 동시에 수행하게 되었다. 자연스럽게 기업의 규모는 확대되었고, 다양한 기능을 효율적으로 수행하기 위해서 정교한 피라미드형 위계조직(hierarchy)이 도입되었다. 즉 오늘날 흔히 볼 수 있는 근대적 대기업은 제2차 산업혁명의 산물이다.

기업의 규모가 거대화되면서 시장 경쟁의 형태도 크게 변화되었다. 초기 설비투자의 부담이 크다 보니 신규 기업의 진입이 어려워졌고, 그에 따라 독점 및 과점 현상이 일반화되었다. 시장 경쟁의 형태도 다수의 소규모 기업 간 경쟁보다 소수 대기업 간의 경쟁이 일반적인 형태가 되었다. 또한 기업의 계획에 따라 시장 자원이 배분되는 비중이 늘었으며, 시장가격이 자원을 배분하는 기능은 상대적으로 축소되었다. 근대적 대기업 연구의 대가인 알프레드 챈들러의 표현에 의하면 '보이지 않는 손(시장)' 못지않게 '보이는 손(기업)'이 중요한 자원 배분의 수단으로 등장하였다(양동휴, 1997).

이러한 대규모 기업의 성장에는 대규모 자본을 장기적으로 지원할 수 있는 금융기관이 필요하였다. 미국의 대기업들은 J. P. 모건과 같은 대형 투자은행의 인수 주선[6]을 받아서 주식 공모로 자본을 조달하였고, 독일 및 일본의 대기업들은 대형 은행의 지원을 받았다. 특히 독일 및 일본의 대형 은행들은 대기업과 밀접한 접촉[7]을 통해 서로에 대한 정보를 축적하고, 이렇게 축적한 정보를 기반으로 대규모 투자 재원을 장기적으로 지급하는 소위 '관계형 금융'을 제공하였다.

또한 제2차 산업혁명으로 연구·개발의 주력이 독립적인 발명가에서 기업체 연구소로 전환되었다. 19세기 초까지만 해도 연구·개발의 주력은 발명가들이었다. 이들은 기업과는 독립적으로 기술을 개발하고 특허를 취득하여 이를 판매하거나, 직접 기업을 설립함으로써 기술을 개발한 이익과 보람을 찾았다. 그러나 제2차 산업혁명으로 기술 개발 수요가 거대 산업에 집중되었고, 기술 개발 비용은 개인이 감당할 수 있는 수준을 넘어섰다. 또한 기업은 대량생산을 유지하기 위해서 중간재와 마찬가지로 연구·개발의 성과도 안정적으로 공급되도록 관리할 필요가 있었다. 따라서 기업이 연구·개발 인력을 직접 고용하여 기업에 필요한 연구·개발을 수행하는 기업 연구소가 등장하였다.

제2차 대전 이후에는 개인 발명가의 역할은 더욱 위축되고, 기업 연구소가 연구·개발을 주도한다(Lamoreaux and Sokoloff, 2009). 기업 연구소의 연구·개발은 투자 실패 위험이 높은 신규 기술보다는 기존에 개발된 기술의 점진적인 개선을 통해 보다 확실한 이윤을 추구하는 경향이 있다(Gompers & Lehner, 2001). 따라서 2차 대전 이후의 기술 개발은 신기술 개발보다는 기존 기술의 체화(implementation)가 중심이 되었다.

동아시아 국가들 중 특히 한국의 경제 기적은 제2차 산업혁명의 성과를 재현한 것이다. 제2차 산업혁명을 주도한 산업의 생산성 제고 효과는 제2차 대전 이후 뚜렷이 드러났으며, 이들 산업의 신규 기술 개발도 대부분 제2차 대전 전에 이루어졌다. 따라서 동아시아 국가들은 산업 정책의 대상을 선택하는 게 그리 어렵지 않았으며, 기술 개발보다는 기존 기술의 체화를 통해 생산성 향상을 달성할 수 있었다. 이 과정에서 동아시아 국가들은 금융시장이 아직 발전하지 않았기 때문에, 대규모 설비투자에 필요한 재원을 동원하는 것이 정책 성공의 관건이었다. 동아시아 국가들은 산업 정책을 통해 정부가 이 재원 동원 기능을 성공적으로 수행하였고, 그 결과 경제 기적을 이룰 수 있었다.

장하준이 19세기 말~20세기 초 기술 진보의 성과를 상찬(賞讚)하고, 정보통신혁명의 성과를 폄하하는 것은 그가 산업 정책을 선호하는 성향과 밀접한 관계가 있다. 19세기 말~20세기 초에 기업 내 계획의 역할을 확대하고 기업 간 경쟁은 제한하며 기존 기술을 개량하는 기술 진보를 촉진하여 산업 정책에 매우 유리한 조건이 조성되었다. 그리고 이러한 조건을 적절히 활용한 일본 및 개도국인 동아시아 국가들은 산업 정책의 성공 사례로 거론된다. 반면 정보통신혁명은 기업 내 계획보다는 기업 간 거래를 확대하고(외주화), 신규 창업을 활성화하여 기업 간 경쟁을 격화시키고, 새로운 기술을 개발하는 기술 진보를 촉진시켰다. 이것은 장하준이 선호하는 산업 정책에 매우 불리한 조건을 조성한다.

정보통신혁명은 기업규모를 축소해 경쟁을 강화한다

정보통신 기술은 정태적으로는 자연독점을 야기하지만 동태적으로는 신규 진입을 통한 경쟁을 촉진하는 특징이 있다. 정보통신 제품의 생산은 고정비용에 비해 한계비용이 매우 낮다. 예를 들어 소프트웨어 산업은 인건비를 제외하면 일단 개발한 프로그램을 공급하는 데 소요되는 비용은 거의 무시할 수 있는 수준이다[8]. 따라서 시장점유율을 확대하기 매우 용이하다. 또한 정보통신 제품은 수요자가 많을수록 제품의 가치가 높아지고(네트워크 효과: network effect), 한번 사용하면 제품을 바꾸기가 어렵기 때문에(잠김 효과: lock in effect) 일단 시장을 선점하면 경쟁자의 진입을 쉽게 억제할 수 있다. 마이크로소프트의 예에서 보듯이, 정보통신 산업에서는 선발주자가 시장을 선점하면 독점적인 지위를 유지할 수 있다(Varian, 2003).

그러나 정보통신 기술은 동태적으로 신규 기업의 진입을 촉진한다. 우선 정보통신 산업은 물리적인 자본 투자 비용을 많이 들이지 않고도 새로운 제품을 개발할 수 있고, 제품 개발의 속도가 매우 빠른 특징이 있다. 반도체 산업은 제품 개발 주기가 지속적으로 단축되는 현상[9]을 보이며, 소프트웨어 산업은 인력만 확보되면 신제품 개발에는 비용이 거의 들지 않는다. 따라서 현재의 독점기업도 언제 신규 기업이 진입할지 모르는 잠재적인 경쟁 압력에 노출되어 있다[10].

정보통신 기술은 여타 산업의 고정비용을 크게 낮추어 기존 기업의 규모를 축소하고, 신규 기업의 진입을 촉진한다. 우선, 정보통신 기술은 콘텐츠 산업[11]과 같이 일부 산업의 고정비용을 낮추어 규모의 경제가 가진 이점을 축소한다. 그리고 기업 간 거래 비용을 크게 낮추어 수직적 결합의 이점을 축소한다. 따라서 기업은 자체 생산 규모를 줄이고, 외주의 범위를 넓힐 수 있어서 작은 규모로도 시장 경쟁에 참여할 수 있다.

그렇다면 정보통신 기술은 어떻게 수직적 결합을 해체하는가? 일반적인 기업은 완제품 생산에 필요한 중간재를 생산하기 위해 외주를 줄 수도 있고, 외주 대상을 병합하여 공정을 수직적으로 결합하고 직접 생산을 할 수도 있다. 이런 수직적 결합은 기업 간 거래 비용이 너무 높아

서 거래가 어려운 상황에서 발생하는데, 정보통신 기술은 바로 이 거래
비용을 낮춰준다.

거래 비용은 주로 다음 두 가지 상황 때문에 발생한다. 첫째는 정보
교류에 문제가 있는 상황이다. 외주를 주었는데 정보 교류가 원활하지
않으면 두 기업의 생산공정 조율이 어렵고, 그에 따라 생산 중단 등 각
종 비용이 발생한다. 둘째는 자산이 거래 상대방에게 특화되어 협상력
이 저하되는 상황이다. 외주를 준 기업이나 받은 기업은 거래 대상의
특징에 맞추어 생산 설비를 조절하여 생산성을 제고할 수 있다[12]. 그런
데 이렇게 조절된 생산 설비는 거래 대상을 바꾸려고 하면 생산성이 크
게 떨어진다. 그러므로 생산 설비를 조절한 기업은 거래 대상을 바꾸기
어려워져서 협상력이 약화된다. 따라서 외주를 준 기업이나 받은 기업은
비효율적이라도 생산 설비를 현 상태로 유지하려고 하며, 그에 따라 생
산비가 증가한다. 거래 비용이 너무 높아지면 기업은 외주 대상 기업을
인수하고 중간재를 직접 생산하여 비용을 줄이려 한다.

또한 수직적 결합 역시 비용이 발생한다. 외주를 줄 경우 외주 기업은
비용 절감을 통해 이윤을 증진할 수 있기 때문에 스스로 생산성을 제고
하려고 한다. 그러나 기업을 인수하면 이러한 자발적인 생산성 제고 효
과는 포기해야 한다. 따라서 합리적인 기업은 거래 비용이 인수에 따른
생산성의 손실보다 더 심각한 문제인 경우에만 수직적 결합을 선택한다.

그런데 정보통신 기술은 거래 비용을 크게 절감시킨다. 우선, 정보통
신 장비를 활용하면 기업 간 실시간으로 공정 관련 정보를 공유할 수
있게 되어 공정 조율이 원활해진다. 그리고 정보통신 장비의 조절은 소

프트웨어의 조정을 통해서 주로 이루어지므로, 거래 대상을 바꾸더라도 적은 비용으로 거래 상대에 맞게 조정할 수 있다. 따라서 정보통신 장비에 투자를 확대하면 자산이 상대방에게 특화되어 증가하는 거래 비용도 상당히 절감된다. 기업은 필요한 경우 외주를 확대하고 기업의 핵심 역량에 사업을 집중할 수 있다.

실제로 서구 선진국들에서는 1970년대 정보통신 기술에 대한 투자가 확대되면서 기업의 규모가 점차 축소되고 있다. 제2차 산업혁명 이후부터 1970년까지는 수직적 결합이 늘어나면서 기업 규모가 꾸준히 증대되었는데, 1970년대 이후에는 이러한 추세가 반전되고 있는 것이다. 이렇게 기업 규모가 축소되는 현상은 제조업에서 두드러지게 나타나는데, 이는 제2차 산업혁명 시기에 수직적 결합이 가장 활발했던 산업이 제조업이었기 때문인 것으로 추측된다. 실제로 제조업에서 정보통신 기술 투자가 가장 활발하였으며, 정보통신 기술의 투자 비중이 높았던 기업들이 기업 규모 축소를 달성한 것으로 파악되었다. 특히 규모가 축소된 기업은 매출액 및 부가가치도 감소하였으며, 이는 정보통신 기술 투자가 단순히 고용 절감을 목적으로 한 조치가 아님을 시사한다(Brynjolfsson et al. 1994).

정보통신혁명은 신기술 개발을 촉진해 경쟁을 강화한다

정보통신 산업의 기술 진보는 기존 기술의 체화 및 개량보다는 신기술 개발에 집중된다. 전술한 바와 같이 정보통신 산업은 기술 개발에 소요되는 시간은 짧고, 단기에 시장점유율을 확대하여 높은 수익을 달성할 수 있다. 따라서 기존 기술의 점진적 개량보다는 신기술을 개발하는 것이 유리하다는 인식이 강해진다.

정보통신 산업은 신기술을 개발해서 얻을 수 있는 수익이 높은 산업이다. 정보통신 산업에서 신기술 개발은 하드웨어보다는 소프트웨어를 중심으로 이루어진다. 제2차 산업혁명기의 중요 기술은 대형 설비를 설계하여 가동하여야 그 성과를 확인할 수 있었지만, 정보통신 산업의 신기술은 물리적인 투자 없이 성과를 확인할 수 있다. 따라서 개발에 소요되는 비용은 상대적으로 적다. 일단 개발된 제품의 생산을 증대하는 데 비용이 거의 들지 않으며, 네트워크 효과와 잠김 효과로 시장점유율을 어느 정도 확보하면 급격하게 독점적인 위치를 점할 수 있다. 그러므로 신기술 개발이 성공하면 높은 수익을 얻을 수 있으나 기존 기술을 체화하거나 개량해서는 수익을 확보하기 어렵다.

이러한 신기술 개발의 주역은 기존 기업보다는 신규 기업이다. 기존 기업은 이미 개척한 시장이 있으므로 신기술 개발에 성공하면 그 시장에서의 기득권을 상실한다. 신기술 개발의 경쟁 압력은 항상 존재하므로 자신이 개발한 제품이 자사의 기존 제품을 쉽게 대체하리라고 기대하기도 어렵다. 슘페터가 지적한 대로 '창조적 파괴(creative destruction)'의 비용을 지불해야 한다. 따라서 기존 기업은 신규 기업보다 신기술 개발의 부담이 크다.

더군다나 기존 기업에서 기술 개발은 주로 연구·개발 부서가 담당하는데, 기업은 이 부서의 도덕적 해이를 견제해야 하는 또 다른 문제를 안고 있다. 연구·개발 부서는 기술 개발의 이익을 전부 누리지 못할뿐더러 비용도 직접 지불하지 않는다. 따라서 실현 가능성을 판별하기 어려운 연구 프로젝트를 진행하면서 실제로는 노력을 경주하지 않을(shirking) 가능성이 있다. 이를 방지하기 위해서 기업은 이들 연구·개발 부서의 연구 프로젝트 심사에 엄격한 수익률 기준을 적용하는 것이 일반적이다. 그러나 신기술 개발의 성공률은 낮고, 더군다나 정보통신 산업의 신기술은 설령 개발에 성공한다고 해도 초기 시장점유율 확보의 성사 여부에 따라서 수익률이 극단적으로 달라진다.[13] 따라서 이러한 엄격한 수익률 기준을 통과하기 어렵다(Gompers & Lehner, 2001). 다음 표는 미국 및 유럽의 벤처 캐피탈의 수익률 분포를 보여주는데 대부분 벤처 캐피탈의 수익률은 매우 낮은 반면, 상위 5% 이상은 100% 이상의 수익률을 달성하고 있음을 확인할 수 있다.

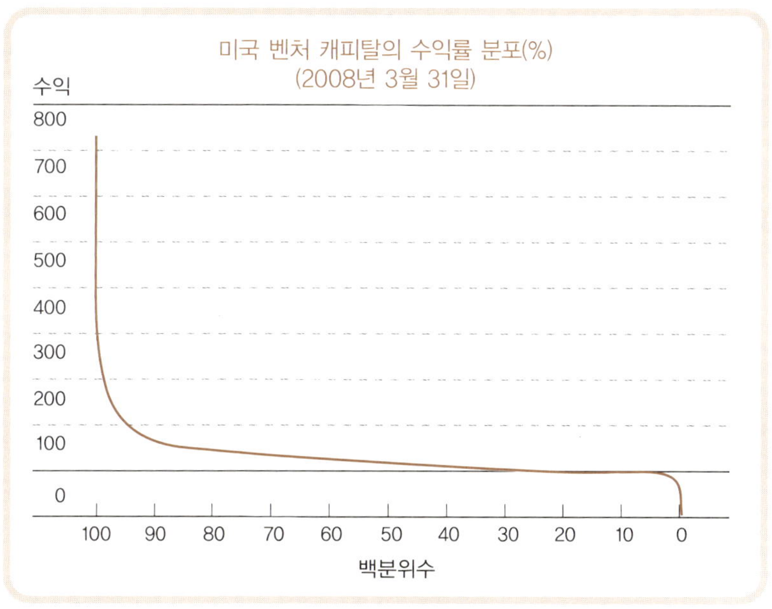

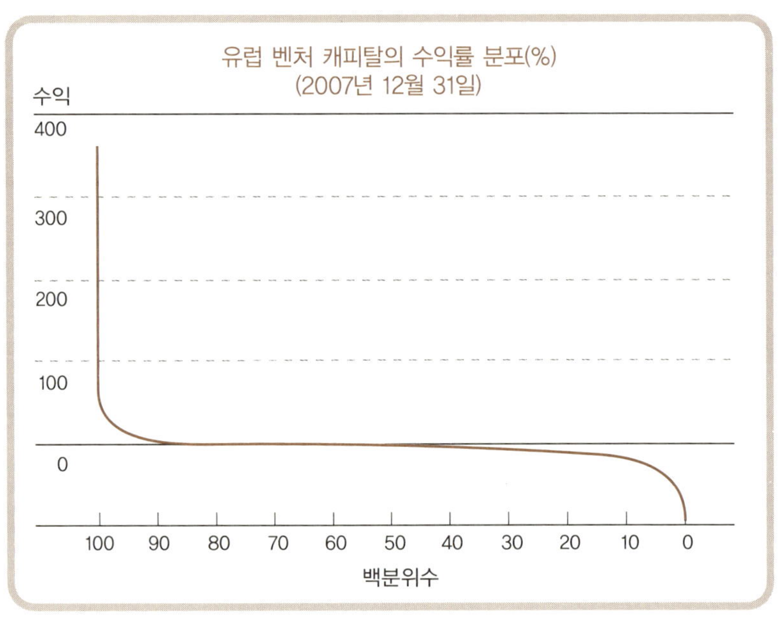

앞에서 서술한 바와 같이 기업이 연구소를 설립하여 연구 · 개발 기능을 직접 수행하기 시작한 것은 제2차 산업혁명 이후이다. 이는 제2차 산업혁명이 거대 장치 산업의 기술 진보를 기반으로 하였기 때문에 나타난 현상이다. 이 시기 신기술은 기초과학의 성과를 직접 산업 현장에 적용하였기 때문에 전문 인력이 대규모로 필요하였으며, 또한 장비를 설치하여 운전에 성공하여야 기술 개발의 성패를 평가할 수 있었기 때문에 대규모의 재원이 필요하였다. 따라서 개인보다는 기업이 연구 · 개발의 주역으로 등장하였다.

그러나 기업 연구소들은 '창조적 파괴'와 엄격한 수익률 기준의 부담으로 신기술의 개발보다는 기존 기술의 점진적인 개량과 체화에 주력하는 경향이 있다(Baumol, 2004). 그 결과 제2차 대전 이후 주요 선진국의 기술 개발은 주로 점진적인 개량으로 이루어졌다.

미국 공학 아카데미(NAE : National Academy of Engineering)에서는 '20세기의 가장 위대한 공학적 성취 20가지(20 Greatest Engineering Achievement)'를 선정하였다[14]. 이들 중 11가지는 제2차 산업혁명의 성과이고(Gordon, 2000b, Table 3), 4가지[15]는 정보통신혁명의 성과이다. 그 외의 항목은 항공우주공학, 화상(畵像) 기술(Imaging[16]), 의료 기술, 핵 기술, 첨단 소재 기술(High-Performance Material) 5가지인데, 이 중 민간 기업이 주도하여 개발한 기술은 화상 기술과 첨단 소재 기술 정도이다. 결국 20세기 후반부터 미국의 대기업들은 자체 연구소의 예산을 줄이거나, 연구소를 독립시키거나, 극단적인 경우에는 폐쇄하기에 이른다. 그리고 신기술의 개발은 신규 창업 기업에게 맡기고, 이들이 개발한 기술의 상업적 체화 및 점진적 개선에 주력하게 된다(Lamoreaux and Sokoloff, 2009).

일반적으로 기술 진보는 규모가 작은 기업이나 규모가 매우 큰 기업에서 활발하게 이루어진다[17](Levin, 1989; Aghion et al, 2002). 규모가 작은 기업은 주로 신규 창업 기업으로서 창조적 파괴에 대한 부담이 작고, 기존의 기술과는 현격하게 다른 기술을 개발해야 시장 진입이 가능하므로 신기술 개발에 주력한다. 반면 규모가 매우 큰 기업은 신기술의 개발보다는 개발된 기술을 상업화하고 이들을 점진적으로 개선하는 데 비교 우위가 있다(Baumol et al. 2007). 돌이켜 보면 제2차 산업혁명 초기의 기술 진보 역시 기업체 연구소들보다는 개인적인 발명가들의 공헌이 컸다. 정보통신혁명으로 신기술을 창조하는 신규 기업의 역할이 다시 기술 진보의 전면에 등장하게 될 것이다.

위험 자본의 역할 확대

정보통신 산업에 대한 투자는 신기술 개발을 기반으로 한다. 따라서 신규 창업 기업이 투자를 주도하고, 투자 실패의 위험이 높은 반면 수익도 높다. 기본적으로 정보통신 산업의 투자는 고위험 · 고수익이기 때문에 투자자가 위험과 수익을 분담하는 주식이 재원 조달의 중요한 수단이 된다. 그런데 신규 기업은 주식을 상장하여 투자자를 유치할 실적이 없다.

신규로 창업한 정보통신 기업은 은행에서 자금을 조달하기가 거의 불가능하다. 일반적으로 기업과 투자자 간에는 투자안에 대한 정보의 비대칭성이 존재하며 투자자는 언제나 투자의 위험을 감수한다. 은행은 이러한 투자자 중에서 가장 위험을 회피하는 투자자들, 즉 예금주들의 자금을 모아서 기업에 제공한다. 은행은 원금을 보장해주어야 하는 예금을 주된 자금 유치 수단으로 사용하며, 원금 보장의 부담이 있기 때문에 투자 방식이 보수적이다. 그래서 은행은 지원 대상으로 실적이 있는 기업을 선호하며 지원 수단으로는 위험부담을 최소화하는 대출을 주로 사용한다. 투자에는 실패할 경우를 대비해서 대부분 담보를 설정한다. 그런데 정보통신에 대한 투자는 일단 위험부담이 크다. 정보통신 산업에서 신규 기업의 역할이 크지만, 과거 실적이 없고 담보로 제공할 물적 자산도 별로 없어서 은행과 거래하기 어렵다.

결국 정보통신 산업의 창업자들은 개인 자본에 의지하거나, 비상장 주식을 장외에서 판매하여 얻은 수익을 활용한다. 이 경우에 투자자와 창업자 간에 정보의 비대칭성이 매우 높기 때문에 창업자가 주식을 판매해서는 동원할 수 있는 자본에 한계가 있다. 이러한 한계를 극복하고 상장 이전 단계의 자본 조달을 촉진하는 것이 바로 위험 자본의 역할이다. 위험 자본은 고위험·고수익 투자에 특화하여 경험을 축적함으로써 정보의 비대칭성을 완화하고, 동시에 창업자의 투자 진행 상황을 면밀하게 관찰하여 불확실성을 낮춘다. 대신 벤처 캐피탈은 자신의 실적과 네트워크를 이용하여 다른 벤처 캐피탈들과 연합(신디케이트)을 결성하여 동원할 수 있는 자본의 규모를 확대한다(Gompers & Lerner, 2001).

벤처 캐피탈의 기본적인 기능은 투자자의 수익을 제고하는 것이다. 이들은 투자 대상 기업의 지분을 대규모로 확보하여 경영에 실시간으로 간섭하면서 투자 진행 상황을 면밀하게 관찰한다. 그리고 투자 단계별 실적에 따라 지원 여부를 결정하는 단계별 지원(staged-financing) 기법을 활용한다. 이 기법을 통해서 이들은 성공 가능성이 낮은 투자에 대해서는 적절한 시기에 자본 투입을 철회하고 가능성 높은 투자에 집중한다. 또한 신규 기업에 부족한 경영 전문 인력을 지원하여 기업의 성장 가능성을 높인다. 투자안이 성공적으로 진행되면 적절한 시점에서 기업을 상장하거나 대기업에 인수·합병을 주선하여 수익을 실현한다[18].

결국, 벤처 캐피탈의 역할은 상장·인수·합병 이전까지 자금을 지원하는 것이다. 벤처 캐피탈이 원활하게 활동하기 위해서는 주식시장이 효율적으로 기능해야 한다(Rajan & Zingales, 2001). 인수·합병 시장도 기업 가치가 정당하게 평가되어야 활성화될 수 있다. 주식시장 상장 예상 가치가 기업 가치 평가에 있어서는 가장 기본적인 정보이기 때문이다(Gompers and Lerner, 2001).

벤처 캐피탈의 활동이 가장 활발한 국가가 미국이다. 그 이유는 미국이 선진국 중에서 가장 규모가 크고 효율적으로 기능하는 주식시장을 가지고 있고, 특히 나스닥 시장이 신규 첨단산업 기업에 상장 기회를 제공하고 있기 때문이다.

벤처 캐피탈은 1990년대 중반 이후 미국 정보통신 기업의 창업을 주도하여 생산성 제고에 공헌하였다. 2000년에는 미국에서 신규 상장(IPO) 기업의 50%가 벤처 캐피탈의 지원을 받을 정도였다(Lerner, 2009). 벤처 캐피탈은 단순히 기업을 상장했을 뿐만 아니라 좋은 기업을 상장하였다. 1972년~1992년간 미국에서 벤처 캐피탈의 지원을 받아 상장한 기업의 5년간 주식투자수익률은 44.6%에 달한 반면, 지원을 받지 못한 상장 기업의 5년간 주식투자수익률은 22.3%에 그쳤다[19](Gompers & Lerner, 2006, p.491).

이러한 벤처 캐피탈의 성과에 힘입어 미국은 1990년~2000년 동안 정보통신 투자에서 서부·남부 유럽 국가들을 앞섰고, 그 결과 생산성이 급격히 증대하였으며 빠른 경제성장을 달성하였다(Ark Van, 2003)[20]. 특히 미국의 창업 기업들이 기존 기업보다 규모도 작고 생산성도 낮지만, 일단 생존에 성공한 기업들은 유럽의 창업 기업보다 규모가 더 빠르게 성장하였다(Pilat, 2005). 이는 미국의 기업들이 기술 투자에서 보다 실험적인 시도를 하고[21], 동시에 미국의 벤처 캐피탈과 주식시장은 좋은 기업을 선정하는 능력이 있음을 암시한다. 결국 벤처 캐피탈과 주식시장의 지원을 받아, 생산성 높은 기술 개발에 성공한 기업이 국민경제에 참여할 수 있었고, 그 결과 국민경제의 생산성이 제고되고 성장이 촉진된 것이다.

벤처 캐피탈의 재원 공급 방식은 제2차 산업혁명 시기에 거대 은행에서 충당했던 재원 공급 방식과는 여러 측면에서 다르다. 두 금융기관 모두 투자 대상과 밀접한 상호작용을 통해서 정보의 비대칭성을 해소한다는 점에서는 일치한다. 그러나 거대 은행은 입수한 정보를 독점하여 투자 기업의 독점적인 자금 공급원이 되는 반면, 벤처 캐피탈은 이렇게 입수한 정보를 상장을 통해 시장에 공개한다. 따라서 벤처 캐피탈은 투자의 성과를 시장에서 인정받아야 수익을 창출할 수 있고, 거대 은행은 투자 기업이 수익을 올릴 때까지 기다려야 수익을 창출할 수 있다.

그렇기 때문에 벤처기업은 시장의 시각을 반영하여 투자 성과를 판정하지만, 거대 은행은 자신의 정보에 기초하여 투자 성과를 판정한다. 벤처 캐피탈은 수익률 전망이 좋지 않은 투자안을 신속하게 폐기하는 경향이 있고, 거대 은행은 수익률에 관계없이 장기적으로 투자 재원을 유지하는 경향이 있다. 벤처 캐피탈은 중간 정산이 있으므로 보다 과감하게 투자 대상을 선정하여 실험적인 투자를 할 수 있지만, 거대 은행은 예금주를 유치해야 하기 때문에 투자 대상을 선정하는 데 보수적이다. 자연스럽게 벤처 캐피탈은 첨단산업의 신규 창업 투자에, 거대 은행은 대규모 장치산업의 장기 투자에 비교 우위를 보인다.

시장 경쟁과 관련하여 거대 은행은 신규 기업이 진입하기 힘든 진입

장벽을 형성하는 단점이 있다. 거대 기업은 거대 은행과 장기적인 관계를 구축하고 있으며, 그에 따라서 신규 기업보다 낮은 이자율로 장기 대출을 받을 수 있다. 또한 기존의 자본을 담보로 활용해서 대규모 자금을 지원받을 수 있다. 이렇게 기존 기업이 재원 조달에서도 유리하므로 신규 기업의 창업은 그만큼 어려워진다.

정보통신혁명은 이러한 거대 은행의 비교 우위를 잠식하여 기업 간 경쟁을 촉진한다. 정보통신혁명으로 신기술의 잠재적 수익이 크게 높아졌고 대규모 은행의 보수적인 대출 방식으로는 고수익 실현이 어려워졌다.

벤처 캐피탈과 주식시장의 역할은 확대되었다. 성장 잠재력이 높은 신규 기업이 재원을 조달할 수 있는 경로가 확대되었고, 기존 기업은 재원 조달에서의 비교 우위가 상실되었다.

정보통신혁명 시대의 성장 전략

정보통신혁명은 기술 진보의 속도를 가속화하고, 기업 간 경쟁을 촉진하였다. 이러한 상황에서는 성장의 동력이 재원의 투입보다는 신기술의 개발에 의존하므로 혁신기반 성장전략이 투자 기반 성장 전략보다 유효하다. 특히 유망주를 선발하는 것 자체가 어려워졌기 때문에 정부가 유망주를 선발하는 산업 정책의 효과도 기대하기 어렵다.

새로운 기업의 급격한 성장은 정보통신혁명의 특징 중 하나이다. 마이크로소프트(1975년 창립), 델 컴퓨터(1984년 창립)와 같은 정보통신 산업 기업 그리고 아마존(1994년 창립), 월마트(1972년 상장)와 같이 정보통신 기술을 적극적으로 이용한 기업들은 비교적 빠른 시간 내에 세계적인 기업으로 성장하였다. 이들은 벤처 캐피탈의 지원을 받아 초기 투자자본을 마련했고, 나스닥 혹은 뉴욕 증권거래소에 상장하여 추가 재원을 마련하였다. 이들 기업은 지금까지 존재하지 않는 신기술을 개발(마이크로소프트, Basic)하거나 새로운 경영 기법[22]을 도입하여 시장 경쟁의 틀을 바꾸는 혁신을 이룩하였다. 이들의 등장으로 해당 산업의 기존 기업들인 아이비엠(IBM), 휴렛페커드(HP), 반스 앤 노블스(Barns and Nobles) 등은 시장점유율이 급격하게 하락하였다. 19세기 말~20세기 초에 설립된 미국의 자동차 3사가 별다른 국내 경쟁을 경험하지 않았던 상황[23]과 비교하면 시장 경쟁의 성격이 얼마나 변화했는지 알 수 있다.

정보통신혁명은 선진국 간 경쟁의 형태가 신기술 개발 중심으로 전환하고 있음을 보여준다. 2008년 세계 금융 위기 이전까지 선진국의 경제성장 격차를 주도한 요인은 결국 정보통신혁명의 격차이다. 신기술 개발 및 전파에 성공하여 생산성을 증진한 국가들은 그렇지 않은 국가들보다 빠른 경제성장을 달성하였다. 그리고 앞으로도 이러한 추세는 계속될 전망이다. 1970년대 이후 20년간의 생산성 정체는 2차 산업혁명기 때 이루어 놓았던 기술 진보의 성과가 거의 소진되었음을 시사하며, 앞으로의 경제성장은 첨단산업의 신기술 개발 여부에 의존할 것이다. 세계적 대기업들이 생명공학, 인지 공학 등 새로운 성장 동력 산업에 대한 투자를 강화하는 이유도 여기에 있다.

향후 선진국들의 성장 전략은 혁신기반 성장전략이 될 것이다. 개도국들 역시 적절한 단계에서 혁신기반 성장전략을 채택하지 않으면 선진국과의 격차를 줄이기 어렵다. 특히 한국은 이미 추격 성장의 가능성이 없어질 징후가 보이고 있어서, 혁신기반 성장전략의 채택이 절실하게 요구된다. 한국을 대표하는 대기업들은 이미 해당 산업의 기술 진보를 선도하고 있으며, 세계시장 공략을 수입의 주요 원천으로 삼고 있다. 이것은 정부의 산업 정책에 의존하는 기업의 모습과는 이미 거리가 멀다.

장하준은 아직도 한국이 정부의 재원 투입을 통해 성장할 여력이 있다고 주장한다. 그러나 이는 정보통신혁명으로 변화한 환경을 무시한 주장이다. 선진국들이 혁신기반 성장전략을 추구하면서 지속적으로 신기술을 개발하고 있는데, 신기술 개발 능력 없이 이들을 추격하기는 어렵다. 한국의 현재 수준으로 보면 더 이상 생산성을 비약적으로 제고할 기술을 외부에서 들여올 가능성이 존재하지 않은 상황이다.

더군다나 정보통신혁명이 창조한 환경에서는 더 이상 산업 정책의 효과를 기대하기 어렵다. 기술 개발의 속도가 빨라져서 투자의 불확실성이 과거보다 크게 높아졌다. 따라서 정부가 미리 유망주를 선정하기는 매우 어려워졌다. 시장 경쟁이 강화되어서 정부가 선정한 유망주가 계속적으로 수익을 창출할지도 미지수다. 이러한 상황에서는 다양한 투자를 실험할 수 있고, 경쟁을 통해 성과가 부진한 투자를 조기에 종결시킬 수 있는 시장의 역할을 확대해야 한다.

정보통신혁명의 시대에 닥친 산업 정책의 한계는 경험을 통해서도 확인된다. 1990년대 이후 세계 각국의 정부가 첨단산업 기업을 육성하려고 시도하였으나 대부분 처참한 실패로 끝났다. 한국의 벤처기업 육성정책은 수많은 예 중 한 가지일 뿐이다. 각국의 정부는 투자 대상을 적절히 선정하지 못했고[24], 이후 투자 대상을 적절히 평가하지도 못했으며[25], 지원 대상에 정치적으로 포섭되어 자원을 낭비한 경우가 비일 비재하였다(Lerner, 2009. ch.6-ch.7)[26]. 이는 산업 정책은 정보통신혁명이 창출한 환경에서는 성과를 기대하기 어려우며, 혁신기반 성장전략을 추구하는 도구로 부적절함을 의미한다.

제도는 인간의 본성에 맞게 만들어진다

장 하 준 은   이 렇 게   말 했 다

모든 사람들이 자기 이익을 추구한다는 시장경제의 전제에 대해서는 그 전제의 타당성을 놓고 많은 논의가 있어 왔다. 장하준도 비슷한 맥락에서 문제를 제기한다. 더 나아가 모든 사람들이 자기 이익만을 좇는다면 속임수가 만연하고 되는 일이 없어 세상이 돌아가지 않을 것이라고 주장한다.

이기심은 인간의 가장 추악한 본성이라는 것이 장하준의 인식이고, 이 이기심을 전제로 경제구조를 설계하면 오히려 부정적인 결과를 가져온다고 주장한다(Thing 5. 최악을 예상하면 최악의 결과가 나온다).

장하준의 이기심에 대한 인식은 대단히 부정적이다. 그는 모든 인간이 자기 이익만을 취한다는 전제의 예로 '봉지 밑에 썩은 사과를 끼워 넣는 양심 없는 과일 가게 주인' 등 소비자를 속이는 상인들을 들고 있다.

그러면서 인간의 행동 동기는 이기심 외에도 정직성, 이타심, 신뢰, 충성심 등 도덕적인 본성에도 상당 부분 근거한다고 주장한다. 예를 들어, 성공적인 기업은 의심과 이기심보다는 신뢰와 충성심을 바탕으로 운영되고 있음을 강조한다. 또한 세상에는 눈에 보이지 않는 보상과 제재 장치가 있고 사람들이 이런 것을 염두에 두고 행동하는 것은 사실이나, 보상과 제재 장치가 없을 때에도 사람들은 대부분 정직하게 행동한다고 주장하고 있다.

이와 같이 사람들이 이기적인 행동이 아닌 도덕적인 행동을 하는 것은 대부분 그렇게 하는 것이 옳다고 믿기 때문이며, 모든 사람이 자기 이익만을 좇는다는 전제를 기반으로 경제구조를 설계하면 효율성이 도리어 떨어진다는 주장이다. 즉, 사람들은 도덕적으로 신뢰받으면 정직하게 행동할 것이나, 일반적으로 우리는 최악의 행동을 한다는 전제를 두고 경제구조를 설계한다는 것이 장하준의 주장이다.

이런 말은 하지 않았다

장하준의 주장의 맹점은 인간이 자신의 이익을 추구하는 행동이 도덕성과 반하고 추악한 본성이라고 전제하는 데 있다. 자신의 이익을 추구하는 것이 과연 인간의 추악한 본성이고 비도덕적인 것인가? 결론부터 이야기하면 그렇지 않다. 인간이 자신의 이익을 추구하는 것은 추악한 본성이 아니라 오히려 인류의 경제와 문화 그리고 삶의 질을 향상시키는 원동력이 되었다. 인류는 아득한 옛날부터 교환과 거래를 위해 생산과 분업을 확대하여 경제, 과학기술, 문화 그리고 제도의 발전을 이루어 왔다. 교환을 위해 생산을 하고 조금 더 좋은 조건으로 거래하기 위해 생산에 비교 우위가 있는 부분에 특화하는 경향은 산업혁명으로 자본주의가 만개하기 이전에도 일반적으로 나타났던 현상이다[1]. 자급자족 때문이 아니라 다른 사람과 거래하기 위해 일을 하는 경우, 품질이나 기술을 개선하기 위한 노력과 특정한 분야에 대한 전문화를 이루면 그만큼 더 많은 보상을 받을 가능성이 높아진다. 따라서 개인의 이익 추구에 대한 동기부여가 클수록 거래 및 교환과 전문화의 규모와 범위가 확대된다.

이데올로기적 동기부여는 위험하다

개인이 교환과 전문화를 통해 이득을 얻기 위해서는 개인의 정치·경제적 자유가 보장되어야 한다. 개인의 정치·경제적 자유가 보장되지 않으면 개인은 사적인 거래를 자유롭게 할 수 없다. 강압이나 폭력에 의해 신체적 자유가 제한된다면 개인은 거래를 위한 생산에 종사하기 어렵다. 생산을 하더라도 강압이나 폭력을 행사하는 사람에게 생산한 물건을 강탈당하거나 헐값에 팔게 될 것이다. 이 경우 개인은 교환과 분업 그리고 전문화를 통한 생산 등 어떤 종류의 경제적 행위에 참여해야 할 이유를 찾기 어렵다.

개인의 정치·경제적 자유가 보장되지 않는 상황에서 생산을 늘리고 경제를 지탱하기 위해서는 기본적으로 정치권력을 가진 통치 세력의 강압에 의한 방법과 국가에 대한 충성심, 의무감, 도덕성 등 이데올로기적인 동기를 개인에게 부여하는 방법이 있다.

장하준이 제시하고 있는 대안도 이러한 이데올로기적 동기부여 방안과 근본적으로 크게 다르지 않다. 인간의 행동 동기가 이기심 외에도 정직성, 이타심, 충성심 등 도덕적인 본성에도 상당 부분 근거하므로 이를 전제로 설계된 경제구조가 더 효율적이라는 것이 장하준의 주장이다. 이렇게 설계된 경제구조에서는 이기심보다는 신뢰와 충성심 등 도덕적인 본성을 촉진할 수 있는 동기부여가 이루어져야 한다. 장하준이 말하는 소위 '인간의 도덕적인 본성'에 호소하는 방식은 이데올로기적 동기를 개인들에게 부여하는 것과 다르지 않다.

그러나 공산주의 국가들의 붕괴에서 보듯이 이데올로기적 동기부여 방안은 지속적인 경제성장을 담보할 수 없으며 언제나 국가권력이 행사하는 강압 및 폭력성이 동반된다. 이데올로기적 동기부여를 통해 생산성을 향상시키고 경제성장을 지속시키는 데 한계가 있다는 것은 구소련의 스타하노프 운동과 같은 방식이 결국은 체제 붕괴를 가져왔다는 역사적 교훈에서 찾아볼 수 있다.

개인의 경제적 이익 추구를 비난할 수 없다

개인의 정치·경제적 자유가 보장된다는 것, 즉 개인의 신체적 자유가 제한되지 않고 외부의 강압이나 폭력 그리고 개입이 배제된다는 것은 개인이 이익을 추구하기 위해 교환·분업 및 전문화를 하는 행위에 그 사회가 동기를 부여한다는 것을 의미한다. 이런 사회는 개인의 이익 추구를 생산의 획기적인 증대와 경제의 급속한 성장, 기술 발전 및 후생 증대로 이어주는 시스템을 갖고 있으며, 이것이 자유시장 경제 시스템이다. 개인의 이익 추구가 시장 거래를 매개로 해서 경제 발전과 후생 증대를 촉발시켜 사회 구성원 모두에게 이익을 주므로 개인들이 자신의 이익을 추구하는 것은 그 자체로 도덕적이다.

거꾸로 개인이 자신의 이익을 추구할 수 있다는 것은 개인의 정치·경제적 자유가 보장된다는 뜻이다. 이는 개인이 국가 혹은 사회의 이익을 위해 희생되는 것이 아니라 국가와 사회가 개인을 위해 존재함을 의미하는 것이다. 반면에 개인보다 국가와 사회의 이익이 우선시되면 개인의 정치·경제적 자유가 국가와 사회 이익을 보호한다는 명목으로 제한될 수 있다. 이와 같은 경제적 자유의 제약은 시장 거래를 위축시킴으로써 개인들의 자발적인 사회적 분업 및 전문화를 제약하여 결과적으로 경제·사회 발전의 정체를 가져온다. 따라서 개인의 이익 추구를 제한하는 국가의 제도 혹은 조치는 경제와 사회의 발전 그리고 후생에 부정적인 영향을 미친다는 점에서 부도덕한 것이라고 할 수 있다.

자유시장경제에서 개인의 이익 추구는 최악의 결과를 초래하는 것이 아니라 아담 스미스가 지적한 바와 같이 오히려 신뢰와 도덕성을 높이는 역할을 한다[2]. 시장 거래는 신뢰를 전제로 한다. 상호 신뢰가 담보되지 않는다면 수많은 개인들 간의 대규모 거래가 일상적으로 이루어질 수 없다. 그렇다면 이러한 상호 신뢰는 어떻게 형성될 수 있는가? 개인의 이익 추구와 시장 경쟁을 통해 대규모 거래가 일상적으로 이루어질 수 있을 만큼의 신뢰가 형성된다. 공익을 강조하고 사익 추구를 비도덕적인 것으로 치부하는 방향으로 설계가 된 경제에서는 계획경제의 빈틈을 노리는 행위가 증가하여 결과적으로 시장에서의 경쟁 압력은 감소한다. 경쟁 압력이 감소하면 시장에서 신뢰를 얻기 위해 노력할 필요성도 감소한다. 이는 전반적인 신뢰와 도덕성을 높여주는 자본주의 시장경제의 자율적인 메커니즘이 약화됨을 의미한다.

자유시장 경제에서는 개인이 시장에서 신뢰를 얻지 못하면 경쟁에 의해 시장에서 도태된다. 따라서 개인의 이익 추구를 위해서는 시장에서의 신뢰와 도덕성을 제고해야만 하는 것이다.

Thing 6 | 물가 안정은 경제에 도움이 된다

장 하 준 은 이 렇 게 말 했 다

인플레이션은 전반적인 물가가 빠르게 상승하는 현상을 의미한다. 일반적으로 인플레이션은 실질소득을 감소시키는 효과가 있다. 실질소득의 감소는 투자와 소비에 부정적인 영향을 미쳐 경제성장을 정체시킨다. 이외에도 지속적인 인플레이션은 투자, 저축, 노동 유인을 감소시켜 경제에 부정적이다.

그러나 장하준은 인플레이션이 경제에 나쁘다는 증거는 거의 없다고 주장한다(Thing 6. 거시 경제의 안정은 세계경제의 안정으로 이어지지 않았다). 그는 하이퍼인플레이션이 정상적인 경제활동을 불가능하게

만들어 정치적 재난의 원인 혹은 결과가 되기도 한다는 것을 언급하고
있다. 그러나 인플레이션이 모두 하이퍼인플레이션이 되는 것은 아니
라고 이야기한다. 또한 적당한 수준의 인플레이션이 경제에 나쁘다는
증거는 전혀 없으며, 인플레이션 억제 정책이 오히려 성장을 둔화시키
는 등 경제에 해롭다고 주장한다.

거시 경제 안정을 위해 인플레이션을 억제하면 경제적 불안정을 촉
발시키며 금융자산 보유자의 이익만 보호할 뿐이라고 주장한다. 물가
안정은 경제 안정도를 측정하는 여러 지표 중 하나에 불과하며 인플레
이션 억제를 위한 긴축적 거시 경제 정책 추진 이후 오히려 금융 위기
의 빈발, 고용 불안정 증대로 경제의 불안정이 확대되었다는 것이다.

장하준은 1980년대 이후 선진국, 특히 영미권의 자유주의적 정책의
효과로 물가가 안정된 것을 금융자산 보유자의 이익을 위한 정책의 결
과로 해석한다. 금융자산은 물가가 오르면 상대적으로 수익이 감소하
므로 금융자산 보유자의 이익을 보호하기 위해서 인플레이션 억제 정
책이 입안된 것이라는 주장이다.

인플레이션이 높은 시기보다 낮은 시기가 투자와 소비, 성장과 고용
에서 더 나은 성과를 보였다는 경험적 증거는 무수히 많다[1]. 스탠리 피
셔, 라트나 사헤이 그리고 카를로스 베그(Fischer, Sahay, Vegh)는 2002

년도 논문에서 전후 높은 인플레이션을 경험한 국가를 포함한 25개국
의 자료를 통해 높은 인플레이션이 투자, 소비 그리고 경제성장에 모두
부정적인 영향을 주었음을 보여주고 있다[2].

미국 경제에서도 다양한 자료와 지표를 통해 인플레이션이 경제의
장기적인 성장에 부정적이었음을 확인할 수 있다. 예를 들면 1950년대
이후부터 금융 위기 직전인 2007년까지, 인플레이션이 높았던 시기와
낮았던 시기를 나누어 경제성장률을 살펴본 결과, 낮은 인플레이션 시
기에 더 높은 성장을 했음을 알 수 있다. 장하준은 선진국이 인플레이
션을 잡는 데 성공한 1990년부터 2009년까지의 연평균 1인당 소득 증
가율이 이전보다 더 낮았다고 주장하면서 인플레이션 억제책이 투자와
성장을 오히려 위축시켰다고 한다.

장하준은 통계를 아주 교묘하게 사용했다. 선진국, 특히 미국의 경제
는 1990년대 초반의 침체기를 거쳐 이후 금융 위기 이전까지 안정적이
고 견고한 성장을 거듭하며, 특히 높은 성장률과 낮은 실업률에도 물가
안정을 달성하고 있는 점이 이 시기의 특징이다. 또한 미국 경제는 글
로벌 금융 위기가 발발한 2008년부터 침체기에 접어들어 2009년에는
마이너스 성장을 하였다. 장하준은 마이너스 성장을 한 이 시기를 의도
적으로 포함하여 연평균 소득 증가율을 계산한 후 이를 근거로 낮은 인
플레이션이 오히려 성장을 위축시켰다고 주장하고 있다. 이런 식의 통
계로는 앞서 언급한 1990년대와 금융 위기 이전까지의 미국 경제의 성
과, 즉 낮은 인플레이션 속의 높은 성장 및 낮은 실업률이라는 성과는
묻혀버린다. 또한 그가 제시한 통계로는 인플레이션과 투자 · 성장 간

의 어떤 상관관계도 설명할 수 없다. 인플레이션을 잡는 데 성공한 1990년대 이후의 연평균 1인당 소득 증가율을 1960~1970년대의 수치와 비교해서 무엇을 설명할 수 있는가?

인플레이션은 왜 일어나는 것일까?

인플레이션은 화폐적 현상(monetary phenomenon)이다. 즉, 인플레이션의 원인은 통화 공급의 증가에 있다. 인플레이션은 한 나라의 재화와 서비스 생산이 증대하는 규모에 비해 통화량이 더 크고 빠르게 증가하면 발생한다. 미국 경제가 고물가에 시달렸던 대표적인 시기인 1969~1979년 동안 미국의 인플레이션율은 연평균 7%였고 통화량 증가율은 연평균 9%였다. 여기서 통화량 증가율과 인플레이션율의 차이는 같은 기간 미국 경제의 평균 성장률 2.8%를 반영하는 것으로 볼 수 있다. 통화량 증가율과 인플레이션의 관계, 즉 과도한 통화량 증가가 인플레이션을 유발한다는 것은 지난 100년간 선진국뿐만 아니라 최근 수십 년간 개발도상국들의 경우에도 경험적으로 증명된 사실이다[3].

그렇다면 인플레이션을 유발하는 과도한 통화량의 증가는 왜 발생하는 것일까? 먼저, 물가 상승률이 연평균 100% 이상이 되는 하이퍼인플레이션(hyperinflation)을 보자. 역사적으로 대표적인 하이퍼인플레이션의 예는 제1차 세계대전 이후 전쟁에서 패한 독일에서 찾을 수 있다. 독일은 제1차 세계대전 발발 이후 전쟁 비용을 충당하기 위해 많은 부채를 졌고 패전과 더불어 승전국에 막대한 양의 배상금을 지불해야 했다. 이는 독일 마르크화의 급속한 평가절하와 더불어 상상을 초월하는 인플레이션이라는 결과를 가져왔다. 전후 1921년 초반까지 5% 내외에 불과하던 인플레이션율은 1921년에서 22년 사이에 600%가 넘었고 1922년 7월에서 1923년 6월 사이에는 18,000% 그리고 이후 같은 해 11월까지 854,000,000,000%로 걷잡을 수 없이 급등하였다. 독일처럼 대부분의 하이퍼인플레이션은 전쟁과 혁명 등의 이유로 통화의 발행이 급증하였기 때문에 발생한다.

제2차 세계대전 이후에도 브라질을 비롯한 남미 국가들과 헝가리, 최근의 짐바브웨까지 하이퍼인플레이션은 심심치 않게 나타나고 있다. 그 원인은 전쟁, 혁명 외에도 정부가 대규모로 지출해야 할 일이 생길 때 화폐 발행을 늘리기 때문이다.

짐바브웨의 경우가 전쟁 비용과 정부 지출을 충당하기 위한 화폐 발행이 얼마나 엄청난 결과를 가져오는지를 잘 보여준다. 짐바브웨는 1980년 영국으로부터 독립한 이후 마르크스주의자인 무가베(Mugabe)가 집권하며 각종 사회주의 정책[4]에 따른 경제 위축을 정부 지출의 증대로 만회하려 시도하였고 그 재원은 화폐 발행을 통해 충당하려고 하였다. 이러한 시도는 무가베 정부의 무능, 부패 그리고 재정 준칙의 결여와 맞물려 걷잡을 수 없는 정부 지출로 이어졌다. 또한 2000년 이후 콩고 내전에 개입하여 막대한 전쟁 비용까지 부담하게 되자 이를 충당하기 위해 화폐 발행을 크게 늘렸다. 결과적으로 여러 요인들이 결합하여 정치·사회적 혼란, 지속적인 경제 위기와 더불어 화폐가치가 폭락하고 상상을 초월하는 인플레이션이 나타났다. 인플레이션이 극심했던 2008년, 물가가 2배로 뛰는 데 채 하루가 걸리지 않았고 연간 물가 상승률도 2,500,000%에 달했다.

정부 지출의 증대는 기본적으로 조세수입으로 충당해야 하나 증세는 조세 저항을 불러오므로 정치권에서는 꺼려한다. 따라서 정부 지출은 화폐 발행을 늘려서 충당하는 경우가 많다. 그러나 이러한 화폐 발행의 증대는 인플레이션으로 이어진다. 물론 인플레이션이 모두 하이퍼인플레이션이 되는 것은 아니다. 그러나 주기적으로 지속되는 높은 인플레이션은 투자와 소비는 물론 고용과 성장에 모두 부정적인 영향을 미친다.

그렇다면 주기적으로 지속되는 높은 인플레이션이 경제에 부정적인 영향을 미치는 원인을 살펴보자. 인플레이션 때문에 발생되는 비용으로 인플레이션에 대응해 화폐 보유를 적게 유지하는 데 소요되는 비용인 '구두창 비용'(shoe leather costs)과 가격 조정 비용인 '메뉴 비용'(menu costs)을 들 수 있다. 인플레이션 상황에서는 현금을 보유하는 것이 불리하므로 현물이나 외화와 같은 형태로 자산을 보유하려 하고, 현금이 필요할 때는 은행에 달려가야 하므로 구두창이 닳게 된다고 하여 이를 '구두창 비용'이라고 한다. 또한 인플레이션은 가격을 계속 상승시켜 음식점을 하는 사람에게는 메뉴판을 매번 바꾸어야 하는 비용을 발생시킨다. 이렇게 인플레이션이 일으키는 가격 조정 비용을 '메뉴 비용'이라고 한다.

그런데 이와 같은 인플레이션으로 발생하는 비용 중 가장 큰 비용은 역시 인플레이션에 따른 조세체계의 왜곡이다. 세율은 명목소득에 부과되므로 인플레이션은 자본이득, 임금 등에 대한 실질세율(effective rate of tax)을 인상시키는 효과를 가져온다. 이와 같은 실질세율의 인상은 저축과 투자 그리고 노동 자체에 대한 회의를 갖게 한다. 따라서 주기적으로 지속되는 높은 인플레이션은 조세체계를 왜곡시켜 효율성의 감소를 가져올 뿐만 아니라 저축 및 투자를 감소시켜 생산과 경제성장의 둔화를 야기한다.

화폐 발행의 증대와 그에 따른 인플레이션으로 정부는 조세수입 이외에 또 다른 수입원을 갖게 된다. 화폐 발행의 증대, 인플레이션에 따른 정부수입이 증대해 정부는 좀 더 많은 돈을 쓸 수 있다. 이와 같이 인플레이션을 통해 정부가 지출을 늘리면 경제성장에 긍정적 영향을 미치므로 적당한 수준의 인플레이션을 유지하는 것이 바람직하다는 주장이 있다. 장하준의 주장도 이러한 논의에 일부 근거하고 있는 것으로 추측된다. 그러나 정부가 지출을 늘린 효과는 단기에 그치고 오히려 민간이 투자하기를 꺼려하게 한다는 것은 잘 알려진 사실이다. 따라서 인플레이션이 경제성장에 긍정적이라는 논의는 근거가 약하다고 할 수 있다.

인플레이션이 경제성장에 미치는 영향

미국 경제만을 놓고 볼 때, 1950년대 이후 인플레이션은 1970년대에 급격하게 높아졌고 그 변동폭도 컸으며 1980년대에 조금 낮아졌고 1990년대에는 안정적이고 낮은 물가 상승률을 보이고 있다. 이는 다음 표에 잘 나타나 있다.

미국의 시기별 인플레이션율

(단위 : %)

연도	1950년대	1960년대	1970년대	1980년대	1990년대
평균 인플레이션율	2.07	2.33	7.09	5.66	3.00
인플레이션율의 표준편차	2.44	1.48	2.72	3.53	1.12

그렇다면 장하준이 이야기하는 1990년대 이전의 미국 경제에서 인플레이션과 고용의 관계를 살펴보자. 고용은 투자와 성장의 결과이며 따라서 인플레이션이 투자와 성장에 영향을 미친다면 그 영향은 고용의 증가 정도에 반영된다고 할 수 있다. 표에 나와 있는 것과 같이 1953년부터 1990년까지 높은 인플레이션 시기와 낮은 인플레이션 시기의 고용증가율을 살펴보면 높은 인플레이션이 고용 증가에 부정적임을 알 수 있다. 높은 인플레이션에 시달렸던 1970년대를 보자. 상대적으로 고물가였던 시기의 당해 연도와 이듬해의 고용 증가율은 1% 수준이지만 저물가였던 시기의 고용 증가율은 3.5%에 달하고 있다. 장하준이 말하는 인플레이션 억제책이 나타나지 않았던 1970년대에도 높은 인플레이션은 상대적으로 고용 증가를 둔화시키는 역할을 하였던 것이다.

1970년대에 비해 물가 상승이 상대적으로 낮고 안정적이었던 1950년대와 1960년대에도 인플레이션과 고용 증가는 유사한 관계를 보이고 있음을 우리는 확인할 수 있다. 즉, 시대를 막론하고 높은 인플레이션은 고용 증가에 부정적인 영향을 미쳤음을 알 수 있다. 고용 증가 수준은 투자와 성장에 따른 결과물이므로 높은 인플레이션이 고용 증가에 부정적이었다는 사실은 높은 인플레이션이 투자와 경제성장에도 부정적인 역할을 했음을 보여주는 결과라고 할 수 있다.

평균 물가 상승률과 평균 고용 증가율의 비교
(1950년대~1980년대)

(단위 : %)

	평균 물가상승률	평균 고용 증가율		
		당해년도	다음 해	누적
1950년대(1953~1962)				
고물가(상위 4개년도)	2.3	0.8	0.3	1.1
저물가(하위 4개년도)	0.5	1.4	2.4	3.8
1960년대(1962~1971)				
고물가(상위 4개년도)	4.9	1.6	2.0	3.6
저물가(하위 4개년도)	1.8	2.2	2.4	4.6
1970년대(1971~1980)				
고물가(상위 4개년도)	11.3	1.1	1.0	2.1
저물가(하위 4개년도)	5.4	3.5	3.4	6.9
1980년대(1980~1989)				
고물가(상위 4개년도)	6.4	1.6	0.7	2.3
저물가(하위 4개년도)	3.1	2.1	2.8	4.9

자료 : Bureau of Labor Statistics

장 하 준 은   이 렇 게   말 했 다

세계적으로 교역 확대와 더불어 보호무역의 논리와 주장은 지속적으로 제기되었고 정책으로 입안되기도 했다. 외국과의 무역은 경쟁력이 떨어지는 국내 생산자들에게는 실질적으로 커다란 위협이 되므로 이들은 외국과의 교역 확대에 저항하고 보호무역을 정책화하기 위해 정치적 압력을 행사한다. 이와 같은 보호무역을 위한 정치적 압력은 역사적으로 끊임없이 나타났고 보호무역에 대한 정치적 요구가 정책화된 것은 국가별·시대별로 차이는 있으나 주기적으로 이어져 왔다.

장하준은 자유무역 정책이 성공한 적이 없다는 인식을 명백히 드러내고 있다(Thing 7. 자유시장 정책으로 부자가 된 나라는 거의 없다). 미국을 비롯한 현재의 선진국들이 지금의 선진국이 된 것은 보호무역 덕분이라는 주장이다. 이런 견해는 『사다리 걷어차기(Kicking away the ladder)』 등 그의 저서에서 일관되게 나타나고 있다. 즉, 선진국은 보호무역을 통해 부자가 되었으면서도 가난한 나라들에게는 자유무역을 강요하여 부자가 될 수 있는 길을 원천적으로 봉쇄하고 있다는 주장을 편다.

이런 말은 하지 않았다

보호무역으로 미국 경제의 성장이 가능했다는 장하준의 주장은 무엇인가? 장하준은 19세기 미국의 관세를 근거로 들고 있다. 그러나 19세기의 관세는 여타 서구 국가들과 마찬가지로 그 역할이 산업의 보호에 있지 않았다.

이 기간 고율 관세가 부과되기 시작한 것은 남북전쟁의 발발에 따른 것이었다. 남북전쟁이 발발하고 전쟁이 남북 간의 전면적인 내전으로 확대됨에 따라 막대한 전쟁 비용을 충당하기 위해 재정수입이 필요하였고, 연방의회는 1861~1862년 사이 관세를 두 배 이상 올렸다. 즉, 19세기 후반부터 20세기 초반까지 이어졌던 미국의 고율 관세는 재정수입의 필요성에 의해 촉발된 것이다. 남북전쟁 이후에도 고율의 관세가 지속되었던 것은 관련된 각종 이익집단의 로비 혹은 정치적 압력이 원인이었다고 할 수 있다.

한편 개발도상국이 보호무역 정책으로 경제성장을 이루었다는 장하준의 주장은 과연 사실일까? 기업이 성장하고 국제경쟁력을 갖추는 것은 산업의 보호와 육성 정책과 같은 정부 개입에 의한 것이 아니라 세계시장에서의 경쟁을 통해 가능한 것이다. 동아시아 국가들이 상대적으로 급속한 경제성장을 이룩할 수 있었던 것은 수입대체 공업화 전략 대신 수출주도 공업화 전략을 채택하여 유치산업에 대한 보호 대신 비교 우위가 있는 부문이 세계시장에 적극적으로 참여하도록 했기 때문이다.[1]

성공한 미국 대통령은 자유무역 정책을 지지했다

미국 연방정부 시스템은 연방정부 초대 재무장관(Secretary of Treasury)이었던 알렉산더 해밀턴과 초대 국무장관(Secretary of State)이었던 토마스 제퍼슨에 의해 설계되었다.

알렉산더 해밀턴은 정치적으로 강력한 연방정부의 역할을 주장하였고 초대 재무장관으로서 미국 정부의 경제정책을 입안하였다. 연방 은행(national bank)의 설립, 관세 제도, 세제 등 연방 재정 시스템이 그 입안에 의해 태어난 것으로 연방정부의 재정과 관련된 시스템의 기반을 다져놓았다고 해도 과언이 아니다. 해밀턴은 기본적으로 강력한 중앙정부를 선호하였고 균형 발전보다는 경제성장을 우선시하였다. 재무장관 시절 그가 구축한 연방 재정 시스템과 경제정책에는 이러한 그의 정치·경제적 철학과 성향이 반영되어 있다.

반면 토마스 제퍼슨은 독립선언서(Declaration of Independence)를 작성한 것으로 유명한데 독립선언서에서 민주주의와 개인의 자유에 대한 그의 철학을 엿볼 수 있다. 제퍼슨은 연방정부의 역할이 제한적이어야 하고 주정부와 지방정부의 자율성이 보장되도록 분권화되어야 한다고 주장했다. 또한 균등한 성장을 지향했으며 이를 위한 정책으로 감세와 분권화된 정부를 제시했다.

해밀턴과 제퍼슨은 정치적으로 연방주의(federalism)와 공화주의(republicanism)로 대비되는데 연방정부의 권한과 역할에 대한 견해 차이가 가장 컸다. 이러한 견해 차이를 경제적 측면에서 보면, 해밀턴은 국가 역량과 경제성장을 위해 역동적인 연방정부에 강한 권한을 주어야 한다고 생각한 반면 제퍼슨은 지역 간의 균형적인 발전을 위해 분권화된 정부 시스템이 필요하다는 입장이었다.

미국의 연방정부 시스템은 완전히 해밀턴식도 아니고 그렇다고 완전한 제퍼슨식도 아니었다. 미국의 연방정부 시스템은 단계별로 경쟁의 원칙하에 정부 간 견제와 균형이 전체 시스템에 적용되었다. 예를 들면 주정부 대 주정부, 시정부 대 시정부 간의 경쟁을 통해 시스템이 발전하였고 이 시스템은 대단히 효율적으로 작동하였다. 정부 간 경쟁 그리고 견제와 균형을 통한 연방정부 시스템이 작동하여 주정부 혹은 지방정부들이 과도한 세금 부과나 지출을 억제하였고 이것이 재산권에 대한 보호, 규제의 최소화 등을 가능하게 만들었다.

정부와 경제에 관련된 미국의 역사를 살펴보면 해밀턴과 제퍼슨 각각의 정치 철학과 목표들이 강했던 시기와 약했던 시기가 이어졌고 때로는 뒤섞여서 나타나곤 했다. 예를 들면, 1930년대 대공황기의 루스벨트 대통령이 주창했던 뉴딜 정책은 평등 혹은 균등한 발전이라는 제퍼슨의 목표를 해밀턴의 수단을 통해 이루고자 했던 정책이다. '전국산업부흥법(National Industrial Recovery Act)'이 대통령에게 과다한 권한을 부여하였다는 이유로 위헌 판결을 받은 것은 제퍼슨의 목표를 해밀턴의 수단으로 이루려고 했던 뉴딜 정책의 특징을 잘 보여주는 단적인 예다. '전국산업부흥법'은 최저 가격, 생산제한 등을 통해 기업이 과도하게 경쟁하는 것을 막고 노동시간·임금·근로조건 개선과 더불어 노조결성 권한의 보장 그리고 실업자 구제를 위한 연방정부의 대대적인 공공사업 등을 규정하고 있다. 이 법은 균등 발전이라는 제퍼슨의 목표를 지향하면서 그 수단으로 연방정부에게 강력한 권한을 부여하는 해밀턴의 수단을 사용하고 있다.

반면에 장하준이 모든 사회·경제적인 문제의 근본 원인이라고 주장하는 자유주의 경제정책을 채택했던 1980년대 이후 공화당은 해밀턴의 주요 목표였던 경제성장을 제퍼슨의 수단인 감세, 분권화를 통해 달성하려고 했다. 이렇게 알렉산더 해밀턴과 토마스 제퍼슨의 연방정부 시스템과 이후 정부의 역할 및 경제에 미친 영향을 살펴보는 이유는 18~19세기에 살았던 이들이 가졌던 시장과 무역에 대한 견해와 그 견해가 실제 정책에 미친 영향을 보다 면밀하게 살펴보기 위해서다.

장하준은 해밀턴은 유치산업 보호를 주장하였고 제퍼슨은 보호무역과 특허제도에 반대하였음을 지적하고 있다. 그러나 해밀턴과 제퍼슨은 신생국가인 미국이 나아가야 할 방향을 정하는 데는 연방정부의 역할 및 분권화에 대한 견해 차이가 있었고, 외교적인 문제에서는 영국 혹은 프랑스와의 관계 설정에 대한 견해에서 결정적인 차이가 있었을 뿐이다. 오히려 자유기업, 자유시장, 자유무역을 지향하는 점에 있어서는 같은 생각을 가지고 있었다고 보는 것이 정확한 평가이다.

경제성장에 보호무역과 정부의 개입이 필수적인가?

장하준은 선진국에서의 보호무역의 역할과 더불어 개발도상국이 성장하기 위해서 유치산업 보호와 정부의 개입이 필수적이라고 주장한다. 개발도상국들은 신자유주의 처방에 충실했던 시기보다 보호무역과 정부 개입 정책을 채택했던 시기에 경제성장률이 더 높았다는 것이 그 주장의 근거이다.

개발도상국들이 성장·발전하기 위해서는 첫째 세계시장에서 경쟁할 능력을 갖출 때까지 유치산업을 보호·육성해야 하며, 둘째 경제 발전 초기에는 시장이 제 기능을 못하므로 정부가 더 적극적으로 개입해야 하며 국영기업을 통해 많은 일을 직접 할 필요가 있다고 주장하고 있다. 그는 선진국이 부자 나라가 된 것은 보호무역과 산업에 대한 보호·육성을 통해서였으며 개발도상국도 자유무역론이나 자유시장 경제정책에 현혹되지 말고 선진국처럼 보호무역과 정부 개입을 통한 산업의 보호·육성으로 성장해야 한다고 주장한다.

장하준의 주장에 대해 알아보기 위해서 먼저 제2차 세계대전 이후 산업화를 위해 대부분의 개발도상국이 채택했던 유치산업 보호론에 대해 살펴보도록 하자. 장하준은 개발도상국이 세계시장에서 경쟁할 능력을 갖추기 전까지는 유치산업을 보호하고 보호를 통해 육성해야 한다고 주장한다.

그러나 결론부터 말하자면 유치산업 보호론은 이론적으로, 경험적으로 이미 사망 선고를 받은 이론이다[2]. 유치산업 보호론의 핵심은 장하준의 주장과 같이 정부가 유치산업에 기술 발전을 할 시간을 주어 산업의 국제경쟁력을 강화하자는 것이다. 그러나 유치산업에 대한 보호는 비효율적인 생산자의 시장 진입을 촉진시키고, 새로운 기술 습득에 대한 유인을 감소시켜 낮은 품질의 제품 생산이 지속되는 결과를 가져와 국제경쟁력을 약화시킨다.

한국에서 1960년대 수출주도 공업화 전략으로 전환한 후 급속하게 산업화와 경제성장을 이룩한 것을 사람들은 정부가 행한 산업 정책의 공으로 돌리는 경향이 있다. 즉, 정부가 특정 산업을 선정하여 보호·지원하고 이를 통해 산업의 경쟁력이 생겨 산업화와 고도성장이 가능했다는 것이다. 장하준의 논의도 대체로 이와 유사하다. 1960년대 박정희 정권의 등장과 더불어 시작된 수출주도 공업화의 성과를 정부의 산업 정책 혹은 정부 개입의 결과라고 주장하는 것은 수출주도 공업화가 경제 개발 계획과 수출 지원 정책이라는 정책적 특징을 가지고 있었기 때문이다.

그러나 박정희 정권이 추진했던 경제개발계획은 시장경제와 민간기업의 자유를 전제로 한 것이었고 중앙의 계획에 따라 지시하고 실행하는 계획경제와 분명히 달랐다. 오히려 계획의 수립과 집행 과정에서 민간과 정부가 지니고 있는 관련 정보들을 효과적으로 활용할 수 있었다는 점에 의의가 있다.

수출 지원 정책에서 수출 촉진을 위해 행정력이 광범위하게 동원되었고 강력하게 추진되었던 것은 사실이다. 그러나 수출 지원의 내용은 정부의 재량적 지원과 보호, 그에 따른 기업들의 줄서기와는 거리가 있었다. 기본적으로 수출 지원은 수출 실적과 연계되어 있었으며 국제경쟁력을 갖춘 생산능력이 없으면 수출 지원을 기대할 수 없었다. 예를 들면, 신용장만 있으면 품목에 상관없이 자동적으로 대출이 이루어지도록 하여 대출을 수출 실적과 연계시켰고 수출어음도 매우 낮은 금리로 할인해 줘서 수출 실적이 곧 저리금융의 획득을 보장했다.

따라서 수출 지원 정책은 특정 산업의 육성을 위한 지원책이었다라기보다 오히려 수출을 촉진하는 강력한 유인책이었다고 볼 수 있다. 수출 지원 정책도 분명히 지대(rent : 사회 안에서 주인 없이 떠도는 이권)를 만든다. 그러나 수출 지원 정책에서 제공되는 경제적 지대는 수출 실적에 의해 좌우되며 따라서 세계시장에서 경쟁할 수 있는 생산자의 능력이 지대를 획득할 수 있는 전제 조건이었다. 수입대체 공업화 전략에서 수입 대체를 위한 보호와 지원을 결정할 때, 산업의 선정뿐만 아니라 지원 대상 기업의 선정 과정에 정부의 자의적인 기준이나 재량적인 판단이 적용될 개연성이 높다. 따라서 경제적 지대를 획득할 때도 객관적 기준보다 정부 혹은 정부 관료의 자의성이 개입할 여지가 훨씬 커지므로 수입대체 공업화 전략은 지대 추구 행위를 촉발시키고 정경 유착이 나타날 가능성도 상대적으로 높아진다.

한국의 고도성장 과정에서 정부의 산업 정책이 주도적인 역할을 하였음을 강조할 때 빠지지 않고 등장하는 예가 1970년대 중화학공업 정책이다. 한국 정부가 1970년대 중화학공업화를 선언하고 기업들이 중화학공업 부문에 진입하도록 유도한 것은 사실이다. 예를 들면 국내시장의 미비, 미래 수요의 불확실성 등으로 기업들이 진입을 회피하는 상황에서 정부는 관련 공단 조성 및 기지 정비, 입주 기업에 대한 세제와 금융상의 혜택 등을 통해 기업의 중화학공업 부문 진입을 유도하였다. 그러나 정부는 중화학공업의 실질 추진 주체로서의 역할을 한 것이 아니라 진입을 유도하기 위한 조력자의 역할을 했고 개별적인 산업과 기업의 내용 그리고 기업의 선정에 세부적으로 관여하지는 않았다.

따라서 1970년대 중화학공업 정책에 따른 정부의 개입은 직접적인 재정지원의 형태가 아니라 장기적, 동태적으로 시장이 작동되는 방향으로 유도했다고 할 수 있다[3]. 또한 우리나라 중화학공업화를 다른 나라의 중화학공업화와 비교해 보면 정부의 역할이 특별했다고는 볼 수 없다. 예를 들면, 1970년대 중화학공업 부문에서 국영기업은 '포항제철'과 '한국종합화학' 뿐이었고 국민총생산에서 국영기업체가 차지하는 비율도 10%로 25~40%에 달하는 다른 개발도상국들보다 훨씬 낮았다.

결론적으로 중화학공업 정책은 중화학공업화라는 정책 목표를 가졌던 것은 사실이나 특정 산업 육성을 위해 강력한 보호와 지원을 하는 소위 '경성' 산업 정책(hard industrial policy)으로 볼 수는 없고, 중화학공업 부문에 기업의 진입을 유도하기 위한 '연성' 산업 정책(weak industrial policy)이었다고 평가해야 할 것이다. 또한 1970년대의 중화학공업 정책도 세계시장을 겨냥한 정책이었다는 점에서 기업들이 지대를 추구하게 하기보다는 세계시장에서의 경쟁을 위해 생산성을 높이는 노력을 하게 만들었다는 시각이 압도적이다. 따라서 1970년대 중화학 공업 정책도 정부가 특정 산업을 보호·지원해 산업의 국제경쟁력을 높인 예라고 보기는 어렵다.

그렇다면 한국의 고도성장 과정에서 특정 산업이나 기업을 보호하기 위한 정책은 존재하지 않았는가? 물론 존재했다. 한국의 고도성장 과정뿐만 아니라 어느 나라에서나 산업 보호를 명분으로 한 보호무역과 산업 정책이 존재했다. 한국도 성장 과정에서 수출주도 공업화 전략을 택하면서 대외 부문에서 정부 개입이 크게 감소하였으나 수입 경쟁으로부터 일부 산업을 보호하려는 정책은 지속되었다.

대표적으로 1980년대 후반 수입 개방이 이루어지기 전까지 자동차 산업 부문에서 국내시장은 수입 경쟁으로부터 보호되었다. 또한 한국 정부는 1962년 제정된 '자동차공업보호육성법'을 통해 자동차 산업의 육성을 시도했다. 그 결과 신진 자동차, 아시아 자동차 등 국내시장을 겨냥한 자동차 업체들이 생겨났으나 결과적으로 해외시장 진출을 시도하여 수출 시장 개척에 성공한 현대자동차를 제외하고는 모두 부실화되었다. 이 업체들의 명맥은 1990년대 기아, 대우, 쌍용 등으로 이어졌으나 보호의 장벽 아래 국제경쟁력을 갖추지 못했을 뿐만 아니라 부실화되는 운명을 맞았다. 결론적으로 한국의 자동차 산업은 정부의 보호·육성책 때문에 성공한 것이 아니며, 오히려 정부의 산업 정책에 부응하여 설립된 기업들은 국내시장에 안주하며 끝내 완성된 차를 생산할 수 있는 능력을 갖추지 못하고 사라져버렸다.

반면에 현대자동차는 1976년 자체 개발한 승용차 '포니'의 출시와 함께 적극적으로 해외시장을 개척했고 더불어 세계시장에서 경쟁력을 갖기 위해 연구 개발에 주력하는 등 생산적 활동에 매진하였다. 초기에는 선진국 시장에서 가격 경쟁력이 있는 소형차 중심부터 시작하여 품질, 디자인, 가격 경쟁력을 바탕으로 대형 고급차 시장에서도 국제경쟁력을 갖춰 미국, 유럽을 비롯한 선진국은 물론 중국, 인도, 남미 등 신흥 시장에서 높은 시장점유율을 기록하는 세계적인 자동차 브랜드가 되었다.

한국의 자동차 산업에서 볼 수 있듯이 산업 혹은 기업이 성장하고 국제경쟁력을 갖추기 위해서는 산업의 보호·육성과 같은 정부 개입에 의한 것이 아니라 세계시장에서의 경쟁을 통해 가능하다. 동아시아 국가들이 상대적으로 급속한 산업화 및 경제성장을 이룩한 것은 수입대체 공업화 대신 수출주도 공업화 전략을 채택하여 유치산업을 보호하는 대신 비교 우위가 있는 부문에서 수출을 하는 식으로 세계시장에서의 적극적으로 경쟁했기 때문이다[4]. 1980년대 이후 많은 개발도상국들이 수입대체 공업화 전략을 버리고 한국 등 동아시아 국가들이 채택했던 수출주도 공업화 전략으로 전환하여 세계시장에 참여하여 산업화, 경제성장 그리고 소득수준을 높이는 데 성공했다.

이러한 사실은 개발도상국이 성장·발전하기 위해서는 유치산업을 보호, 육성하는 등 정부가 더 적극적으로 개입해야 한다는 장하준의 주장과 정면으로 배치된다.

미국은 보호무역 정책으로 성공했을까?

이제 선진국들이 보호무역으로 성공했다는 장하준의 견해를 평가해 보자. 19세기 미국에서 관세가 어떤 역할을 했는지를 검증하는 것이 그의 견해를 평가하는 중요한 잣대가 될 것이다. 장하준이 언급한 바와 같이, 19세기 미국의 보호무역과 관련하여 유치산업 보호론을 최초로 정립한 것으로 간주되고 있는 것은 알렉산더 해밀턴이 의회에 제출한 「제조업자에 대한 보고서(Report on Manufactures)」(1791)이다. 이미 언급한 바와 같이, 미국 연방정부의 초대 재무장관인 해밀턴은 미국의 경제 시스템과 연방정부 시스템의 수립에 기여한 바가 크다. 그가 의회에 제출한 보고서는 유치산업 보호론을 최초로 정립한 것으로 간주되고 있는 것도 사실이다. 그러나 그의 보고서는 실제로 의회에서 채택된 적도 심각하게 고려된 일도 없었다. 오히려 해밀턴이 관세의 필요성을 강조한 것은 유치산업 보호를 위해서가 아니라 신생독립국가인 미국, 특히 연방정부의 재정수입 때문이었다. 그는 영국과의 불편한 관계를 최소화하면서 관세 수입을 올리기 위해 적당한 수준의 관세 부과를 주장하였다[5]. 당시 미국은 영국과의 독립전쟁을 통해 새로 수립된 신생국가로서 영국과는 긴장 관계였다.

당시 영국은 18세기 산업혁명으로 세계에서 가장 발달된 산업국가였으며 미국은 공산품 등 많은 필수품을 영국으로부터 수입에 의존하고 있었다. 따라서 영국과는 전쟁과 독립으로 긴장 관계였지만 경제적인 이유에서라도 불편한 관계를 최소화해야 한다는 것이 해밀턴의 생각이었다.

즉, 양국 간 긴장이 지속되어 영국으로부터 수입이 급감하게 되면 공산품 부족 문제가 발생할 뿐만 아니라 관세 수입도 줄어들어 연방정부의 재정수입 감소라는 문제도 나타나게 된다는 것이다. 관세 수준을 너무 낮게 설정할 경우 재정수입이 충분치 못할 가능성이 있고 너무 높게 설정되어도 높은 관세에 따른 수입 감소로 재정 문제를 일으킬 가능성이 있으므로 적당한 수준의 관세 부과가 필요하다는 것이 해밀턴의 주장이었다. 해밀턴은 신생국가의 재정지출을 충당하고 부채 문제를 해결하기 위해 지속적인 관세 수입이 중요함을 강조[6]하였으며 관세 부과를 보호무역의 수단으로 생각하지 않았다. 따라서 해밀턴 전략의 핵심이 보호주의였다는 해석은 사실이 아니다.

미국은 18세기 후반 독립한 이후 19세기에 급속한 경제성장을 통해 20세기 초반에는 세계 최대의 산업국이 되었다. 미국이 19세기에 급속한 경제성장을 할 수 있었던 이유는 자유로운 기업 활동과 발명 등 혁신을 할 수 있는 여건과 토지, 노동, 자본 등 생산요소의 공급을 원활하게 만든 제도와 시스템이 있었기 때문이다. 먼저 미국의 연방정부 시스템은 지방정부와의 분권을 통해 연방정부와 지방정부 그리고 지방정부들 간의 견제와 균형이 가능한 시스템이었다. 그리고 지방정부 간의 경쟁이 원활하게 이루어져 비효율적인 규제 및 시장 개입을 차단하는 역할을 하였다. 이와 같은 정부 시스템으로 이권에 기생하려는 의도를 막을 수 있었다. 또한 재산권을 제도적으로 철저히 보호하여 사업에서 장기 계약 및 프로젝트를 가능하게 하여 자본시장의 발전을 촉진시키고 경제성장에 기여했다.

생산요소인 토지의 경우, 국토가 확장되면서 정부가 토지를 매입한 후 사유화(privatization)하여 토지 매매를 용이하게 하였다. 미국은 독립 당시 동부의 13개 주에서 시작하여 유럽이 나폴레옹 전쟁 와중이었던 혼란기에 프랑스로부터 루이지애나를 매입[7]하였고, 19세기 전반기에 플로리다, 텍사스, 캘리포니아 등을 편입하였다. 이후 오리건 지역이 미국에 편입되었고 1868년 러시아로부터 알래스카를 매입하는 등 19세기 전 기간에 걸쳐 국토가 확장되었다. 이와 더불어 토지의 공급이 활발하게 이루어졌는데 미국의 토지 정책은 사유화를 기본으로 하였기 때문에 활발한 토지 공급이 가능했다. 1785년 '토지조례(Land Ordinance of 1785)'에서 확립된 미국의 토지 정책은 1862년 '자작농창설법(Homestead Act of 1862)'에 이르기까지 국토 확장과 더불어 새로이 획득된 토지의 사유와 매매를 용이하게 하는 데 정책의 초점을 맞추고 있었다. 또 다른 생산요소인 노동은 토지에 비해 상대적으로 희소성이 있었다. 노동력은 비공식적이기는 했으나 자유이민(free immigration) 정책을 통해 상대적 희소성을 극복하였다.

미국은 독립 초기부터 재산권 보호라는 제도적 뒷받침 아래에서 채권 및 주식시장이 자연스럽게 성립되었고, 이러한 자본시장의 발달과 더불어 유럽으로부터의 대규모 자본 유입이 이루어져 경제성장에 필요한 자본의 공급도 원활히 이루어졌다. 영국의 제도를 발전시킨 미국의 특허제도는 발명과 기술 진보를 앞당겨 19세기 미국을 발명의 시대로 이끌었으며 각종 획기적인 발명과 함께 유용한 기술도 널리 퍼져 생산성이 급격히 높아졌고, 궁극적으로 급속한 경제성장을 이루어 미국이 세계 최대의 산업국가로 부상하는 데 크게 기여하였다. 19세기 미국 경제는 특허제도를 포함한 사유재산권 보호와 자유로운 기업 활동을 보장하는 제도를 근간으로 자본, 토지, 노동의 원활한 공급과 생산성 향상, 국내시장의 지속적 확대 등의 요인들이 결합되어 급속한 성장을 이루었다.

그렇다면 보호무역으로 미국 경제의 성장이 가능했다는 장하준의 주장은 무엇인가? 그는 19세기 미국의 관세를 근거 들고 있다. 남북전쟁 이후부터 미국에서 보호주의적 고율의 관세가 부과되기 시작했다. 보호주의적 성격을 띤 고율의 관세 부과는 제1차 세계대전 이전까지 이어졌는데 공교롭게도 이 기간은 미국이 제조업을 중심으로 급속한 산업화를 이룬 시기이기도 하였다. 따라서 19세기 후반 미국에서 나타난 급속한 산업화는 일견 보호무역에 의한 것으로 여겨질 수도 있다. 제1차 세계대전 이후부터 그리고 본격적으로 제2차 세계대전 이후 식민지에서 독립국이 된 많은 개발도상국들이 수입대체 공업화를 추진한 것도 19세기 미국의 급속한 산업화를 보호주의적 고율 관세의 보호 덕분에 가능했던 것으로 인식했기 때문이다.

그러나 앞서 말했듯이 이 기간 고율 관세가 부과되기 시작한 것은 남북전쟁의 발발에 따른 것이었다. 전쟁이 남북 간의 전면적인 내전으로 확대됨에 따라 막대한 전쟁 비용을 충당하기 위한 재정수입이 필요하였고, 연방의회는 1861~1862년에 관세를 두 배 이상 올렸다. 남북전쟁 이후에도 고율의 관세가 지속되었던 것은 관련된 각종 이익집단의 로비 혹은 정치직 압력이 원인이었다. 특히 고율의 관세를 요구한 이익

집단은 주로 북동부의 농민들, 모직물 제조업자 등 국제경쟁력이 없는 산업의 종사자들이었다.

19세기 미국의 급속한 산업화는 앞서 설명한 재산권 보호, 자유 기업, 제한된 정부 등 자유로운 시장경제를 위한 제도적 기반이 있었기에 가능했다. 반면 관세가 산업의 성장에 미치는 영향은 미미하였다. 고율의 관세가 부과되던 이 시기 미국의 대부분 산업은 세계에서 가장 효율적이었기 때문에 외국으로부터의 수입 경쟁이 위협이 되는 상황이 아니었다. 관련 연구들에 따르면 고율의 관세에 의한 산업 보호가 미국 경제의 성장과 후생 증대에 기여했다는 경험적 증거는 어디에서도 찾아볼 수 없다. 따라서 미국이 유치산업의 보호 및 육성을 통해 성장하여 선진국이 되었다는 장하준의 주장은 설득력이 없는 것이다.

영국은 보호무역 정책으로 성공했을까?

이제 영국의 경우를 보자. 장하준은 최초의 대영제국 수상 로버트 월폴과 그의 계승자들이 모직 제조업자들에게 관세, 보조금 등의 지원을 하여 영국의 모직공업이 성장하였고, 모직물 수출로 벌어들인 돈으로 산업혁명에 필요한 식량과 원자재를 마련하였다고 주장한다. 그의 이런 주장은 당시 유치산업인 모직공업에 대한 보호가 산업혁명을 가능하게 만들었다는 것으로 해석할 수 있다. 그의 주장에 따르면 18세기 중반에 접어들면서 영국은 벨기에, 네덜란드 등 로우컨트리 지역에서 주도하던 모직 산업에 진출하였는데 이 분야에 진출한 영국의 모직 제조업자들은 월폴과 그의 계승자들이 제공한 관세, 보조금 등의 정부 지원을 받아 성장했다. 이후 모직물은 영국의 주요 수출 상품이 되었고, 이렇게 벌어들인 돈으로 18세기 말, 19세기 초 산업혁명에 필요한 식량과 원자재를 구입했다는 것으로 정리할 수 있다.

로버트 월폴이 모직공업에 대한 보호정책을 실시한 것은 사실이다. 그러나 장하준의 주장과 달리 이는 유치산업 보호가 아닌 사양산업에 대한 보호 정책이었다. 영국의 모직공업은 18세기가 아닌 17세기에 절정에 달했다. 그러나 17세기 후반부터 인도 등으로부터의 면직물 수입이 급증하면서 모직물 제조업자들의 불만이 폭발하였다. 그래서 이들의 정치적 압력에 굴복한 영국 의회가 면직물의 수입뿐만 아니라 착용과 사용까지 금지하는 캘리코법[8](Calico Act)을 1722년 제정하였다. 그 뒤를 이어 모직물 제조업자를 보호하려는 조치들이 18세기 중반까지 지속되었으나 결국 모직공업은 사양산업으로 전락하였다. 모직공업을 보호하기 위한 캘리코법[9]을 우회하여 면직물이 아닌 면직물의 원료인 면화가 수입되었고 수입된 면화로 기존 영국의 선대제도(putting-out system)[10]를 이용하여 면직물의 생산이 증대하였다.

이 시기 영국에서 면직물에 대한 국내 및 수출 수요가 급증하였는데 그 원인을 살펴볼 필요가 있다. 세계 각지와의 교역이 늘어나면서 싼 값의 면직물이 대량으로 수입되기 시작한 것이 첫 번째 원인이다. 그러나 이것보다 더 중요한 것은 교역의 증가에 따라 소득이 증가해 18세기 영국에 대규모의 소비 계층이 등장하였다는 점이다. 세계 각국과의 교역의 급증은 많은 필수 소비재들의 가격을 하락시켜 소비와 후생이 증가했다.

더구나 16세기부터 진행된 종획 운동(enclosure movement)의 결과 농촌의 많은 사람들이 이전의 궁핍한 자급자족 상태에서 벗어나 생산과 소비 측면에서 보다 개선된 임금 근로자가 되었다[11]. 이런 임금 근로자들은 산업의 발달과 더불어 평균임금과 소득이 상승하였고 다양한 물품의 중요한 소비자가 되었다. 예를 들면, 영국 임금 근로자들의 평균 소득이 상승한 반면 면직물 가격은 급락하여 더 많은 사람들이 면직 의류를 사용하기 시작했다. 선대제도를 이용한 면직물의 생산 증대와 더불어 영국의 식민지와 기타 해외에서 영국 면직물에 대한 수요가 급증하였다.

그러나 농촌의 가내수공업에 기초한 선대제도의 생산방식으로는 이와 같은 수요 급증에 대응해 공급을 늘리기 어려웠다. 자유로운 기업 활동, 즉 생산과 이윤 추구가 자유로운 분위기에서는 수요의 증대에 따라 혁신이 발생한다. 플라잉셔틀(flying shuttle), 스피닝 제니(Spinning Jenny)와 같은 각종 직조기 및 방적기가 발명·개발되었고 덕분에 생산성이 크게 제고되어 영국에서 면직 공업이 급성장하였다.

면직 공업에서의 혁신 및 생산성 향상에 발맞춘 공업 발전은 영국에서 산업혁명을 촉발시키는 계기가 되었다. 다른 유럽 대륙의 국가들과 달리 18세기 영국에서는 도시의 수공업 길드가 상당히 약화되어 경쟁을 제한하는 역할을 하지 못했다. 따라서 영국의 기업가들이 대륙 국가들의 기업가에 비해 투자, 혁신, 생산과 이윤 추구에서 자유로웠다. 즉 경쟁을 제한하는 수공업 길드가 약해진 영국에서는 자유로운 기업 활동이 가능했다. 농촌의 가내수공업에 기초한 선대제도를 중심으로 발달했던 면직 공업은 수요의 급증하자 여건이 갖춰져 있던 혁신과 생산성을 향상시켜야 할 필요성이 있었다. 또한 영국에는 봉건적 신분 관계에 매여 있지 않은 자유로운 노동력이 풍부했다. 그리고 무엇보다도 영국은 식민지 개척을 중심으로 한 교역이 활발하여 기업가들이 세계시장에 쉽게 접근할 수 있었다.

이런 점들이 배경이 되어 면직 공업에서의 혁신이 공업 발전을 이루었고 영국에서 산업혁명을 촉발시켰다[12]. 따라서 유치산업인 모직공업의 보호를 통해 영국이 산업혁명의 기초를 마련했다는 장하준의 주장은 근거가 없다. 오히려 교역의 확대에 따라 나타난 새로운 수요와 생산 유인이 기업의 자유로운 이윤 추구가 가능했던 영국의 제도와 맞물려 산업혁명을 촉발시켰다고 볼 수 있다.

경쟁력 있는 자본에만 국적이 있다

장 하 준 은 이 렇 게 말 했 다

장하준은 'Thing 8. 자본에도 국적은 있다'에서 외국인 투자를 받아들일 때 기업의 자국 편향을 고려해야 한다고 주장한다. 또한 소위 다국적기업의 활동, 더 나아가 투자 자유화에 있어서 정부가 적극적으로 개입해야 한다고 본다.

장하준은 초국적 기업이라도 기업의 핵심적인 연구 개발, 전략 설정 등 중요한 활동은 본국에서 이루어지고 최고 경영진도 본국 국적 사람들로 채우는 등 자국 편향을 보이고 있음을 지적한다. 이러한 기업의 자국 편향은 경영진의 도덕적 동기와 더불어

자신의 국가에 대한 역사적 의무 때문이라고 주장한다. 기업은 발달 과정에서 직접적 혹은 간접적으로 정부의 지원을 받고 이러한 기업과 정부 간의 역사적 채무 관계 때문에 국가에 대해 도덕적 의무를 가지고 있다는 것이다. 그러나 초국적 기업들이 자국 편향이 되는 것은 인적·조직적 자원, 비즈니스 네트워크 등 타국 이전의 어려움에 따른 경제적 이유가 가장 크게 작용한다고 주장한다.

개발도상국은 최소한 일부 산업에서 외국인 투자를 제한하고 국내 기업을 육성하는 정책이 바람직하다는 것이 장하준의 주장이다. 그리고 더 나은 방안은 외국인 투자를 받아들일 때 국내 기업의 역량을 발전시키도록 돕는 것을 조건으로 하는 것이라고 주장한다. 이와 같은 논의는 선진국과 같이 부자 나라가 되기 위해서는 보호무역과 산업 정책을 통해 경쟁력 있는 산업과 기업을 육성해야 한다는 일관된 그의 주장과 일맥상통한다.

이런 말은 하지 않았다

다국적기업들의 자국 편향은 있을 수 있는 일이다. 그러나 이러한 자국 편향은 절대 불변의 특성이 아니라 각국의 기업 환경에 따라 나타나는 현상이다. 이런 현상을 근거로 외국인 투자를 제한하고 선별적으로 유치하려는 정책을 시행한다면 결과적으로 투자와 고용의 증대, 지식과 기술의 확산과 그에 따른 전반적인 기술 경쟁력 제고와 생산성 향상이라는 이득을 향유하지 못할 것이다.

기업은 자국 편향적이지 않다

장하준의 주장대로 외국인 투자에 대한 강한 제한 및 전제 조건이 꼭 필요한지 살펴보자. 그가 이야기하는 기업의 자국 편향에 대해서, 먼저 그 현상이 자국 편향이라고 이야기할 수 있는 것인지 또한 그것이 기업에 내재된 절대 불변의 특성인지 살펴보도록 한다. 소위 다국적기업들(multinationals)이 연구 개발 기능이나 기업의 핵심 기능을 본국에서 행하는 것은 그 나라의 제도와 인적 자본 및 지적 자본의 수준이 그 기능에 적합하기 때문이다. 예를 들어, 선진국을 기반으로 출발한 다국적기업이 연구 개발에 적합한 인적자원이 갖추어져 있지 않은 개발도상국에 R&D 센터나 본부를 두지 않는 것은 당연하다.

또한 지적재산권에 대한 보호가 거의 이루어지지 않는 저개발국에 기업의 핵심 기술을 담당하는 기능을 두지 않는 것 또한 자국 편향과 무관하게 기업 입장에서는 당연한 것이다. 1990년대 중반 이후 나타나고 있는 다국적기업과 관련한 특징적인 현상은 R&D 등 기술 개발 기능을 세계 여러 국가로 분산하는 'R&D의 국제화'이다.

미국의 다국적기업들의 경우, 기업의 전체 R&D에서 해외 R&D가 차지하는 비중은 1982년 6.4%에서 2004년에는 16.3%로 증가했다. 스웨덴은 1994년에 이미 24.7%에 달했으며, 영국도 1990년대에 이미 해외 R&D가 급증하여 제약 산업에서는 해외 R&D의 비중이 1999년에 이미 55%에 이르게 되었다[1]. 다국적기업들은 R&D의 국제화와 더불어 다양한 국가들에서 투자 및 생산을 진행해 지식과 기술을 전파하고 확산시키는 역할을 하고 있다. 물론 다국적기업의 투자를 유치하는 국가의 시장 규모라든가 R&D에 적합한 제도, 인적 자원 등이 R&D 센터 유치와 그 국가에서 다국적기업들이 어느 정도 수준으로 연구 개발 활동을 할지 결정하는 데 중요한 요인이다.

따라서 R&D 등의 활동을 수행하기에 자국의 여건이 적합하면 자국에서 하는 것이고 해외의 여건이 더 유리하면 해외에서 하는 것이다. 장하준이 이야기하는 경제적 이유에 의한 기업의 자국 편향은 연구 개발 등 핵심 기능을 수행하기에 자국의 여건이 유리함을 이야기하는 것에 지나지 않는다.

외국인 투자 선별 유치

이제 장하준의 외국인 투자를 선별 유치하자는 주장에 대해 논의하여 보자. 이미 언급했듯이 다국적기업의 자국 편향은 국가별 비교 우위, 인적·지적 자본의 조건 및 제도 등에 의해 좌우되며 R&D 국제화에서 보듯이 기업에 내재하는 절대 불변의 특성이 아니다. 또한 자국 편향으로 외국인이 국가 경제의 미래에 도움이 되는 산업보다는 그렇지 못한 산업에 투자할 가능성이 높다는 주장은 근거가 희박하다. 장하준의 주장은 국가 경제의 미래에 도움이 되는 산업과 그렇지 못한 산업이 있다는 것이고, 정책 입안자는 도움이 되는 산업에서 국내 기업이 육성될 수 있도록 외국인 투자 유치 방향을 결정해야 한다는 것이다.

그러나 한 국가 경제의 미래에 도움이 되는 산업이 무엇인지 판단하기는 어렵다[2]. 설사 그러한 산업이 존재한다고 하더라도 그 나라의 제도, 부존자원, 인프라, 인적 자본 및 기술 수준이 그 산업에서 비교 우위를 갖기 어려운 조건이라면 외국인 투자는 물론이고 보호 정책과 지원을 쏟아 부어도 경쟁력 있는 국내 기업을 육성하기 어려워진다.

장하준의 주장대로 외국인 투자 유치를 제한하면 전반적으로 외국인 투자를 제약할 뿐만 아니라 소위 국가의 미래가 달린 중요한 산업에 외국인이 투자한다기보다는 국내외 구분 없이 정부 정책을 따라가며 이득을 보려는 지대 추구 행위가 만연하게 될 가능성이 더 높다. 또한 장하준의 주장과는 달리 다국적기업 등 외국인 투자 유치의 증가는 투자 및 고용의 증대 효과 이외에도 제품 및 생산과정의 질적 향상을 가져오는 지식 및 기술의 확산 효과[3]가 있다. 이는 국가의 기술 경쟁력을 높여 생산성을 향상시키므로 지속적인 성장의 기반이 된다. 따라서 외국인의 투자 선별 유치는 결코 국가 경제의 미래에 도움이 되지 않는다.

장 하 준 은   이 렇 게   말 했 다

선진국에서 제조업 비중 감소와 더불어 탈산업화
에 대해 장하준은 강하게 반론을 제기하면서(Thing 9.
우리는 탈산업화 시대에 살고 있는 것이 아니다) 특히 개
발도상국이 제조업을 도외시하고 서비스산업을 기
반으로 경제 발전을 할 수 있다는 생각에 대해서 반
박하고 있다.

장하준은 탈산업화 현상이 경제 전반의 생산성 향
상과 국제수지에 나쁜 영향을 끼친다는 견해를 피력
하고 있다.

그는 제조업 비중이 감소하는 탈산업화 현상은 제

조업 제품에 대한 수요가 상대적으로 하락했기 때문이 아니라 제조업 부문의 급속한 생산성 향상에 따라 제조업 제품 가격이 상대적으로 하락했기 때문에 발생하는 것이라고 주장한다. 따라서 고용의 관점이 아닌 생산의 관점에서 보면 제조업이 차지하는 중요성은 줄어들지 않았다는 주장이다. 또한 탈산업화에도 불구하고 제조업의 생산성 증가가 경쟁국보다 떨어지거나 혹은 제조업 비중이 하락하여, 경제 전반의 생산성이 저하되면 국제수지 적자가 심화되어 생활수준마저 떨어진다고 주장한다.

장하준은 개발도상국이 탈산업화에 근거한 발전 전략을 세우는 것은 치명적 결과를 초래할 것이라고 한다. 즉, 개발도상국이 산업화 단계를 건너뛰고 서비스산업을 기반으로 경제 발전을 할 수 있다는 생각은 환상이라는 것이다. 그는 서비스 부문은 본질적으로 제조업 부문보다 생산성 증가 속도가 느리다고 주장한다. 또한 서비스 상품은 교역 가능성이 낮아 서비스에 특화된 나라는 국제수지에서 심각한 문제가 발생할 가능성이 높다는 것이다. 국제수지 적자에 따른 외화의 부족은 경제성장을 이끌어낼 해외 선진 기술을 수입할 능력을 떨어뜨리므로 서비스산업에 기반을 둔 발전 전략은 개발도상국에 치명적이라고 주장한다.

이런 말은 하지 않았다

장하준의 탈산업화 논의는 정부 주도로 산업을 보호하고 육성하는 제조업 중심의 산업 정책만이 경제성장을 이룰 수 있음을 강조하려는 의도라고 볼 수 있다. 역사적으로 제조업 중심이 아닌 농업이나 서비스 부문의 비교 우위 혹은 생산성의 상대적 우위를 기반으로 경제성장을 이룩했거나 이룩하고 있는 예는 얼마든지 찾을 수 있다. 예를 들면 19세기부터 아르헨티나와 캐나다, 호주 등이 농업의 비교 우위를 통해 성장을 했고, 최근의 인도도 지식 기반 서비스에서 비교 우위를 통해 빠른 성장세를 보이고 있다.

최근에는 정보통신 기술의 발전 등 기술혁신에 힘입어 하나의 제품을 생산하는 데 생산에 필요한 여러 과업(tasks)이 해체되어 그 과업의 공급망이 국제적으로 형성되고 과업 자체가 교역의 대상이 되고 있다. 이런 상황에서는 해체된 과업의 교역 가능성, 외주 가능성이 문제가 되는 것이지 제조업과 서비스 부문의 구분은 큰 의미가 없다. 최근에 진행되고 있는 세계화, 즉 대해체(great unbundling)의 특징은 오프쇼어링(offshoring : 해외 업무 위탁)이 가능한 과업이 무엇인지 예측할 수 없다는 점이다. 따라서 개인, 기업 등 경제주체들이 새로운 과업 및 예상치 못한 변화에 대응하는 유연성과 적응력을 가질 수 있도록 자유시장, 자유무역의 제도적 기반을 갖추는 것이 중요하다.

'보몰의 병리' 현상

이제 탈산업화와 관련된 장하준의 인식과 정책 제언에 대해 평가해 보도록 하자. 먼저 탈산업화의 원인과 관련하여 우리가 고려할 수 있는 이론적 개념으로 '보몰의 병리(Baumol's cost disease)' 라는 것이 있다. 이것은 미국의 경제학자 보몰이 제시한 것으로 생산성 향상 없이 비용이 증가하는 현상을 말한다. 일부 서비스 부문, 예를 들면 공연 예술(performing arts) 분야에서와 같이 노동생산성은 크게 변화가 없음에도 노동시장에서 채용 경쟁이 일어나 종사자의 임금은 지속적으로 상승하는 경우에 나타난다[1]. 서비스 부문은 생산성 증가가 상대적으로 정체되어 다른 상품을 구입할 때보다 높은 서비스 비용을 지불해야 한다는 장하준의 견해는 거의 모든 서비스 분야에서 '보몰의 병리' 현상이 나타남을 전제로 할 때 성립할 수 있다.

그러나 소위 탈산업화라는 현상은 경제가 성장하면서 소득이 증대되고 이에 따라 다양하고 세분화된 서비스가 요구되는 상황이 된 것이므로, 모든 서비스 분야에서 보몰의 병리가 진행된다고 하더라도 전반적인 수요가 증대되었기 때문에 서비스의 상대가격이 높아진 것이 문제가 되지 않는다.

'보몰의 병리' 현상과 같은 노동 집약적 부문에서의 생산성 정체가 모든 서비스 부문에 해당하는 것은 아니다. 서비스 부문에서도 IT 기술 및 과학적 경영 기법의 발달 등으로 괄목할 만한 생산성 증대가 나타나고 있어[2] 제조업과 서비스 부문을 이분법으로 나눠 제조업이 상대적으로 생산성이 높다고 일반화하는 것은 무리가 있다.

탈산업화가 반드시 국제수지 적자로 이어지지는 않는다

탈산업화는 국제수지에 부정적 영향을 미쳐 특히 개발도상국에 치명적이라는 견해에 대해 살펴보자. 장하준은 제조업 생산성의 정체 혹은 제조업 비중의 감소(탈산업화)가 국제수지 적자를 발생시키고 이는 생활 수준의 저하, 개도국의 경우 경제성장 능력의 훼손으로 이어진다고 주장하고 있으나, 이것은 근거가 희박한 논리이다. 그의 논리는 국제수지가 적자 상태에 빠져 이를 메우기 위해 해외에서 돈을 빌리면 자국 통화가치가 하락해 수입 능력이 떨어지고 이는 생활수준의 저하로 이어진다는 것이다. 국제수지 적자[3]로 자국 통화가치가 하락하면 수입 가격의 상승으로 수입이 감소하는 반면 수출의 가격 경쟁력은 높아져 수출이 증가한다. 이런 변화는 국제수지를 적자에서 균형 혹은 흑자로 전환시킨다. 이렇게 되면 자국의 통화가치는 다시 상승한다.

　제조업 비중이 높고 생산성이 빠르게 증대하는 경우에도 국제수지 적자는 나타날 수 있다. 예를 들면 수출주도 공업화를 통해 급속하게 성장한 개발도상국들도 성장에 따라 수입도 늘어나므로, 한국이 1980년대 초반까지 경험했던 것처럼 지속적인 경상수지 적자를 보일 수 있다. 따라서 제조업 생산성 정체 혹은 탈산업화로 국제수지가 적자 상태에 빠지게 되면 생활수준의 저하로 이어지고, 특히 개발도상국에 치명적이라는 주장은 일반화하기 어렵다.

미국은 선택권이 있는 나라다

장하준은 미국인의 삶의 질이 높지 않다고 주장한다(Thing 13. 미국은 세계에서 가장 잘사는 나라가 아니다).

그 이유로 미국은 소득 격차가 크고 근로시간이 길기 때문이라고 말한다. 장기간의 근로시간은 사람들의 삶의 질을 떨어뜨리고 건강을 악화시킬 수 있다고 한다.

또한 미국은 노동조합이 결성되어 있지 않은 경우가 많고 직업의 안정성과 복지 수당 등 사회적 지원이 약하기 때문에 다른 유럽 국가들에 비해 낮은 임

금과 열악한 근무 조건을 견뎌야 한다. 그럼에도 미국의 평균 소득에 비해 구매력이 높은 것은 많은 미국인들이 이를 견뎌 낸 결과라고 본다. 그뿐만 아니라 미국은 불균등한 소득분배현상과 건강지표가 좋지 않고 범죄율이 높기 때문에 우리가 생각한 만큼 미국인의 삶의 질은 높지 않다고 본다.

이 런 말 은 하 지 않 았 다

장하준은 미국인의 삶의 질이 높지 않다고 주장하지만, 미국인들의 삶의 질은 그들이 선택한 결과임을 간과하고 있다.

미국 노동시장에서 이민 노동자들은 자국에서는 얻기 어려운 높은 수준의 소득을 벌고 높은 수준의 생활을 유지하고 있다. 그리고 미국 근로자들은 임금은 높고 세율이 낮아서 근로시간당 소득이 높다. 따라서 장시간 근무할 유인이 강하다. 미국 근로자들은 장시간 근무를 선택하여 자신들이 누릴 수 있는 최고의 생활수준을 영위하고 있다. 미국의 이민 노동자와 장시간 근로자들은 모두 주어진 환경에서 가장 높은 생활수준을 선택한 것이다.

장하준이 지적한 대로 미국은 저임금 이민 노동자가 많고, 근로시간이 길다. 그러나 그렇다고 이들의 삶의 질이 떨어진다고 할 수 있는가? 장하준의 입장에서는 그렇게 평가할 수도 있다. 그렇지만 중요한 점은 이민도, 장시간 근로도 미국 근로자들의 자유로운 선택의 결과라는 점이다. 현시 선호(Revealed preference) 이론에 의하면 이들은 주어진 제약하에서 가장 선호하는 선택을 하고 있으며, 따라서 가장 높은 수준의 삶의 질을 유지하고 있다. 이민 생활의 어려움이나 장시간 근로의 부담은 이들이 스스로 선택한 삶의 질을 유지하기 위해 지불하는 비용으로 이해해야 한다.

미국 이민 노동자들, 삶의 질

장하준은 구매력으로 평가한 미국인의 평균 소득이 높은 이유는 저임금 이민 노동력이 낮은 가격으로 서비스를 제공하기 때문이라고 주장한다. 장하준은 이들 저임금 노동자들은 삶의 질이 낮으며, 이들의 삶의 질이 낮은 덕분에 평균적인 미국인의 구매력이 높다고 주장한다. 그러나 장하준은 이민 노동력의 '저임금'은 그들이 떠나온 모국에서는 획득하기 어려운 높은 소득임은 고려하지 않는다. 그리고 이민 노동자들이 이러한 '저임금'을 획득하기 위해 스스로 미국으로의 이민을 선택했다는 사실도 고려하지 않는다. 즉, 이러한 '저임금'은 이민 노동자에게 본국에서는 성취하기 어려운 높은 삶의 질을 제공하고 있음을 무시했다.

2007년 현재 미국 거주 이민자 중 56%는 멕시코, 중국, 인도, 필리핀, 베트남, 엘살바도르, 쿠바, 구(舊)소련 등 8개 국가(지역) 출신이다(Camarato, 2007). 2007년 현재 이들 국가의 1인당 소득(GNI)은 미국의 1.5%(베트남)~18.9%(멕시코)에 그친다.[1] 2003년 현재 미국의 하위 10% 가구 소득은 중위 소득의 24.3%에 달한다. 즉 미국에서 하위 10%의 소득을 얻더라도 미국 중산층 가구의 24%에 해당하는 소득을 올릴 수 있으며(DeNavas-Wait et al. 2004), 이는 8대 이민 국가의 소득보다 현격하게 높다.

그리고 이민 노동자는 교육 및 현장학습을 통해서 장기간에 걸쳐서 소득 격차를 좁혀 갈 수 있으므로(Borjas, 1999) 장기적인 관점에서 이민 노동자는 미국 이민을 통해 삶의 질을 크게 향상시킬 수 있다. 따라서 저소득 국가의 근로자들은 미국으로 이민을 갈 만한 유인이 충분하며, 이러한 유인이야말로 미국이 매년 130만 명 규모[2]의 이민 노동자를 해외로부터 공급받는 가장 근본적인 원인이다. 즉 미국 이민 노동자들은 삶의 질을 향상시키기 위해서 현재의 '저임금'을 선택한 것이다.

미국인들의 긴 근로시간은 자유로운 선택의 결과이다

장하준은 또한 장시간 근로가 삶의 질을 떨어뜨린다고 주장한다. 그러나 이 또한 미국 근로자들의 선택의 결과이다. 미국 근로자들도 일을 덜하고 여가를 즐기는 선택을 할 수 있지만, 이들은 장시간 근로를 통해 소득을 높이는 선택을 한 것이다. 따라서 미국 근로자들은 선택을 통해서 그들이 '장시간 근로와 높은 소비 수준'의 삶의 질을 '근로시간 단축과 높은 여가 수준'의 삶의 질보다 더 선호함을 알 수 있다. 경제학적으로는 이를 '장기근로'가 '여가'보다 선호되는 것으로 드러났다고 (revealed to be preferred) 평가한다.

이것은 미국 근로자들이 같은 임금을 받아도 근로의 대가가 상대적으로 더 크기 때문에 나타나는 현상이다. 우선 미국은 서비스 요금이 낮기 때문에 같은 임금이라도 구매력이 크고, 또한 세 부담이 낮아서 같은 임금을 받아도 가처분소득이 크다. 2008년 현재 OECD 유럽 선진국들은 미국보다 물가가 높아서 같은 소득을 벌어도 구매력은 79%에 불과하다[3]. 또한 미국 근로자들은 평균 소득보다 1달러를 더 벌면 그중 34.0%를 세금으로 납부하는 데 비해서 OECD 유럽 선진국 근로자들은 평균 50.3%를 세금으로 납부해야 한다[4]. 따라서 같은 임금을 받아도 미국 근로자의 가처분소득은 OECD 유럽 국가 근로자의 가처분소득보다 32.8%나 더 많다. 그 때문에 미국 근로자들은 근로시간을 늘려서 소득을 증대시킬 유인이 유럽 선진국의 근로자들보다 강하다[5].

그리고 미국은 유럽 국가들보다 각종 규제가 약해서 근무시간을 손쉽게 늘릴 수 있다. 미국은 OECD 선진국과 비교하면 고용 보호 규제 및 시간제 근무 규제가 매우 약하다. OECD가 작성한 고용 규제 지수에 의하면 2008년 현재 미국의 정규직 보호 지수는 0.6으로 유럽 선진국 평균 2.2보다 현격하게 낮다. 그리고 미국의 시간제 고용 규제 지수는 0.3으로 캐나다(0.22) 및 영국(0.29)에 이어 세 번째로 낮은 수준이다[6]. 또한 OECD가 작성하는 소매시장 규제 지수(retail market regulation index)에 의하면 미국은 소매업 영업시간 규제가 없는 국가[7]에 속한다.

그러므로 미국에서는 고용 보호 규제가 약하기 때문에 기업은 새로운 인재가 필요할 경우 기존 고용을 쉽게 줄이면서 새로운 인력을 채용할 수 있다. 이는 근로자의 입장에서는 자신의 인적 자본에 적합한 채용 기회가 자주 발생하여 직업 탐색 시간을 단축할 수 있음을 의미한다. 또한 시간제 근무에 대한 제한이 적으므로 근로자가 근무시간을 형편에 맞게 조절하면서 근로를 지속할 수 있다. 마지막으로 소매업 매장

영업시간에 대한 규제가 없으므로 근로자가 원한다면 긴 시간을 근무할 수 있는 자유가 있다.

미국 근로자들은 근무를 연장하여 소득을 증대하면 세 부담이 적어서 더 많은 양을 가처분소득으로 가져갈 수 있고, 물가가 낮기 때문에 더 많은 상품 및 서비스를 구매할 수 있다. 또한 고용 및 시장 규제가 약하여 유럽 근로자들보다 손쉽게 근무시간을 연장할 수도 있다. 그러므로 미국 근로자들은 보다 선택의 폭이 넓은 상황에서 여가보다는 근무를 연장하여 소득을 증진하는 선택을 하고 있다.

미국의 노동시장은 자국민에게 높은 수준의 삶을 보장해 주지는 않는다. 그러나 삶의 질을 높이고 싶어 하고, 또 그러한 능력이 있는 근로자들에게는 삶의 질을 제고할 여건을 마련해 준다. 이민을 통해서, 장시간 근로를 통해서 미국인들은 주어진 상황에서 가장 높은 삶의 질을 추구하였고, 이를 달성하였다. 미국의 1인당 국민소득이 높은 현상은 미국 근로자들의 이러한 선택을 반영하는 것이다. 장하준의 주장대로 미국은 세계에서 가장 '잘사는' 나라는 아닐 수도 있다. 실제로 1인당 국민소득은 룩셈부르크가 더 높다. 그러나 미국은 '잘살 수 있는 여건이 좋은' 나라라고는 할 수 있다. 그리고 현재 미국 근로자들은 그러한 여건을 잘 활용하고 있다.

아프리카의 비극이 선진국의 탓만은 아니다

장 하 준 은 이 렇 게 말 했 다

아프리카, 특히 사하라 이남의 아프리카 국가들이 저개발과 빈곤의 늪에서 벗어나지 못하는 원인은 무엇인가? 이 물음에 대한 대답을 찾기 위해 많은 학자들이 연구를 해왔고 아직도 엇갈리는 견해들이 공존하고 있다. 이에 대해 장하준은 이 나라들이 강요된 자유시장 경제정책을 채택했기 때문이라고 간단하고 명료하게 대답하고 있다.

장하준은 아프리카 저개발의 원인으로 지목받는 구조적 문제는 진짜 원인이 아니라고 주장한다(Thing 11. 아프리카의 저개발은 숙명이 아니다).

먼저 아프리카 저개발의 원인에 대한 장하준의 인식을 살펴보자. 장하준은 아프리카의 구조적 문제가 더 심했던 1960년대와 1970년대에 오히려 상당한 수준의 성장률을 기록했다고 주장한다. 또한 아프리카 정체의 원인으로 지목받는 구조적 요인들 중 대부분은 오늘날 부자 국가들도 가지고 있던 문제라고 지적한다. 구조적 문제가 발전의 장애 요인처럼 보이는 것은 이런 요인들이 발생시키는 문제를 처리할 만한 기술적·제도적·조직적 기술을 확보하지 못했기 때문이라고 말한다.

그러면서 지난 30년 동안 아프리카의 정체를 불러온 진짜 요인은 아프리카 국가들에 강요된 자유시장 경제정책이라고 주장한다. 1960~70년대 사하라 이남 지역의 1인당 소득 성장률은 1.6% 정도로 나쁘지 않았고, 이는 이 지역이 겪고 있는 최근의 정체가 구조적 요인 때문이 아니라는 반증이라는 것이다. 오히려 1970년대 말부터 사하라 이남 국가들에서 세계은행과 IMF의 구조 조정 프로그램(SAPs : Structural Adjustment Programs)의 조건으로 추진한 자유시장·자유무역 정책이 아프리카를 정체 혹은 후퇴로 몰아넣었다고 주장한다. 즉, 자유시장, 자유무역 정책을 추진하여 제조업 기반을 붕괴시켰고 국제가격 변동이 심한 1차 생산품에의 의존을 강화시켰으며 사회간접자본을 약화시키는 결과를 가져왔다는 것이다.

아프리카의 저개발을 숙명이라고 주장하는 사람은 없다. 다만 사하라 이남의 아프리카 국가들이 오랜 기간 저개발과 빈곤에서 헤어나지 못하는 데에는 여러 가지 복합적인 요인들이 작용하였다는 점을 지목하고 있는 것뿐이다.

아프리카의 정체와 저개발이 자유시장, 자유무역 정책 때문이라는 장하준의 견해는 아프리카의 제도적 특징을 간과한 것이다. 아프리카의 성장 정체는 전쟁 등 정치적 혼란, 질병, 인구의 급증, 무엇보다도 경제성장에 부적합한 제도(institutions) 때문이다. 조금 더 자세히 살펴보자. 아프리카의 기후, 지리적 조건, 자원 조건 등은 장하준의 주장처럼 저개발의 부차적 요인이다.

그러나 많은 아프리카 국가들이 국제무역에 불리한 지리적 조건을 지닌 것은 사실이다. 또한 에이즈와 열대 전염병을 비롯한 각종 질병의 대규모 확산이 경제에 치명적 영향을 준 것도 사실이다. 장하준은 이와 같은 요인들에 대해 이전의 선진국들도 유사한 조건에 있었고 장기적으로 극복할 수 있는 요인들이라고 하였다. 그러나 이것이 장기적으로 극복할 수 있는 문제라고 해서 아프리카의 저개발에 영향을 주지 않은 것은 아니다.

자원의 저주란 것이 존재하는가

장하준은 풍부한 천연자원 때문에 오히려 사람들이 게을러진다고 희

화하고 있다. 자원의 저주는 자원이 풍부한 나라들의 경제성장과 발전
이 오히려 그렇지 않은 나라들에 비해 느린 경향이 있음을 말하는 것이
다. 그리고 그 원인으로 주로 다른 교역재 부문 경쟁력의 감퇴, 자원에
서 얻는 수입의 높은 변동성, 비효율적이고 부패한 정부의 문제점 등이
거론된다. 자원을 수출해 외화가 유입되면 실질 환율이 절상되고 더불
어 임금 상승을 가져와 농업, 제조업 등에서 교역재의 국제경쟁력이 약
화된다. 이와 더불어 자원 수출로 유입된 외화 덕분에 재정수입이 늘어
나면서 재정이 방만해지고 부패가 확산되는 등 문제점이 나타난다. 자
원이 풍부하고 이 자원의 수출에 국가 경제가 상당 부분 의존하고 있다
면 이런 문제점이 나타날 수 있다.

그러나 이런 문제점은 혼자 나타나는 것이 아니라 풍부한 광물자원
이 제도적인 문제점과 결합될 때 증폭되어 나타난다. 즉, 경제성장에
부적합한 제도가 풍부한 자원을 부패의 확산 및 독재자의 권력 강화,
정부의 방만한 재정 지출을 촉진하는 촉매제로 만들어 경제에 부정적
인 영향을 끼치게 만든다는 점을 고려해야 한다. 아프리카 국가들의 폭
발적인 인구 증가도 경제에 부정적인 영향을 미치는 중요한 요인이다.
아프리카는 1980년~2008년 사이 연간 평균 인구 증가율이 아시아
1.37%, 라틴아메리카 1.51%보다 월등히 높은 2.4%에 달했다. 이것이
근본적인 원인은 아니지만 아프리카 경제 정체를 심화시키는 요인으로
작용한 것은 사실이다.

아프리카 경제 침체의 근본적인 원인은 경제 제도 때문이다

민족 간 갈등을 비롯한 정치적 문제와 제도적 요인은 아프리카의 성장을 저해하는 근본적 요인이며 이에 대해서는 역사적 고찰이 필요하다. 사하라 이남의 아프리카 국가들은 1960년~1970년대에 독립국가가 된 이후 냉전의 영향, 군사독재, 민족 간 갈등으로 정치적 혼란과 부정부패가 지속되었다. 식민지 시절에 노예무역으로부터 시작한 아프리카의 제도적 기반은 기본적으로 재산권 보호에 매우 취약하였다. 또한 정치적 불안정과 부패의 만연 그리고 독립 이후 마르크스-레닌주의의 강력한 영향으로 불안정한 재산권은 더욱 심화되었다.

불안정한 재산권이라는 제도적 특징이 투자를 제한하여 경제성장에 매우 부정적인 영향을 미친다는 것은 역사적·경험적으로 증명된 사실이고, 아프리카는 상당한 규모의 저축이 있음에도 취약한 재산권 보호 탓으로 저축을 투자에 투입하지 못하고 있어 경제성장이 제약받고 있다. 물론 장하준의 지적과 같이 경제 발전의 결과가 제도의 발전으로 나타날 수 있으며, 재산권의 보호가 경제성장과 부국으로 이르는 길을 보장해주는 유일한 필요조건이라고 이야기할 수는 없다. 그러나 불안정한 재산권은 시장경제가 원활히 작동하는 것을 제약하고, 투자와 생산 그리고 거래까지 경제가 발전하기 위한 기본적인 활동들을 제한하는 것은 사실이다. 따라서 아프리카의 이러한 제도적 특징은 경제의 장기간 정체 및 저개발에 상당한 역할을 했다고 볼 수 있다.

사하라 이남 지역의 많은 국가들에서 나타나는 또 다른 특징은 부패와 관료주의 그리고 제도적 미비로 말미암은 열악한 기업 환경이다. 세

계은행에서 발표한 기업 환경 지수(Doingbusiness Index)로 본 사하라 이남 아프리카 국가들의 기업 환경은 전 세계 183개국 중 모리셔스[1](20위), 보츠와나(57위) 등 일부 국가를 제외하고 대부분 100위 이하로 매우 열악하다. 이와 같은 기업 환경 탓에 비공식 부문의 비중이 매우 높고, 소규모 공동체를 벗어난 거래, 교역, 기업 활동은 이를 뒷받침할 만한 제도가 없어 제대로 이루어지기 어렵다. 대·내외적 교역 및 기업 활동이 제대로 이루어지지 않는 환경은 경제성장을 크게 제약하고 있다. 결론적으로 취약한 재산권, 부패, 관료주의를 확대시키고 열악한 기업 환경을 낳은 아프리카의 제도가 아프리카, 특히 사하라 이남 국가들의 경제 정체의 근본적인 요인이다.

앞서 지적한 아프리카 저개발 국가의 공통적인 특징을 지니고 있으면서도 지난 40년 간 높은 경제성장을 지속한 국가가 '보츠와나' 다. 보츠와나는 남부 아프리카 내륙에 위치한 나라로 지리적으로 교역에 불리한 전형적인 국가다. 풍부한 광물 자원을 보유하고 있는 것도 다른 사하라 이남 국가들과 유사한 점이다. 또한 1966년 독립한 보츠와나는 독립 당시 세계 최빈국 중 하나였다. 그러나 IMF에 따르면 보츠와나는 독립한 1966년부터 1999년까지 연평균 9%의 GDP 성장률을 보여 세계에서 가장 높은 경제성장률을 보였고, 2010년 현재 1인당 GDP가 14,800달러에 달하고 있다.

보츠와나의 경제적 성공은 재산권이 안정적으로 보장되는 제도에 그 기반을 두고 있다. 즉, 정부 재정 정책의 건전성, 낮은 대외 부채 수준, 경쟁적이고 상대적으로 발전된 금융기관의 존재 등은 안정적인 재산권이 보장되는 제도적 기반 위에서 가능했다. 보츠와나는 이와 같이 재산권이 안정적으로 보장되는 제도(institutions)를 기반으로 비교 우위에 입각한 수출 및 투자를 통해 지난 40년간 높은 경제성장을 지속해 왔다[2].

자유시장 정책의 강요, 아프리카 저개발의 진정한 원인인가?

아프리카의 정체를 가져온 진짜 요인이 아프리카 국가들에 강요된 자유시장 경제정책 때문이라는 장하준의 견해는 민영화, 무역 자유화, 균형재정 등의 내용이 포함된 구조 조정 프로그램(SAPs)을 조건으로 국제기구의 지원 및 원조를 받았던 1980년대 초반의 역사에 근거하고 있다. 그렇다면 이런 견해를 평가하기 위해서는 아프리카 국가들이 국제기구의 원조를 받게 된 원인과 원조를 받은 이후 그 효과에 대해서 파악해 보아야 한다. 잘 알려진 바와 같이 독립된 아프리카 국가들은 대부분 1차 생산품의 생산 및 수출에 경제를 의존하면서도 수입대체 공업화를 통한 산업화를 추진하였다. 이를 위해 농업에 대해서는 차별적으로 불리한 정책을 펴는 반면 제조업 부문에 대해서는 각종 지원 및 특혜를 부여한 점이 1980년대 이전까지 대부분의 아프리카 국가들이 행한 경제정책의 특징이었다.

이러한 정책은 농산물 등에 대한 가격통제, 즉 농산물 가격 상한의 설정, 농산물 판매 및 수출의 정부 개입(marketing boards)[3] 등 농업에 대한 차별 정책으로 농업의 생산성을 둔화시키고 아프리카의 경제성장에 부정적인 영향을 미쳤다. 또한 경쟁력이 있는 농업으로부터 재원을 추출하였고 이는 소수 집권 세력의 수입을 증대시키는 역할을 하였다.

수입대체 공업화를 통해 산업화를 이룬다는 명목으로 경쟁력 없는 제조업 부문에 대한 보호와 지원이 이루어졌고, 이는 집권 세력을 포함한 소수 도시 엘리트에게 특혜가 되어 돌아갔다. 또한 비효율적인 정부 지출의 증대와 재정 건전성의 악화로 이어졌다.

1970년대 초반까지 1차 상품의 국제가격 상승은 아프리카 국가들의 수출 및 정부 재정수입의 증대로 이어졌고 이는 다시 재정·통화정책의 확장으로 이어졌다. 그러나 1970년대 중·후반부터 나타난 선진국의 경기 침체와 그에 따른 아프리카 국가들의 교역조건 악화로 농산물 등 1차 생산품의 수출과 정부 재정수입이 감소되었다. 대규모 경상수지 적자와 외화 부족을 해결하기 위해 교역과 환율의 통제가 가해졌고 더불어 대외 채무 및 해외 원조에 대한 의존도를 높여갔다. 많은 아프리카 국가들이 경상수지 적자와 외화 부족 문제에 빠진 시급한 상황에서 세계은행과 IMF 등은 저리 융자와 원조를 지원하는 조건으로 구조 조정 프로그램(SAPs)을 제시하였다[4].

취약한 재산권, 관료주의 및 부패를 가져오는 제도를 방치한 채 국가별 거시 경제적 안정에 대한 충분한 고려 없이 아프리카 국가들의 시급한 사정을 고려하여 구조 조정 프로그램을 제시한 것이다. 또한 기존 정책에 이해관계를 갖고 있는 도시 엘리트 등이 정치적으로 반발함으로써 국제기구의 개혁 프로그램이 제대로 작동하지 못한 경우가 빈번했다[5].

장하준은 구조 조정 프로그램이 시작된 1980년대 이전과 이후의 경제성장률을 비교하고 있으나 구조 조정 프로그램은 이미 경제적·재정

적 어려움에 처한 국가들이 국제기구로부터 지원과 원조를 받으면서
시작된 것이다.

경제적 어려움에 처한 국가들이 지원 및 원조를 받은 이후 성장과 생
활수준의 정체 혹은 퇴보의 모습을 보인 것은 기본적으로 지원 및 원조
의 효과가 없었음을 증명하는 것일 뿐 자유시장이 경제성장율을 저하시
킨 원인이라고 볼 수는 없다[6]. 또한 조건부 지원 및 원조가 구조 조정 프
로그램에서 의도했던 정책의 변화를 가져오는 데에도 실패했다는 것은
최근의 여러 연구 결과를 통해 경험적으로 증명된 바 있다[7].

세계은행과 IMF가 행한 아프리카 국가들에 대한 조건부 원조와 지
원은 정책 및 제도의 변화를 촉진하는 데에도 실패하였고 경제성장의
촉발에도 성공적이지 못했다. 이와 같은 사실은 구조 조정 프로그램의
조건이 민영화, 무역 자유화, 균형재정 등이었다는 이유로 자유시장 경
제정책의 강요가 지난 30년 동안 아프리카 경제의 정체를 가져온 진짜
요인이라는 식으로 주장하는 것은 잘못된 해석임을 말해준다. 즉, 구조
조정을 시도하려다 아프리카가 정체된 것이 아니라 원조와 지원을 받
고도 아프리카가 제대로 구조 조정되지 못한 것이다.

정부가 고른 유망주가
 과연 잘나갈까? | Thing 12

장 하 준 은   이 렇 게   말 했 다

장하준은 기업이 정부보다 투자 대상 선택에 유리
하다는 주장을 반박하면서 정부도 기업 못지않게 투
자 대상을 잘 선택할 수 있다고 주장한다.

일반적으로 정부는 해당 분야의 지식과 경험이 없
어서 정보가 부족하고, 이윤 극대화가 아닌 권력 극
대화를 추구하므로 가시적 성과만 큰 투자를 선호한
다고 인식한다. 그러나 장하준은 이러한 전제는 잘
못되었다고 주장한다. 오히려 정부는 기업보다 더
많은 정보를 집적할 수 있고, 국민경제적 시각에서
필요한 투자를 결정할 수 있다는 주장이다. 장하준

의 주장은 다음과 같이 요약된다. 일반적으로 정부에 대한 정보가 부족하고 왜곡되었기 때문에 정부의 무능을 주장한다는 것이다.

장하준은 정부가 각종 경로를 통해서 산업 정책에 필요한 정보를 수집할 수 있다고 주장한다. 정부는 국영기업을 설립하거나, 기업들로부터 정기적으로 현황 보고를 받거나, 기업과 정부 간의 비공식적 네트워크를 결성하여 필요한 정보들을 수집할 수 있다. 이렇게 수집한 정보는 개별 기업이 확보한 정보보다 풍부하다. 따라서 정부는 오히려 기업보다 정보의 우위에 있다. 장하준은 또한 기업은 투자 선정에 있어서 자사의 이익만을 추구하는 데 비해서 정부는 국민경제에 미치는 영향을 고려한다고 주장한다. 따라서 때로는 개별 기업의 의사에 반하지만 국민경제에는 필요한 투자를 선도적으로 추진할 수 있다는 것이다.

장하준은 자신의 주장을 뒷받침하기 위해 1960년대 이후 동아시아 국가의 산업 정책 성공 사례를 제시한다. 정부가 유망주를 육성한 예로는 포항제철을, 정부가 국민경제의 이익을 위해 기업의 의사 결정에 간섭한 예로 LG전자와 현대조선을 제시한다. 또한 20세기 후반 서구 선진국인 핀란드, 노르웨이, 오스트리아의 산업 정책 및 미국의 연구 개발 투자를 통한 첨단산업 지원 역시 국가의 성공적인 개입 사례로 소개한다.

장하준의 주장을 되짚어 보자. 물론 정부는 개별 기업보다 정보를 더 많이 수집할 수 있다. 하지만 중요한 점은 정보의 수집 능력보다는 수집된 정보로 어떻게 이윤을 창출하는가에 있다. 기업은 시장 경쟁을 통해 이윤 창출에 도움이 되는 정보와 그렇지 않은 정보를 선별할 수 있으며, 이를 구별하지 못하는 기업은 경쟁을 통해 도태된다. 장하준이 제시한 AOL의 타임워너 미디어그룹 인수 실패는 기업의 열등함을 드러내는 사례가 아니라 오히려 시장의 효율성을 상징하는 사례라고 보아야 한다.

또한 장하준은 정부가 산업 정책을 통해서 기업의 의사에 반하지만 국민경제에 유리한 투자를 선택할 수 있다고 주장한다. 이 역시 시장 경쟁의 효율성을 무시하는 주장이다. 각 기업이 선택한 투자는 수익률이 낮을 수 있으나, 시장 경쟁을 통해서 그중 수익률이 가장 높은 투자를 선택한 기업만이 살아남을 수 있다. 경쟁의 과정을 통해서 시장은 수익률이 가장 높은 투자에 우선적으로 자원을 배분한다. 정부가 국민경제를 위해서 할 수 있는 최선의 선택은 바로 이러한 수익률이 높은 투자안을 선별하는 것이다. 즉, 정부는 시장을 능가할 수 없다. 장하준의 주장은 수익률이 높은 투자에 재원을 우선 배분하는 것보다 더 국민경제에 이로운 자원 배분이 존재하며, 국가는 이를 정확하게 파악할 수 있다는 전제하에서만 타당하다. 장하준은 그러한 자원 배분이 무엇인지, 국가는 어떻게 이를 파악할 수 있는지에 대해서 만족할 만큼 상세히 설명하지 않고 있다.

시장과 정부, 어느 쪽이 유망주 선택에 유리한가?

장하준은 정부가 기업과 협력을 통해 정보를 수집할 수 있어서 개별 기업보다 많은 정보를 집적할 수 있고, 그 정보를 바탕으로 국민경제에 유리한 결정을 할 수 있기 때문에 산업 정책의 성과가 높다고 주장한다. 그 증거로 장하준은 1960년대 이래 한국의 산업 정책 성과를 제시했다.

장하준은 정부가 투자 대상을 선별하는 기능에 집중했지만, 시장의 장점은 경쟁을 통해 부적절한 투자 대상을 발견하고 퇴출시키는 데 있다. 따라서 장하준의 주장은 정부가 시장에서도 생존 가능한 투자 대상을 높은 확률로 사전에 선발할 수 있는 상황에서만 타당하다[1]. 그러나 경제 발전 단계가 높아지면서 경제성장 방식은 알려진 기술의 소화에 의존하는 투자기반형 방식에서 새로운 기술 개발에 의존하는 혁신기반형 방식으로 진화한다. 따라서 투자의 성공 가능성에 대한 불확실성이 높아진다. 이러한 상황에서는 다양한 투자안을 실험하여 경쟁을 통해 퇴출시킬 수 있는 위험자본시장(risk capital market)의 기능이 중요해진다. 산업 정책의 효과는 알려진 기술을 소화하고 투입을 단기간에 집중하는 방식으로 선진국의 경제성장 성과를 압축적으로 달성하는 '추격 성장' 단계에서나 가능하다.

장하준이 동아시아 신흥국 추격 성장의 성과를 산업 정책의 근거로 제시하는 이유는 이와 같다. 그러나 추격 성장은 장기적으로 지속되기 어렵다. 추격 성장으로 기업의 규모가 커지면 기업은 규모의 경제를 누리기 위해 해외로 진출해야 하고, 첨단 기술을 개발하여 국제 경쟁에서 생존해야 한다. 세계화와 첨단 기술 경쟁과 함께 투자의 불확실성은 추격 성장 단계와는 비교할 수 없을 정도로 고도화된다. 그에 따라 산업 정책의 효과도 크게 저하된다. 문제는 산업 정책이 장기화되면 민간 금융시장에서 투자 대상을 선별하는 기능이 퇴화된다는 점이다. 이 경우 추격 성장으로 선진국과 경쟁이 가능한 수준까지 성장을 달성한 후에는 금융시장의 투자 선별 기능이 퇴화되어 더 이상 경쟁에 우위를 점하기 어려운 상황을 맞을 위험이 있다.

투자기반 성장 vs 혁신기반 성장[2]

경제성장의 전략은 크게 투자기반형 성장전략(investment-based growth strategy)과 혁신기반형 성장전략(innovation-based growth strategy)으로 구분할 수 있다[3]. 두 전략은 기술 진보의 형태와 성장의 원동력에서 큰 차이가 있으며, 경제성장의 단계에 따라 전략의 효과가 크게 다르다. 투자기반형 성장전략은 주로 개발된 기술을 소화하는 형태로 이루어지며, 성장의 동력은 재원의 신속한 투입에 의존한다. 반면 혁신기반형 성장전략은 새로운 기술을 개발하는 형태로 이루어지며, 성장의 동력은 기술 진보의 성과에 의존한다. 투자기반형 성장전략은 개발도상국 단계에서는 유효하나, 첨단 기술의 개발 경쟁에 참여해야 하는 선진국 간 경쟁에서는 혁신기반 성장전략이 더 효과가 크다. 당연히 기술 진보의 실패 가능성이 높은 혁신기반 성장형 전략에서 투자의 불확실성이 더 크다. 그러므로 혁신기반형 성장전략에서는 산업 정책의 효과가 크게 제약된다.

투자기반형 성장 전략에서는 기업 간 경쟁보다 소수의 기업이 안정적으로 재원 투입을 지속할 수 있는 환경이 선호되고, 신규 창업 지원보다는 기존 기업에 안정적인 재원을 지속하는 금융기관의 역할이 강조된다. 대표적인 후발 선진국인 독일과 일본의 경제성장은 투자기반형 성장전략을 적절히 구사한 사례다(Gershenkron, 1962, Acemoglue et al. 2001 재인용).

그러나 성장을 거듭하면 이미 개발된 기술에 의존해서는 성장을 지속하기 어려운 상태에 도달한다. 즉 기술 진보의 최첨단에 도달한다. 이 시기부터는 혁신기반형 성장전략이 필요하다. 혁신기반형 성장전략에서 기술 개발은 존재하지 않는 기술을 창조하는 형태로 이루어지며, 성장 동력도 기술 개발의 성과에 의존한다. 이 단계의 특징은 투자기반형 성장전략과는 달리 기술 진보의 불확실성이 높다는 것이다. 따라서 기업 간 경쟁을 통해서 다양한 실험이 일어나고 그 성과가 사후적으로 평가되는 환경이 선호되고, 금융기관의 역할도 기술혁신을 선도하는 기업을 선발하는 데 집중한다. 미국의 1990년대~2000년대 미국의 경제성장이 이러한 혁신기반형 성장 전략을 적절히 구사한 대표적인 사례이다.

투자기반형 성장 전략이 유효한 개발도상국 단계에서는 산업 정책의 유용성이 일부 인정된다. 특히 금융시장의 성장이 지체되어 금융시장을 통해 재원을 집중하기 어려운 시기에는 국가가 행정력을 동원하여 재원을 특정 부분에 집중시키는 능력이 유용할 수 있다. 국가는 과거 선진국들의 경제성장 전례를 통해 필요한 산업을 선택할 수 있으며, 선택한 산업에 재원을 집중 투자할 수 있다. 1960년대 동아시아 국가들의 급격한 경제성장은 이러한 국가의 선도적 역할이 성공적으로 수행된 예이다.

혁신기반 성장에서 투자기반 성장으로의 전환

투자기반형 성장전략에서 혁신기반형 성장전략으로 전환하는 과정은 쉽게 이루어지지 않는다. 전술한 바와 같이 투자기반형 성장전략에 유리한 제도적인 환경과 혁신기반형 성장전략에 유리한 제도적인 환경의 차이가 크기 때문이다. 기업이 격화된 경쟁에 적응하고, 금융기관은 불확실성이 높은 신기술 개발 투자 역량을 소화하는 과정에서 혁신기반형 성장전략으로의 전환이 필요하다.

실제로 개발도상국과 선진국의 1인당 국민소득 격차는 쉽게 좁혀지지 않는다. 1950년대 이후 세계 각국의 1인당 국민소득 격차의 추이는 '집단별 수렴(club convergence)' 현상을 보인다. 즉, 1인당 국민소득이 유사한 국가들 간에는 그 격차가 점차 감소하는데 1인당 국민소득의 격차가 큰 국가들 간에는 차이가 더욱 벌어지는 현상이 관찰된다.

투자기반형 성장전략을 지속적으로 구사하기보다는 적절한 순간에 혁신기반형 성장전략으로 전환하여야 1인당 국민소득이 선진국 수준으로 진입할 수 있다.

그렇다면 성장 전략의 전환을 가로막는 장애 요인은 무엇인가? 대답은 총요소생산성을 구성하는 요소 중 어떤 것을 중요하게 보는가에 따라 달라진다. 이에 관련된 연구는 아직 진행 중이다. 총요소생산성에는 생산요소의 투입 규모를 제외하고 성장에 영향을 미치는 요인이 모두 포함되기 때문에 어느 요인이 가장 중요하다고 단언하기는 어렵다. 단, 이 책에서는 성장 전략의 전환과 관계있는 요인은 인적 자본의 수준 및 정치적 이해관계로 파악하고 있다.

인적 자본의 수준을 집단적 수렴 현상의 원인으로 지목하는 견해에 의하면 소화할 수 있는 기술 개발의 수준에 따라 1인당 생산량의 수준이 결정된다. 대체로 기술 개발의 수준은 세 단계로 나눌 수 있는데 가장 높은 단계는 새로운 기술을 창안하는 수준이고, 그 다음 단계는 이미 개발된 기술을 산업 현장에 체화하는 수준이다. 그리고 가장 낮은 단계는 이 두 가지가 모두 불가능하고, 원초적인 수준의 기술만을 습득·활용할 수 있는 수준이다. 선진국은 창안 및 체화 두 가지 기술 진보를 모두 소화할 수 있고, 개도국은 체화 단계만 소화할 수 있으며, 후진국은 창안과 체화 모두 소화할 수 없다. 이러한 기술 개발 수준의 격차를 결정하는 것은 인적 자본의 질과 양이다. 이미 개발된 기술을 소화하는 수준의 인적 자본으로는 새로운 기술을 창안할 수 없으며, 개도국 수준에서 체화 중심의 기술 개발에 특화되면 결국 인적 자본의 수준차 때문에 선진국에 진입하기 어려워진다(Howitt & Mayer-Foulkes, 2005). 성장 전략의 관점에서 보면, 투자기반형 성장전략을 지속하다가는 혁신기반형 성장전략 수행에 필요한 인적 자본을 육성하기 어렵다는 뜻으로 이해할 수 있다.

146

정치적 이해관계를 중요 요인으로 지목하는 견해는 투자기반형 성장전략의 수혜 집단이 혁신기반형 성장에 필요한 제도의 도입을 지연시킬 가능성에 주목한다(Acemoglue et al, 2001). 전술한 바와 같이 투자기반형 성장전략은 경쟁의 범위를 소수의 대규모 기업 간 경쟁으로 제한한다. 특히 개도국에서는 정부가 각종 특혜를 통해서 기업들 과점적인 위치를 인위적으로 보장하는 경우가 빈번하다. 이들 기업은 정부를 포섭하여 특혜를 항구화하고 독점적인 지대(rent)를 추구할 유인이 크다. 이들 기업은 규모가 커서 국민경제에 미치는 영향이 크므로 정부에 대해 강력한 협상력을 확보할 수 있다. 이들 기업의 정치적 영향력이 극단적으로 커지면 기업들 간의 경쟁은 생산성 향상보다는 정부를 압박해 독점적 지위를 확보하는 지대 추구 경쟁으로 전락할 수 있다. 많은 개도국이 이러한 문제에 봉착해 있다.

후발 선진국의 전략

미국 및 독일과 같은 후발 선진국들이 투자기반형 성장전략을 활용하면서도 지대 추구형 경쟁으로 전락하지 않은 이유는 민간은행들이 투자기반형 성장전략을 주도했기 때문이다. 미국의 투자기반형 성장전략은 J.P. 모건과 같은 대형 투자은행들이 주도했으며, 독일 역시 대형 은행들이 투자기반형 성장전략을 주도했다. 이들 대규모 은행들은 19세기 말~20세기 초 당시로서는 첨단 기술인 전자·화학·자동차 등 대규모 장치 산업의 성장을 지원하여 생산성이 비약적으로 증대되었다. 이는 투자은행들이 이윤 동기에 입각하여 수익률이 높은 투자안을 발굴하는 경쟁을 지속하였기 때문에 가능했다(양동휴, 1997). 반면 2차 대전 후 대부분의 개도국들은 정부가 개입해 중요 산업을 육성하는 방식을 택하였고, 많은 경우에 지대 추구 경쟁으로 전락하였다.

1950년대 이후 일본을 포함한 동아시아 국가들의 급격한 경제성장은 집단적 수렴 현상으로 설명하기 어려운 예외적인 경우다(Mayer-Foulkes, 2002). 특히 일본은 통상성과 대규모 기업 집단인 '계열' 간의 긴밀한 협조를 통해 자원 배분을 조절하여 선진국에 성공적으로 진입한 국가다. 그리고 홍콩, 대만, 한국 역시 국가의 개입으로 비약적인 성장을 이루었으며, 최근까지도 선진국보다 빠른 경제성장 성과를 보이고 있어서 선진국 진입이 기대되는 국가들이다.

그러나 일본은 1990년대 부동산 및 주식시장 버블 붕괴 이후 국가 개입의 폐해가 드러나고 있다[4]. 1990년 이후 일본 경기 침체의 주된 원인은 부실 대출 처리의 지연 때문이다. 국가의 지원 덕에 유지되던 생산성 낮은 기업들에 대한 대출이 버블 붕괴로 부실화되었는데, 그 처리가 늦어져서 금융시장을 통한 원활한 재원 배분이 이루어지지 않았다. 따라서 신규 기업의 진입이 늦고, 신기술의 개발이 부진했다. 부실 대출 처리가 늦어진 것은 은행의 경영진이 현직 관료들을 포섭하여 소위 좀비 기업들에 대한 구조 조정을 늦추고 있기 때문이다(Hoshy and Kashyap, 2001).

일본을 제외한 동아시아 국가들인 홍콩, 싱가포르, 한국, 대만은 아직 선진국으로 분류되지 않고 있다. 이들 국가의 2000년~2006년 평균 1인당 국민소득은 같은 기간 OECD 선진국 평균 1인당 국민소득의

87%, 미국의 72%로 아직 선진국 수준에는 미치지 못한다[5]. 이들 국가가 혁신기반형 성장전략으로 성공적으로 이행하여 선진국 수준의 소득을 달성하고 안정적인 성장을 지속할 수 있을지 여부는 시간을 두고 지켜보아야 할 것이다. 다만 이들 국가들이 지금까지 달성한 경제성장의 성과는 실로 경이롭다. 특히 2차 대전 이후 대부분의 개도국이 이들 국가와 유사하게 국가가 재원 배분을 주도하는 투자기반형 성장전략을 구사하였는데, 왜 이들 국가만 급속한 경제성장을 달성하였는지는 자세히 살펴볼 필요가 있다[6].

아시아의 기적

2차 대전 이후 동아시아 국가들의 급속한 경제성장은 흔히 '아시아의 기적'(Asian Miracle)이라고 상찬된다(World Bank, 1993). 이들 국가들은 모두 국가가 산업 정책을 활용하여 자원 배분에 적극적으로 개입하였다. 그러나 다른 개도국들이 유치산업을 국제 경쟁으로부터 보호하는 수입대체형 성장전략을 사용한 반면, 이들 국가들은 수혜 기업의 수출을 장려하는 수출지향형 성장전략을 사용하였다. 이들 국가의 기업들은 세계시장에서의 경쟁에 일찍 노출되어 생산성 제고 압력을 강하게 받았다. 그 결과로 요소 투입뿐만 아니라 높은 수준의 기술 개발을 성취할 수 있었다. 그리고 국가는 수출의 성과를 통해서 지원 기업을 평가할 수 있어서, 경쟁력 있는 기업에 지원을 집중할 수 있었다. 결국 동아시아 국가의 고도성장에는 정부 개입만큼 시장 경쟁이 중요한 역할을 하였다.

이들 국가의 산업 정책은 큰 성과를 거두었으나, 그 한계 역시 고려해야 한다. 동아시아 국가의 산업 정책은 투자기반형 성장전략이어서 투자의 불확실성이 상대적으로 낮은 추격 성장 단계에서나 유효하다. 이들 국가는 현재 기술 개발 경쟁의 수준이 높아지고, 글로벌 경쟁에 노출되면서 투자의 불확실성이 심화되는 상황을 맞이하고 있다. 따라서 혁신기반형 성장전략으로의 전환이 필요하다.

'동아시아 국가의 기적' 이 지칭하는 대상은 일정하지 않지만 흔히 언급되는 국가들이 한국, 대만, 홍콩, 싱가포르[7]이다. 이들 국가는 1960년대부터 1980년대 전반까지 자본주의 역사상 찾아보기 어려운 고도성장을 이룩하였고, 빠른 속도로 자본을 축적하였으며, 농업 중심 산업구조에서 공업 중심 산업구조로 탈바꿈하였다. 그뿐만 아니라 상당한 정도의 기술 진보를 이루어 일부 산업에서는 최첨단 기술을 개발하여 세계 굴지의 대기업과 경쟁할 수 있는 수준까지 도달했다. 이들 국가들은 정부가 세제, 규제, 자금 지원을 이용하여 산업 육성에 깊게 관여했다는 점에서 다른 개도국들과 유사하였으나, 경제성장 성과는 다른 개도국을 압도하였다.

수출주도 공업화 전략으로 앞서 나간 동아시아

2차 대전 후 대부분의 개도국은 공업화를 통해 경제성장을 촉진하고자 하였다. 이들은 생산성이 낮은 농업 부문의 비중을 축소하고 공업 부문의 비중을 확대하는 정책을 통해 경제성장을 추진하였다. 이를 위해서 공업 부문에 대해서는 각종 관세 및 비관세 장벽을 설치하여 수입을 억제하고, 자국 통화의 가치를 높게 유지하여 자본재의 수입 가격을 낮추었으며, 저축을 장려하여 투자 재원을 확보하고자 하였다. 또한 국가는 세밀한 경제계획을 세워 각 산업의 성장을 추진하였다. 이들 정책은 선진국과 같은 수준의 공업화를 달성하여 선진국으로부터의 공산품 수입을 대체하는 것을 궁극적인 지향점으로 설정하였다(Burton, 1998). 이를 '수입대체 공업화 전략'이라고 지칭한다.

동아시아 국가들도 관세 및 비관세 장벽을 통해서 일찍 국내 산업을 보호하였고, 경제계획을 통해 국가가 산업별 재원 배분을 통제하였다. 그러나 동아시아 국가들은 산업 지원의 목표를 수출 증진에 두었다. 즉, 공업화 초기부터 동아시아 국가들은 국제시장에서 경쟁에 참여하여 시장점유율을 확대하는 것을 명확한 정책 목표로 설정하였다. 수출 기업들은 관세 면제, 정책 자금 지원, 수출 보조금 지원 등 정부의 전폭적인 지원을 받았다. 그리고 수입대체형 전략과는 달리 수출품의 가격 경쟁력 제고를 위해서 자국 통화의 가치를 낮게 유지하였다. 이러한 정책 조합을 '수출주도 공업화 전략'이라고 지칭한다.

수출주도 공업화 전략을 채택한 동아시아 국가들은 수입대체 공업화 전략을 채택한 국가들보다 경제성장, 공업화, 고용 증진 면에서 탁월한 성과를 거두었다. 동아시아 국가들은 1963년~1973년 연평균 성장률이 9.5%에 달한 반면, 다른 개도국은 8% 이하에 그쳤다. 석유파동의 여파로 세계경제가 침체한 1973년~1985년에도 동아시아 국가들은 연평균 7.7%의 성장률을 기록한 반면, 수입대체형 전략을 선택한 국가들의 성장률은 5% 이하였다. 또한 동아시아 국가들은 이 기간 급격한 공업화를 성취한 반면, 다른 개도국들은 공업화 역시 상대적으로 부진하였다. 1963년 동아시아 국가들의 제조업 부가가치 비중은 17.1%에 불과하여 오히려 수입대체 공업화 전략을 채택한 일부 국가들보다 낮았다. 그러나 1985년에는 제조업 부가가치 비중이 26.3%로 증가하여 15.8%~21.9%에 머무른 수입대체 공업화 전략 국가들을 추월하였다. 무엇보다도 동아시아 국가의 공업화는 급격한 고용 증대를 수반한 반면, 수입대체 공업화 전략을 채택한 국가의 공업화는 고용 증대 효과가 부진하였다. 1963년~1973년 동아시아 국가의 제조업 고용은 연 10.6%, 1973년~1985년에는 연 5.1% 증가하였는데, 수입대체 공업화 전략을 선택한 국가의 제조업 고용은 1973년~1984년간 연 4.4% 증가에 그쳤다(World Bank, 1987, pp.84-87).

수입대체 공업화 전략이 실패한 원인은 경쟁의 압력이 약해서 수혜 기업이 생산성을 제고하려 하지 않았기 때문이다. 수입대체 공업화 전략은 자본재의 축적을 목표로 하기 때문에 어느 정도 규모가 있는 기업에게 지원이 집중되었고, 국내 경쟁은 약화되었다. 그리고 보호무역 정책으로 국제시장의 경쟁과 유리되었다. 자본재 수입 장려에 의해 기업은 자본재를 수입하였으나, 이들 자본재를 가동할 수 있는 기술 인력을 육성하지는 못했다. 따라서 자본의 가동률이 저하되고 제조업 부문 고용 증진이 부진하였다. 더군다나 자본재 수입 촉진을 위해서 자국 통화의 가치를 높게 유지하였기 때문에 수출품의 가격이 높아져서 수출이 부진하였으며, 이는 국제시장의 경쟁으로부터 국내 기업을 더욱 고립시키는 결과를 가져왔다.

시장 경쟁이 없으므로 정부가 기업의 성과를 평가할 기준이 모호하였다. 그 결과 정부의 지원이 경쟁력이 아닌 정치적 로비 능력에 따라 배분되는 경향이 있었다. 심한 경우 기업 간 경쟁은 생산성 경쟁이 아닌 지대 추구형 경쟁으로 전락해 버렸다.

반면 동아시아 국가들의 수혜 기업은 국제시장에서의 경쟁에 노출되었기 때문에 생산성을 증진해야 할 이유가 많았다. 또한 수출 실적은 경제계획 운영에 필요한 정보를 제공하였으며, 특히 지원 대상 기업을 선별하는 명확하고 투명한 기준을 제공하였다. 동아시아 국가의 정부는 이를 효율적으로 활용하였다. 한국은 주요 경제부처에 수출상황실을 설치하고 매일 수출 실적을 집계하고 정책을 운영하는 기초 정보로 활용하였다. 정부는 실시간으로 수출 실적 제고를 위해 기업에 행정적인 지원을 제공하였다(Westphal, 1990). 또한 수출 기업에 대한 지원은 수출 실적과 긴밀하게 연관되었으며, 실적이 취약한 기업은 지원 대상에서 배제하였다. 따라서 기업은 국제시장에서 시장점유율을 확대해야 할 강력한 유인이 존재하였다[8].

이러한 시장 경쟁의 압력은 동아시아 국가들이 생산성을 증진하는 데 크게 기여한다. 수출주도 공업화 전략을 채택한 국가는 성장 동력의 상당 부분을 총요소생산성 증가에 의지하였다. 반면 수입대체 공업화 전략을 채택한 국가의 성장 동력은 대부분 재원 투입의 증가에 의지하였다. 1960년~1989년 동안 한국, 대만, 홍콩은 경제성장의 33% 이상을 총요소생산성의 증대에 의지하였다. 반면 유사한 기간 동안 수입대체 공업화 전략을 채택한 국가의 경제성장 중 총요소생산성이 성장에 기여한 부분은 20% 이하였다(The World Bank, 1990). 이렇게 생산성 격차가 생기는 이유는 주로 자본재를 체화하는 기술적 수준 때문이다.

정책 성장의 한계

동아시아 국가들의 경제성장률은 1990년대 후반기부터 현격하게 하락한다. 그 결과 OECD 선진국과의 경제성장률 격차도 급격하게 축소된다. 다음 표에서 확인할 수 있듯이 싱가포르를 제외한 동아시아 국가들의 성장률은 1990년대 후반기를 고비로 연 4%대 이하에 머물고 있다. 1990년대 후반 이후 동아시아 국가의 경제성장은 이제 '자본주의 역사상 전례가 없는' 수준이라고 평가하기는 어렵다. 1990년대 전반까지만 해도 동아시아 4개국은 선진국을 추격(Catch-up)하는 데 성공할 것으로 확실시되었다. 그러나 1990년대 후반 이후에는 그리 명확하지 않다. 동아시아 국가 성장률의 저하가 1990년대 아시아 금융 위기의 여파라고 주장하는 견해도 있으나[9], 그렇다고 보기에는 성장률의 저하가 너무 오래 지속되고 있다. 그리고 대만은 1990년대 아시아 금융 위기를 겪지 않았음에도 불구하고 성장률의 하락이 두드러진다.

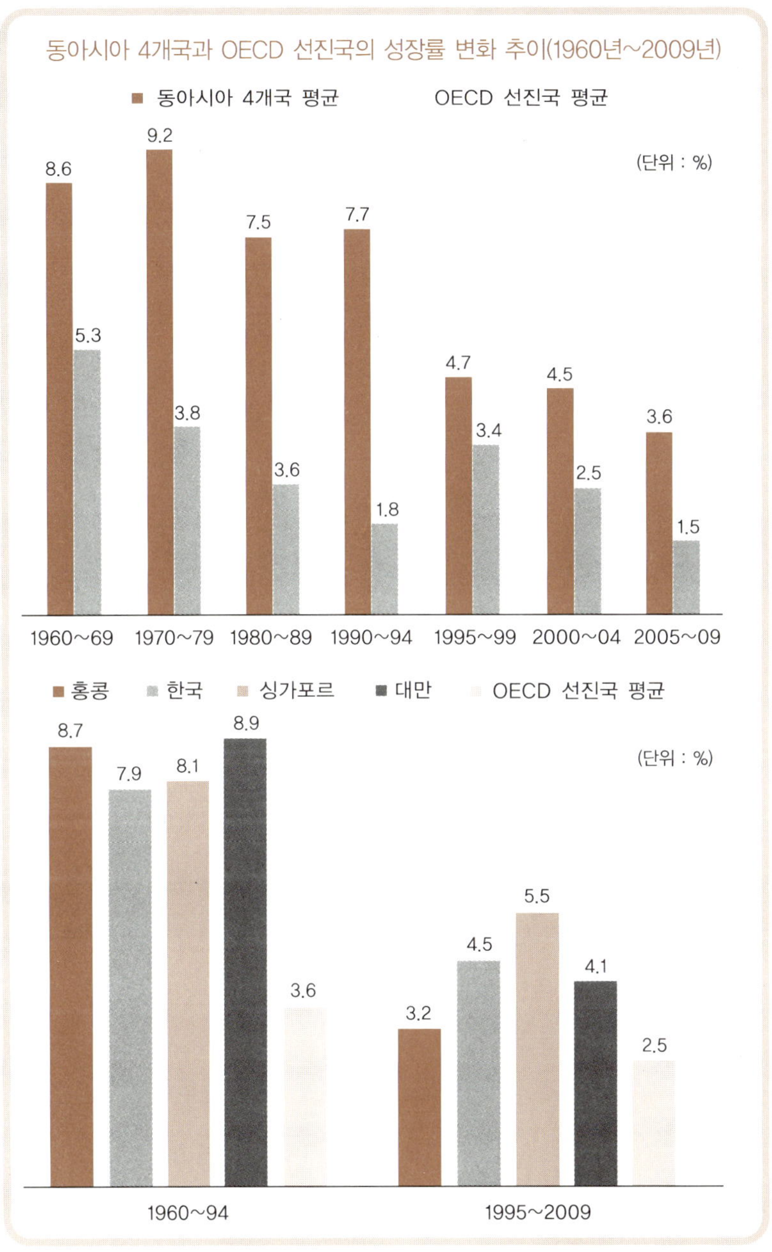

동아시아 4개국과 OECD 선진국의 성장률 변화 추이(1960년~2009년)
동아시아 4개국 평균
OECD 선진국 평균
(단위 : %)
8.6
9.2
7.5
7.7
5.3
4.7
4.5
3.8
3.6
3.6
3.4
2.5
1.8
1.5
1960~69
1970~79
1980~89
1990~94
1995~99
2000~04
2005~09
홍콩
한국
싱가포르
대만
OECD 선진국 평균
(단위 : %)
8.7
7.9
8.1
8.9
3.6
3.2
4.5
5.5
4.1
2.5
1960~94
1995~2009
자료 : Penn World Table 7.0

따라서 이러한 성장률 하락이 산업 정책의 종결을 나타낸다고 단언하기는 어렵다. 한국에는 이미 1990년대부터 국가의 개입이 크게 축소[10]되었고, 특히 외환 위기를 계기로 더욱 급격하게 축소되었으나 벤처기업 육성정책과 같은 국가의 개입은 아직도 지속되고 있으며, 장하준은 싱가포르와 대만 역시 현재도 공기업을 통해 국가가 상당한 수준으로 개입하고 있다고 한다. 따라서 동아시아 국가의 성장률 하락은 산업 정책이 유지되고 있음에도 불구하고 나타나는 현상으로 이해해야 한다. 예를 들어, 한국은 외환 위기 이후 성장 동력을 육성하기 위해 각종 정책을 도입했으나 해당 산업의 성장이 뚜렷하지 않으며 경제성장에 기여했는지도 확실치 않다.

그렇다면 동아시아 국가 산업 정책의 한계는 무엇인가? 우선, 기술 개발의 수준이 '체화'의 단계에 고착될 수 있다는 것이다. 전술한 바와 같이 1990년대 이전 동아시아 국가들의 고도성장이 총요소생산성 증대에 많이 의존한 것은 사실이다. 그러나 이 시기에도 동아시아 국가들의 총요소생산성 성장률은 선진국과 유사하거나 그보다 뒤쳐져 있었다. 1960년~1989년 총요소생산성 증가율이 선진국보다 앞선 국가는 홍콩(2.0%)과 대만(0.8%)이었고, 한국은 선진국과 유사하였으며(-0.2%), 싱가포르는 현격하게 뒤쳐졌다(-3.5%) (World Bank, 1993. p. 69 Table A1.3). 그리고 1990년대 후반 이후 홍콩과 대만의 경제성장은 동아시아 국가 중 가장 낮다. 비록 동아시아 국가들이 다른 개도국보다는 높은 수준의 기술 진보를 이루었으나 아직도 선진국 수준에는 미치지 못하고 있으며, 특히 아직 개발되지 않은 기술을 개발하는 '혁신'의 단계에는 이르지 못하고 있다.

혁신을 이끄는 제도적 기반

왜 '혁신'의 단계에는 이르지 못하고 있는가? 가장 두드러진 이유는 혁신에 필요한 제도적인 기반이 취약하다는 점 때문이다. 특히 금융시장에서 위험 자본의 부진이 눈에 띈다. 동아시아 국가들은 대출금리가 낮은 정책 자금을 산업 정책 추진의 중요한 도구로 사용하였고, 특히 대만과 한국은 기업이 국가 지원 이외의 금융 지원을 받을 수 있는 경로를 차단하여 정책의 효과를 높였다. 대만 및 한국은 은행의 신설을 엄격히 규제하고, 장기 자본을 공급하는 국영 개발 은행을 개설하였으며, 정부가 해외 자본 공급을 독점하였다. 그리고 대출금리를 정책적으로 낮게 유지하여 공격적 투자를 유지하는 대신, 투자 수익이 낮을 경우 정부가 공적 자금을 투입하여 은행 및 기업을 보조하였다. 당연히 금융기관이 기업의 위험을 평가하는 능력을 축적하지 못했다. 이는 결국 금융기관을 자율화한 이후에도 위험 자본이 자생적으로 성장하기 어려운 한계를 드러냈다.

결국 개도국에 산업 정책은 양날의 칼이라고 할 수 있다. 정부가 선택하는 투자 대상에는 재원을 집중하고, 정부가 배제한 투자 대상에는 실험적인 투자도 억제하였다. 그 결과 국제시장의 경쟁을 통해 정부가 적절한 대상을 선택한 동아시아 국가는 고도성장을 실현하였지만, 그렇지 못한 다른 개도국은 안정적인 성장을 실현하지 못하였다.

정부 선택의 적절함 여부와는 관계없이 개도국 산업 정책은 금융시장의 성장이 지체되어 혁신기반형 성장전략을 구사하기 어려운 환경을 초래하는 단점이 있었다. 다시 말해서 산업 정책은 정부가 별 어려움 없이 투자 대상을 선택할 수 있는 경우에만 그 효과를 기대할 수 있다. 즉, 개발한 기술을 체화하는 투자기반형 성장전략을 구사할 경우에는 산업 정책의 효과를 기대할 수 있다. 동아시아 국가들이 산업 정책을 성공적으로 수행할 수 있었던 이유도 여기에 있다. 동아시아 국가들의 산업 정책은 거대 장치산업인 중화학공업의 육성을 중요한 목표로 두었다. 중화학공업의 혁신적 기술 진보는 19세기 말~20세기 초부터 이미 서구 선진국을 중심으로 수행되었기 때문에, 동아시아 국가들은 이들 기술을 체화하는 것만으로 생산성을 크게 증대시킬 수 있었다.

장하준은 '정치적 의지가 충분하면 정부의 승률을 극적으로 높일 수 있다'고 하면서 산업 정책의 유효성을 주장하지만, 동아시아 국가의 정부들이 높은 승률을 유지할 수 있었던 것은 '정치적 의지' 때문이 아니라 기술 개발이 체화의 단계에 있었기 때문이다.

홍콩 및 싱가포르의 경험은 금융시장의 성장이 얼마나 중요한 역할을 하는지 보여준다. 다른 동아시아 국가들과는 달리 홍콩과 싱가포르는 공업화 초기부터 금융기관 설립을 자유화하고 해외 자본에 국내 자본시장을 개방하였다. 이들 국가의 산업 정책은 민간 금융시장의 성장과 병행되었으며, 민간의 위험 평가 기능이 성장하였다. 그에 따라 홍콩은 1960년~1965년간 총요소생산성의 증대가 선진국보다 2%p 빠를 정도로 기술 진보의 역할이 컸다. 그리고 동아시아 국가들 중 싱가포르만이 유일하게 2000년대에도 연 5%대 이상의 높은 성장률을 유지하고 있다[11].

가난한 자의 삶의 질이 개선되었다

장 하 준 은   이 렇 게   말 했 다

장하준은 'Thing 13. 부자를 더 부자로 만든다고 우리 모두 부자가 되는 것은 아니다'에서 부자들을 위한 정책은 지난 30년간 성장을 가속화하는 데 실패했다고 주장한다.

장하준은 소득재분배 정책이 소득 격차를 완화할 뿐 아니라 직업 탐색 비용을 낮추어 근로자들의 전직(轉職)을 촉진하는 장점이 있고, 노동의 효율적인 배분을 촉진하여 생산성을 제고한다고 주장한다 (Thing 21 큰 정부는 사람들이 변화를 더 쉽게 받아들이도록 만든다).

그는 특히 소득재분배의 성과 중 실질적 교육 기회 균등과 이직 부담
의 완화를 강조한다.

첫째, 소득이 높은 가정의 청소년이 학업 성적을 올리기 쉬운 사실을
지적하고, 이를 근거로 교육 기회의 균등을 위해서는 소득재분배가 선
행되어야 한다고 주장한다. 둘째, 소득재분배 정책이 근로자들의 이직
(移職) 부담을 완화하므로, 이직을 촉진시켜 시장 개방과 같은 충격을
흡수할 수 있도록 해준다고 주장한다.

이런 말은 하지 않았다

장하준은 소득재분배 정책이 실직자와 취업자의 소득 격차를 줄여서
근로 의욕을 약화시키고, 장기적으로는 기업이 인적 자본에 투자하는
것을 꺼리게 되는 부작용이 있음을 무시한다. 그리고 이직보다는 실업
을 만성화하고, 장기적으로 인적 자본 축적을 저해하여 경제성장을 위
축시키는 소득재분배 정책의 문제점은 고려하지 않는다. 그는 저소득층
자녀에 대한 양육비 지원과 같이 교육 기회 균등의 목적을 달성하면서
노동시장 기능 저해를 줄일 수 있는 대안에 대해서는 말하지 않는다.

장하준의 소득재분배에 대한 시각은 노동시장에 대한 그의 견해를
반영한 것이다. 그는 노동시장이 생산성을 반영한 소득을 제공하지 않
고 있다고 전제하고, 노동시장이 효율적으로 노동력을 배분하고 인적
자본의 성장을 제고하는 순기능을 인정하지 않는다. 장하준은 소득재

분배 정책의 효과만 강조하고, 노동시장의 순기능을 해치는 소득재분배 정책의 부작용을 무시했다.

장하준의 주장과는 달리 신고전파 경제정책이 시행된 1980년대 이래 저소득층의 실질소득은 꾸준히 증가하였다. 신고전파 경제정책은 노동시장의 소득분배 기능을 활성화하기 때문에 소득 격차가 확대되는 경향이 있다. 흔히 신고전파 경제정책을 반대하는 입장에서는 소득 격차가 확대되면 저소득층의 소득은 필연적으로 정체되거나 낮아진다고 주장하지만, 이는 사실이 아니다. 신고전파 경제정책을 충실히 이행한 미국에서는 소득 하위 20% 계층의 실질소득이 1976년~1985년에 연 0.3% 성장에 그칠 정도로 정체되었으나, 1986년~2000년에 연 0.9% 성장하였다. 전 세계적으로는 신고전파 경제정책이 전파되면서 1974년~1998년 사이에 1일 소득 1달러 이하인 극빈층 인구가 4억 명 감소하였다. 따라서 부자를 더 부자로 만든다고 우리 모두 '부자가 되는 것은 아니다'라고 한 장하준의 주장은 '부자를 더 부자로 만들었더니 저소득층의 삶의 질도 꾸준히 개선되었다'로 바꿔야 한다.

소득이 느는 것과 소득 격차가 느는 것은 다른 문제다

1980년대 이래 시행된 신고전파 경제정책은 빈곤 해소 정책의 근간을 소득재분배에서 경제성장으로 전환하였다. 그 결과 소득 격차는 과거보다 확대되었으나, 동시에 경제성장이 촉진되면서 전 세계적으로 빈곤층이 감소하였다. 이는 1970년대 중반부터 나타난 저소득층 소득 정체 및 경제성장 정체를 해소한 성과이다.

경제성장과 소득재분배, 어느 쪽이 저소득층 생활 개선에 도움이 되는가? 주어진 경제 규모에서는 당연히 소득재분배 정책이 저소득층에게 유리하다. 그러나 소득재분배 정책은 고소득층에서 저소득층으로 소득을 이전하기 때문에 고소득층은 근로 의욕이 감퇴하고 저소득층은 정부 지원에만 의존하게 되는 문제가 있다. 이 문제가 장기화되면 저소득층은 능력을 개발할 의욕이 약화되므로, 나중에는 일자리가 있어도 능력이 부족하여 취업이 안 되는 '빈곤의 악순환'에 빠지게 된다. 신고전파 경제정책은 이러한 부작용을 방지하기 위해서 소득재분배 정책을 후퇴시키고, 감세와 규제 완화 같은 시장 친화적 정책을 사용하였다. 결국 경제가 성장하면 저소득층의 소득도 함께 성장하리라고 본 것이다.

신고전파 경제정책은 소득재분배 정책을 축소하기 때문에 소득 격차가 확대되는 것은 필연적이다. 하지만 소득 격차가 확대된다고 해서 저소득층의 소득이 필연적으로 정체되거나 악화된다고 할 수는 없다. 소득 격차의 확대는 저소득층의 소득이 고소득층의 소득만큼 빠르게 증가하지 않는 현상을 의미할 뿐이다. 저소득층의 소득수준이 충분히 증진된다면, 소득 격차가 심화되는 와중에도 저소득층의 생활수준은 향상될 수 있다. '부자들에게 유리한 소득분배(upward income redistribution)'는 이러한 성과를 기대하는 정책이다. 이 정책은 저소득층의 소득 증진을 목적으로 하며, 이를 위해 필요하다면 소득 격차의 심화를 감내한다.

저소득층의 생활수준은 좋아졌다

장하준을 비롯한 많은 학자들은 신고전파 경제정책이 소득 격차는 심화시키고, 저소득층의 소득은 증대시키지 못했다고 단언한다. 그리고 그 증거로 소득 격차가 심화되었다는 지표를 제시한다. 장하준도 선진국의 소득 불평등 심화, 미국 고소득층의 소득 비중 증대, 개도국 및 구 공산권 국가의 소득 불평등 심화, 총소득 증가 중 고소득층 귀속분 증대 등을 주장의 근거로 제시한다. 그런데 이는 모두 소득 격차가 심화되었다는 증거이지 저소득층의 생활수준이 더 악화되었다는 증거는 아니다. 이는 신고전파 경제정책이 소득분배에 미친 영향을 비판하는 문헌에서 찾아 볼 수 있는 일반적인 현상이다(Sala-i-Martin, 2002).

그렇다면 1980년대 이후 저소득층의 생활수준은 악화되었는가? 오히려 개선되었다는 증거가 존재한다. 신고전파 경제정책은 1970년대 후반~1980년대 전반의 성장 정체를 극복하고 안정 성장을 달성하였다. 그리고 1980년대 이후 인도와 중국이 시장 개방을 통해 세계시장에 편입되었다. 이 때문에 교역이 확대되고 세계경제의 성장이 촉진되어 절대적인 빈곤층은 감소되었다. 1일 소득이 1달러(1985년 가격) 이하인 극빈층[1]의 비중이 1974년에는 세계 인구[2]의 20%에 달했으나 1998년에는 5.4%로 급락하였고, 1일 소득 2달러(1985년 가격) 이하인 빈곤층의 비중도 1970년 44.5%에서 1998년 18.7%로 급락하였다. 이는 1970년부터 1998년까지 1일 소득 1달러이하 빈곤층 인구가 4억 명, 1일 소득 2달러 이하 빈곤층 인구는 5억 명 감소하였음을 의미한다.

이러한 성과는 중국의 급격한 성장에 힘입은 바 크지만, 중국의 영향을 제외한다고 해도 전반적인 추세는 크게 다르지 않다(Sala-i-Martin, 2002). 빈곤층의 감소는 결국 경제성장의 성과이다. 이 시기 평균 소득이 1% 증가한 국가는 1일 소비 1달러 이하 극빈층의 비중이 2.5% 감소한 것으로 추정된다(Ravallion, 2001). 1998년 현재 여전히 빈곤층 비중이 높은 국가들은 주로 아프리카 국가들이며, 이들 국가가 가난한 근본적인 원인은 저성장 때문이다.

소득 격차가 심화되고 있는 대표적인 국가인 미국에서도 하위 20% 소득 계층의 실질 평균 소득은 1980년대 중반부터 2000년까지 연 0.9%로 꾸준히 상승하였다. 이는 소득재분배 정책[3]으로 저소득층 소득이 다른 계층 소득보다 빠르게 증가했던 1968년~1975년 평균 성장률 2.4%보다는 크게 낮은 것이 사실이다. 그러나 고물가 · 저성장 현상이 팽배했던 1976년~1985년간 연 0.3% 성장에 그친 것에 비하면 괄목할 만한 개선 효과이다. 물론 1986년~2000년 간 하위 20% 소득 계층의 실질 평균 소득이 다른 소득 계층에 비해 성장이 가장 늦었으며, 그 결과 소득 격차는 확대되었다. 그러나 저소득계층 소득의 절대적인 수준은 높아졌다. 특히, 1980년대 중반 이후 저소득층의 소득 증가는 소득재분배 정책의 위축에도 불구하고 달성되었다는 데 의의가 있다. 1976년~1985년 재정지출의 5.4%였던 저소득층에 대한 소득 지원(Welfare)은 1985년~2000년 5.0%로 소폭 감소하였고, 같은 기간 재정지출 중 실업보험 지출의 비중은 1.9%에서 1.0%로 크게 하락하였다.

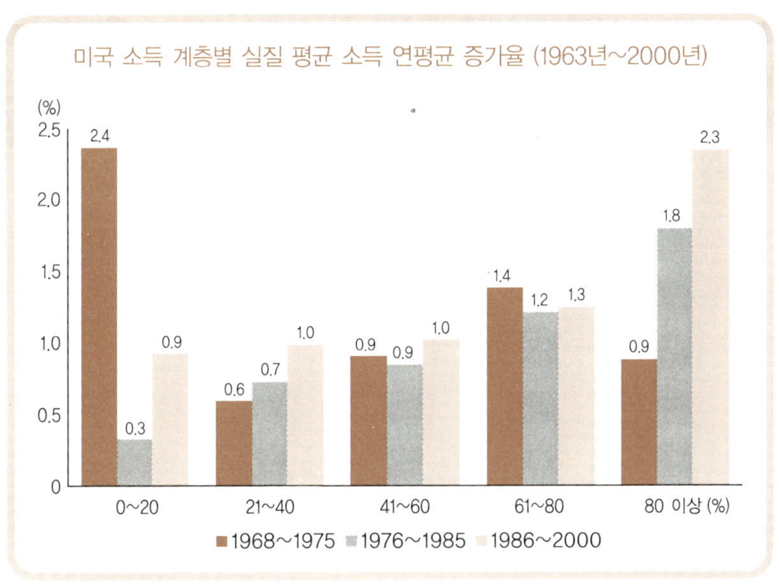

DeNavas-Wait et al. (2004)

장하준이 신고전파 경제정책의 성과를 비판할 때 기준으로 삼는 시기는 대개 1960년~1970년대로 20년이다. 그러나 그는 1970년대 중반부터 1980년대 중반까지 고물가 · 저성장의 시기를 무시한다. 이 시기에는 물가가 높고, 성장은 지체되었다. 그리고 표에서 확인할 수 있듯이 저소득층의 소득도 정체되었다. 이 시기에 비하면 1980년대 중반 이후에는 물가가 낮고, 성장은 안정되었으며, 저소득층의 소득도 증대되었다. 장하준의 주장과는 달리 이 시기는 '부자를 더 부자로 만들면서 전반적으로 더 부자가 된' 때였다.

 미국 경영자들의 높은 보수는
노동생산성을 반영한 것이다

장 하 준 은 이 렇 게 말 했 다

장하준은 'Thing 14. 미국 경영자들은 보수를 너무 많이 받는다'에서 미국 경영진은 기업 내·외의 정치적 영향력을 활용하여 하는 일보다 보수를 많이 받고 있다고 주장한다. 1980년대 미국 경영진의 보수는 근로자의 보수에 비해 급격하게 상승하였는데, 이는 이들의 생산성 증대보다는 정치적 영향력 증대의 결과라고 보아야 한다고 말한다.

그는 2000년대 미국 기업의 성과는 1960~1970년대보다 좋지 못한데도 그 당시 근로자 평균 급여의 30~40배에 불과했던 미국 경영진의 보수가 2000

년대에는 300~400배에 달했으며, 미국 기업은 비슷한 규모의 일본·유럽 기업의 성과보다 좋지 못한데도 미국 경영진의 보수는 일본·유럽 기업의 2~20배에 달하는 사실에 주목한다. 미국 경영진은 서로 다른 기업의 이사회에 참여하여 이사회의 견제를 무력하게 하고, 정계에 진출하여 정치적 영향력을 획득하였다. 장하준은 미국 경영진이 기업 내·외부에 영향력을 행사하여 자신들의 보수를 높게 유지하고 있다고 주장한다. 이들이 대부분 기업의 경영진과 이사회를 장악한 강력한 이익집단이기 때문에, 기업 간 경쟁에도 불구하고 이들의 보수를 생산성에 맞는 수준으로 끌어 내리기 어렵다고 진단한다.

이 런 말 은 하 지 않 았 다

장하준은 미국 경영자들은 보수를 너무 많이 받는다고 주장하지만, 미국 경영자들의 보수와 고용은 경영 성과에 크게 영향 받는다는 사실은 무시한다. 1980년대 이후 미국 경영자들의 보수 증가는 성과급이나 스톡옵션과 같이 기업 경영 성과와 직접 연동되는 보수 항목이 증가한 결과이다. 이렇게 성과 중심 급여가 증가한 이유는 1970년대 미국 기업의 성과가 악화되면서, 이를 치유하기 위해서 경영진에 대한 주주들의 견제가 강화되었기 때문이다.

소유와 경영이 분리되는 미국 특유의 기업 지배 구조 문제로 미국 기업은 경영진이 도덕적 해이를 범하기 쉬운 고질적인 문제를 안고 있었

다. 성과급과 스톡옵션은 기업의 성과를 경영진에게 일부 제공하여 주
주와 경영진의 이해를 일치시킴으로써 경영진의 도덕적 해이를 방지하
는 장치이다. 경영자의 보수는 소유와 경영의 분리 문제를 해소하는 비
용의 일부로 인정해야 한다. '미국 경영자들은 도덕적 해이를 억제하는
보상을 보수로 받고 있다.' 따라서 미국 경영진의 보수는 이들의 생산
성을 직접 반영한 것이다.

　미국의 경영자들은 소득은 높아도 근속년수가 짧은 매우 유연한 노
동시장에서 상호 경쟁을 하고 있다. 이들이 기업의 채산성에 크게 해가
될 정도로 높은 소득을 인위적으로 유지할 때는 기업 실적이 하락하고,
경영진의 소득도 하락할 뿐만 아니라 장래에 구직 전망에도 큰 타격을
입게 된다. 따라서 미국 경영진이 정치적 영향력을 통해 소득을 유지하
는 데에는 한계가 있다.

기업 실적에 따라 보수가 결정되는 미국 경영진

　장하준이 지적한 바와 같이 미국 경영진의 보수는 다른 선진국에 비
해서 매우 높다(Murphy, 1999. Fig 4). 그러나 동시에 성과급 및 스톡옵션
의 비중이 매우 크다. 미국 경영진의 보수는 기본급(base salary), 성과급
(bonus), 스톡옵션(stockoption), 장기 복무 보너스(long-term incentive)
로 구성된다. 1996년 미국 S&P 500 주가지수 산정에 포함된 기업의 경
영진 보수 중 성과급의 비중은 19%~20%, 스톡옵션의 비중은
34%~39%나 되는 반면 기본급의 비중은 24%~30%에 지나지 않는다.
즉 성과에 따라 지급되는 급여의 비중이 54%~58%에 달한다. 미국 경

영진 보수의 절반 이상은 기업 실적이 나쁠 경우 지급되지 않는, 그야 말로 계약상으로만 존재하는 보수이다[1]. 반면 OECD 국가 중 13개 국가에서는 스톡옵션이 급여의 5% 이하이다(Murphy, 1999).

장하준이 지적한 바와 같이 미국 경영진의 보수는 1980년대 이후 급격하게 증가하였다. 1970년대 말부터 최근까지 미국 근로자의 임금격차는 급격하게 확대되는 중이다(Lemieux, 2007). 1970년대 말부터 1990년대 초까지 임금격차가 확대되는 이유는 급여에 성과가 24% 반영된 결과이다. 특히 상위 80% 계층 내부의 소득 격차 확대는 거의 100% 성과를 반영한 것이다(Lemieux et al., 2007). 그리고 1990년 초반 이후 소득 격차 확대는 주로 최하위 계층 내부와 최상위 계층 내부의 소득 격차 확대에 기인하며, 성과 급여의 증대는 이러한 소득 격차 확대의 중요한 요인이다(Lemieux, 2007).

이렇게 성과를 반영하는 급여의 비중이 높아지면서 급여와 기업 가치 간의 관계는 더욱 밀접해졌다. 1970년대에는 주주의 재산 즉, 기업의 가치가 1% 증가하면 경영진의 급여는 0.09% 증가하였으나 1991년~1997년에는 주주의 재산이 1% 증가하면 경영진의 급여는 0.26% 증가하였다(Murphy, 1999). 약 20년 사이에 기업의 성과가 경영진의 급여에 미치는 영향이 2.5배 이상 강화되었다.

또한 1980년대 이후, 미국 기업은 점차 최고 경영자를 기업 내부보다는 기업 외부에서 찾고 있어서, 장기적인 경영진의 고용 안정성이 흔들리고 있다. 1970년대 S&P 500 지수에 포함된 기업은 최고경영자의 8.3%만 외부에서 고용했으나, 1980년대에는 10.4%, 1991년~1997년에는 18.9%를 외부에서 고용하였다. 그에 따라서 근속년수가 20년 이상 되는 최고 경영자의 비중도 1970년 58%에서 1997년 46%로 크게 감소하였다. 1997년 이후에는 경영진의 고용 안정성이 더욱 악화되고 있다. 1992년~1997년 동안 미국 최고 경영자 중 13.0%가 해고당했는데, 1998년~2005년 동안에는 17.4%가 해고당했다. 그 결과 최고경영자의 근속년수는 1992~1997년간 7.7년에서 1998년~2005년간 5.8년으로 하락하였다(Kaplan & Minton, 2008).

성과급과 스톡옵션은 도덕적 해이를 견제한다

경영진의 급여와 고용에 관한 결정은 누가 하는가? 기업에 따라 차이는 있지만 주주들을 대표하는 이사회에서 결정하는 것이 일반적이다. 미국의 대규모 주식회사는 1~2명의 사외이사들로 구성된 '급여 위원회(Compensation committee)'에서 급여를 최종 심사하고, 이사회 총회에 회부하며, 이사회는 최종안을 의결한다[2]. 또한 경영진의 고용 계약은 실적을 바탕으로 주기적으로 이사회에서 재심사하며, 그 결과에 따라 급여 및 고용 지속 여부가 결정된다. 그리고 이사회는 '선발 위원회(Nominating committee)'를 결성하여 필요할 경우 기업 내·외부에서 새로운 경영진을 선발한다. 성과 관련 급여는 이사회가 경영진을 감시하고 견제하는 수단이다.

이렇게 이사회에 경영진을 견제할 수 있는 권한을 부여하는 이유는 경영진의 도덕적 해이를 억제하기 위해서이다. 미국의 대기업은 항상 경영진이 주주의 이익보다는 개인적인 이익을 목적으로 기업을 운영하는 도덕적 해이가 발생하기 쉬운 지배 구조를 가지고 있다. 미국의 대기업은 상장 주식을 판매하여 운영 재원 대부분을 조달하고, 금융기관 부채에 대한 의존도가 낮은 특징을 갖고 있다. 그래서 기업의 소유주인 주주들의 소유는 분산되어 있고, 반면 경영진의 권한은 집중되어 있다.

이렇게 소유와 경영이 분리되어 있기 때문에 경영진의 도덕적 해이가 발생한다. 개별 주주들은 경영진의 직무 전반을 이해하기도 어렵고, 이를 감시하기 위해 필요한 비용을 조달하기도 어렵다. 또 설령 경영진의 행동이 주주의 이익에 배치된다고 해도, 개별 주주는 경영진을 견제할 수단이 취약하다. 유일한 방법은 주식을 판매하는 것인데, 개인의 지분은 매우 작아서 주식을 판매해도 기업에는 부담을 주지 못한다. 이렇게 주주가 경영진을 견제하기 어려우므로 경영진은 주주의 이익을 희생하면서 개인의 편익을 추구하는 경향이 있다. 경영진이 자신의 실적을 확대하기 위해서 무리하게 다른 업종 분야에 진출하여 대규모 기업 집단을 설립하는 경우, 호화판 직무실·전용 차량·비행기 등 경영에 불필요한 장비와 시설을 설치하여 경영진의 편의를 도모하는 경우, 무능력함에도 불구하고 자리를 보존하는 경우 등이 도덕적 해이의 예로 거론된다(Shleifer & Vishny, 1997).

1970년대까지 미국 기업들은 이러한 경영진의 도덕적 해이 문제를 갖고 있었으며, 그에 대한 견제가 그리 심하지 않았다. 1950년대~1960년대에 걸쳐 기업들이 좋은 실적을 올렸기 때문이다. 그러나 1970년대 생산성의 정체가 두드러지면서 경영진의 도덕적 해이에 대한 문제 제기가 시작되었다. 경영진의 도덕적 해이를 견제하기 위해서 1980년대에는 적대적 인수 합병이 시도되었으며, 1990년대에는 대규모 기관 투자자를 중심으로 이사회의 권한이 강화되었고 스톡옵션과 같은 성과 중심 급여가 도입되었다.

1980년대 중반부터 1990년대까지 시도된 적대적 인수 합병은 성과가 부실한 기업의 주주들이 다수의 지분을 규합하여 기업의 경영권을 탈취해 무능한 경영진을 축출하고 불필요한 자회사를 정리하는 등 기업 구조 조정을 단행하는 것이었다. 1977년에는 합병된 기업의 주식이 상장 주식의 2% 정도에 불과하였으나, 1989년에는 10%를 넘어설 정도로 적대적 인수·합병은 폭넓게 진행되었다. 이때 미국에 있는 대규모 주식회사의 절반 정도가 적대적 인수 합병의 대상이 될 정도로 그 파장이 컸다(Holmstrom & Kaplan, 2001)[3].

그러나 적대적 인수 합병은 주주와 경영진 간에 법적·정치적 수단을 총동원한 분쟁을 수반하였으며 이에 대한 비용이 컸다. 따라서 1990년대 이후에는 보다 우호적인 방식을 통한 이해관계의 조정이 시도되었다. 그 결과 경영진에게는 스톡옵션과 같은 성과 중심 급여가 제공되었고, 주주들은 사외 이사를 선임하여 이사회를 통한 통제를 강화하였다. 그에 따라 기업에 고용된 내부 이사의 비중이 급락하였는데, 상장 기업의 위치를 유지한 81개 미국 기업 이사회의 내부 이사 비중이 1935년 43%에서 2000년 13%로 급락하였다(Adams et al, 2008). 특히 1980년대 이후 기관 투자자[4]들이 거대 주주로 등장하여 주주들의 이해를 대변하고 있다. 기관 투자자들은 자신들이 선임한 사외 이사를 기업 이사회에 참여시키는 등 다양한 방법으로 기업의 경영진을 견제한다[5].

그렇다면 실제로 스톡옵션은 경영자의 도덕적 해이를 해소하고 있는 가? 위에서 설명했듯이 스톡옵션은 경영진과 대주주 간 타협의 산물이 며, 타협인 만큼 여러 가지 한계가 있다. 장하준이 지적했듯이 경영진 이 이사회를 포섭하는 데 성공할 경우, 경영진은 스톡옵션의 구체적인 행사 방법을 자신에게 유리하게 설정할 수 있다. 따라서 스톡옵션은 경 영진에게 지나치게 유리한 방식으로 운영될 수 있다(Bebchuk & Fried, 2003). 이러한 약점에 대한 장하준의 지적은 어느 정도 타당하다.

그러나 장하준은 스톡옵션이 경영진의 도덕적 해이를 견제하는 순기 능을 무시한다. 특히 미국과 같이 소유와 경영이 분리되어 있는 상태에 서는 도덕적 해이를 견제하는 기능이 필요하다는 사실도 무시한다. 이 는 장하준이 주주 자본주의 자체의 가치를 무시하는 것과 같은 맥락이 다(Thing 2. 기업은 소유주의 이익을 위해 경영되면 안된다). 주주 자본주의 는 경영진을 견제하는 효과가 약하고, 주주 자본주의의 도구인 스톡옵 션도 경영진을 견제하는 수단보다는 경영진의 급여를 올려주는 수단으 로 악용되고 있다는 것이 장하준의 견해이다.

현실은 그렇게 간단하지 않다. 미국은 오랫동안 신주 발행을 주된 재 원 조달 방식으로 하는 거래형 금융(arm's-length Finance)의 전통을 유 지해 온 국가이다[6]. 그러한 국가에서는 경영진의 도덕적 해이가 문제가 된다. 스톡옵션은 문제를 해소하기 위해 지불하는 비용이다. 따라서 최 근 미국 경영진의 높은 급여 중 최소한 일부는 미국 자본시장의 특성 때문에 어쩔 수 없이 지불해야 하는 비용으로 간주해야 한다[7].

가난한 나라 사람들은 기업가 정신이 부족하다

장 하 준 은   이 렇 게   말 했 다

장하준은 'Thing 15 가난한 나라 사람들이 부자 나라 사람들보다 기업가 정신이 더 투철하다'에서 기업가의 소득에 대한 주장을 전개한다. 장하준은 개도국은 자영업자의 비중이 높기 때문에 기업가 정신이 투철한 사람이 더 많으며, 개도국 자영업자는 돌발 상황에 끊임없이 대처해야 하기 때문에 선진국 기업가보다 더 기업가 정신이 더 뛰어나다고 주장한다. 그럼에도 불구하고 개도국 자영업자가 가난한 이유는 기업가 정신의 부족이 아니라, 기업이 성공할 수 있는 기술 수준·집단적인 조지력·지금과 같은 환경이 갖

추어지지 않았기 때문이라고 주장한다.

그는 특히 마이크로 파이낸스가 실패한 예를 들면서, 자금보다는 기술 수준과 집단적 조직력 같은 무형 자산의 중요성을 강조한다.

이런 말은 하지 않았다

장하준의 주장과는 달리 후진국에 기업가 정신이 발현되지 않는 이유는 실제로 기업가 정신이 부족하기 때문이고, 보다 근본적으로는 기업가 정신이 뛰어난 기업가가 이를 실현할 수 있는 시장 경쟁이 이루어지지 않았기 때문이다. 기업가 정신은 주어진 한계를 넘어서서 이윤을 창출하는 능력이고, 이는 현상 유지가 주 목적인 후진국 자영업자들의 영업 행태와는 전혀 다른 개념이다. 선진국 기업주들은 이러한 기업가 정신을 발휘하여 기술을 개발하고 현대적 기업 조직을 창안하여 오늘날과 같은 비약적인 생산성 증대를 이룩하였다. 또한 이들은 지속적인 경쟁 속에서 경영 합리화, 전략적 제휴, 인수·합병 등 위험부담이 큰 전략적 결단을 내려왔으며, 지금도 그렇게 하고 있다. 따라서 장하준의 지적과는 달리 '가난한 나라 사람들이 부자 나라 사람들보다는 기업가 정신이 부족하다' 고 볼 수 있다.

선진국 기업주들이 기업가 정신을 발휘할 수 있었던 근본적인 원인은 이들이 생산성을 기반으로 한 시장 경쟁에 참여하였으며, 기업가 정신이 탁월한 기업주들을 경쟁을 통해 선발하였기 때문이다. 장하준은

교육·금융·법률·과학 인프라가 기업가 정신의 실현에 필요하다고
주장하고 있으나, 그중 가장 중요한 인프라는 시장 경쟁이다.

　후진국의 소득이 낮은 이유는 이들 국가의 기업이 개인의 생산성을
제고하지 못하고, 기업가 정신이 탁월한 경영자를 육성하지 못하기 때
문이다. 이는 근본적으로 기업 간 경쟁이 생산성을 중심으로 하는 시장
경쟁이 아니라, 정치적 이권을 목적으로 하는 지대 추구 경쟁의 형태로
고착되어 있기 때문이다. 따라서 후진국에게 가장 부족한 인프라는 시
장 경쟁이다.

후진국은 정말로 기업가 정신이 충만한가?

　장하준은 자영업자가 많고, 그들이 열악한 환경에서도 영업을 지속
하는 것을 보면 후진국은 기업가 정신의 양과 질이 모두 풍부하다고 주
장한다. 그러나 기업가 정신이란 자영업을 유지하는 능력이 아니라 자
영업의 한계를 넘어설 수 있는 능력을 말한다. 장하준이 기업가 정신을
구현할 수 있는 조건으로 지목한 '기술'과 '현대적 기업 조직'은 모두
기업가들이 자영업의 범위를 넘어서는 과정에서 달성한 업적이다. 선
진국의 기업가들은 대량생산·대량판매를 통해 개인 생산의 한계를 혁
파하고 현대적 대기업들을 설립하였다. 이들은 대량생산·대량판매를
효율적으로 수행할 수 있는 기업 조직을 개발하였고, 기업 내 연구소를
설립하여 최신 기술을 개발하였다. 설립 이후에도 이들은 업종 전환,
전략적 제휴, 인수·합병 등 전략적 결단을 반복하면서 치열한 경쟁에
서 살아남았다. 이러한 창업·성장·수성에 걸친 결단은 위험부담이

커서 후진국 자영업자들은 소화하기 어렵다. 선진국은 이러한 결단을 내릴 수 있는 기업가들과 그들 중 가장 뛰어난 기업가를 선별할 수 있는 시장을 갖고 있기 때문에 선진국이라고 불린다.

장하준은 후진국 자영업자들이 기업가 정신을 구비하고 있다고 주장하지만 이는 사실이 아니다. 그들은 자영업을 영위할 수 있는 역량을 갖고 있을 뿐이다. 현대적 대기업은 자영업의 한계를 혁파하려는 기업가들이 결단을 내려 만든 산물이다. 이들 기업은 단일 상품의 대량생산·대량판매, 상품의 다양화를 달성하였고, 세계적인 규모로 생산 및 판매 조직을 구성하였다. 또한 기업 내 연구소를 창설하여 기술혁신을 단행하였다.

콘베이어 벨트를 도입한 헨리 포드(Henry Ford), 철광석 채광에서부터 각종 철강재 생산까지 일괄 생산을 달성한 앤드류 카네기(Andrew Carnegie)[1]와 그의 후계자들(찰스 스왑, 윌리엄 코레이), 근대적 다부서형 기업조직(Mutidivisional firm: M-form firm)[2]을 기초한 GM의 알프레드 슬로안(Alfred Sloan)[3] 등이 혁신의 주역들이다. 이들의 공통점은 현존하는 제약 속에서 기업을 운영하기보다는 제약을 혁파하는 데 주력했다는 점이다. 이는 현상 유지를 관건으로 하는 자영업자의 경영 방식과는 근원적인 차이가 있다.

장하준이 강조하는 '기술' 및 '현대적 기업 조직'은 바로 이러한 기업가 정신의 산물이다. 그는 마치 이러한 조건이 기업가 정신과는 상관이 없으며, 이러한 조건이 미리 주어져 있어야만 기업가 정신이 발휘될 수 있는 것처럼 주장하고 있다. 하지만 역사적인 선례를 보면 기업가들은 환경을 스스로 창출하면서 기업을 성장시켰지, 환경이 주어진 상태에서 기업을 성장시킨 것이 아니다. 따라서 기업가 정신은 일반적인 자영업자에게는 기대하기 어려운 비범한 재능이다.

장하준은 또한 후진국의 자영업자들은 인프라가 열악하기 때문에 기업가 정신을 발휘해야만 생존이 가능하고, 그래서 기업가 정신이 더욱 강화된다고 주장한다. 그러나 선진국의 기업은 기업 간 경쟁에 지속적으로 노출되어 있다. 선진국은 상품 시장이 개방되어 있고 해외 판매의 비중이 높아서 전 세계적인 경쟁에 노출된다. 또한 선진국은 각종 제도적 기반이 성숙해 있기 때문에 신규 기업이 창업을 통해 도전한다. 스마트폰 시장에서 미국의 애플, 대만의 HTC, 한국의 삼성전자가 치열한 경쟁을 벌이고, 운영체제 시장에서 IBM이 마이크로소프트에 시장을 내주고, 다시 애플이 마이크로소프트에 도전하는 치열한 경쟁이 선진국 기업의 생존 환경이다. 따라서 후진국 자영업자의 영업 환경이 선진국 기업가의 경쟁 환경보다 더 기업가 정신을 요구한다고 하기는 어렵다.

일단 세계적인 대기업으로 자리 잡은 기업도 경쟁의 압력에서 자유롭지 못하다. 시장은 대기업들 간에 분할되어 있고, 대기업 간에는 치열한 경쟁이 항상 진행된다(Chandler, 1992). 선진국 기업들은 이러한 환경에서 수성 및 성장하기 위해서 끊임없이 위험부담이 큰 전략적인 선택을 해야 한다. 경영 합리화, 업종 확대 및 전환, 전략적 제휴, 인수·합병 등이 이들 전략적 선택의 내용이다. 외환 위기를 계기로 대규모 구조 조정을 단행한 삼성그룹, 개인용 컴퓨터 시장의 거인에서 IT 컨설팅 업체로 전환한 IBM 등이 그 좋은 에이나. 이러한 전략적 선택은 위험부담은 크고, 시간과 지식이 충분하지는 않은 상태에서 이루어지는 경우가 대부분이다. 즉 전략적 결단에는 기업가 정신이 요구된다. 이러한 규모의 전략적 결단을 후진국 자영업자들에게 기대하기는 어렵다.

후진국은 기업가 정신이 부족하다

이러한 관점에서 보면, 기업가 정신은 후진국보다는 선진국에서 찾아보기 쉬운 덕목임을 알 수 있다. 선진국의 기업가들은 대량생산·대량판매를 달성하여 자영업의 한계를 타파하고 오늘날의 대기업을 이룩하였다. 또한 선진국 기업가들은 치열한 기업 간 경쟁에 직면해 있으며, 그 속에서 지속적인 전략적 결단을 통해서 현재의 위치를 차지하며 미래의 성장을 도모하고 있다. 후진국의 기업들은 선진국 기업보다 생산의 규모, 기업 조직의 효율성, 전략적 결단이 부족한 것이 특징이다. 이를 통해 후진국 기업가들과 선진국 기업가들의 격차가 바로 기업가 정신의 격차에서 비롯됨을 알 수 있다. 하물며 자영업의 규모 유지에 그치고 있는 후진국 자영업자들에게 이러한 기업가 정신을 기대하기는 어렵다.

후진국에서 자영업자의 비중이 높은 이유는 선진국보다 기업가 정신이 풍부해서가 아니라 오히려 기업가 정신이 부족하기 때문이다. 후진국 기업주들의 기업가 정신이 부족하기 때문에, 후진국 기업들은 충분한 규모로 성장하지 못한 채로 정체되어 있다. 농업 부문에서 상공업 부문으로 고용 이전이 부진하며, 상공업 부문에서도 기업에 고용된 근로자보다 자영업자의 비중이 상대적으로 높다. 이들 자영업자는 기업가 정신이 충만하여 자영업을 스스로 선택하기보다는, 기업가 정신이 부족함에도 불구하고 자영업으로 내몰리고 있다고 보아야 한다. 좋은 기업이 존재하여 기업가 정신이 상대적으로 부족한 사람들을 근로자로 흡수할 수 있는 국가가 선진국이며, 이러한 선진국형 기업을 영위하는 사람들이 선진국의 기업주들이다. 실제로 2008년 현재 OECD 선진국[4]에서는 평균적으로 자영업자가 전체 고용의 14.0%에 지나지 않으며 7개 국[5]에서는 10% 이하이다. 자영업자 고용 비중이 20%를 넘는 국가는 한 국(30.0%)과 그리스(35.0%), 2개 국가뿐이다.

이렇게 선진국이 기업가 정신을 구현할 수 있었던 근본적인 이유는 시장 경쟁이 원활하게 이루어졌기 때문이다. 기업가 정신이란 위험부 담이 많은 결단을 내릴 수 있는 능력이다. 많은 경우 그러한 결단은 잘 못된 결과를 가져올 수 있다. 선진국에서는 시장 경쟁을 통해서 올바른 결단을 내린 기업가는 살아남고, 그렇지 않은 기업가는 도태되었다. 경 쟁을 통해서 기업가 정신이 탁월한 기업가에게 자원이 집중되었으며, 결과적으로 현대적 대기업이 창출되었다. 반면 대부분의 후진국은 기업 간 경쟁이 시장에서의 생산성 경쟁이 아니라 정부가 제공하는 이권을 놓 고 경쟁하는 지대 추구 경쟁 형태로 진행되고 있으므로 기업가 정신이 구현될 조건이 선진국보다 열악하다.

장하준은 현대적 기업가 정신은 공동체적으로 구현된다고 주장한다. 그는 기업가 정신이 구현되기 위해서는 과학·법률·교육·금융 인프 라가 갖추어져야 하고, 기업 간 협력이 원활해야 하며, 기업 내에서 직 원들 간 조직력이 제고되어야 한다고 주장한다. 장하준은 이러한 조건

없이는 기업가 정신이 발휘되기 어렵다고 주장한다. 그러나 이들 중 기업 간 협력은 전략적 제휴, 기업 내 조직력은 경영합리화의 결과이다. 이들은 기업가 정신의 결과이지 전제 조건이라고 보기 어렵다.

마지막으로 법률 및 교육의 인프라[6]가 있어야 기업가 정신이 발현된다는 점에서 장하준과 의견을 같이한다. 그러나 이들 인프라도 결국 시장 경쟁을 촉진한다는 의미에서 기업가 정신 구현에 공헌한다. 생산성에 기반한 시장 경쟁을 통해서만 기업가 정신이 탁월한 기업가가 선발되고, 그에게 자원이 집중되면서 국민경제의 생산성이 제고될 수 있기 때문이다. 교육 및 과학 인프라는 경쟁력 있는 기업가를 육성하고, 법률 인프라는 이들의 재산권을 보호하여 시장 경쟁에 참여할 유인을 부여한다. 이러한 의미에서 기업가 정신 구현에 가장 중요한 인프라는 결국 시장 경쟁이다.

영리하지 못한 사람도 시장이 도와준다

장 하 준 은   이 렇 게   말 했 다

장하준은 정부가 상품의 복잡성을 규제하여 선택을 제한하는 것이 소비자에게 더 이로울 수 있다고 주장한다(Thing. 16 우리는 모든 것을 시장에 맡겨도 될 정도로 영리하지 못하다). 그의 주장은 인간의 합리성은 제한적이어서 정보 처리 능력에 한계가 있다는 허버트 사이몬(Herbert Simon)의 주장을 근거로 한다. 처리 능력이 넘는 정보를 소화하기 위해서 인간은 선택을 단순화(routine)하는 경향이 있는데, 장하준은 정부 규제가 이러한 단순화의 역할을 대신 할 수 있다고 주장한다. 그는 특히 복잡한 파생금융상품은 경제 전반에 미치는 파급효과가 크기 때문에, 발매 자체를 규제해야 한다는 극단적인 주장을 전개한다.

장하준은 인간의 정보 처리 능력으로는 금융 상품에 관련한 정보를 이해하기 어렵다는 논거로 유명 헤지펀드의 파산과 2008년 금융 위기를 제시한다. 헤지펀드 LTCM은 자산 가격 이론으로 노벨 경제학상을 받은 로버트 머튼(Robert Merton)과 마이런 숄즈(Myron Sholes)를 고용하였음에도 불구하고 파산하였고, 숄즈가 새로 설립한 헤지펀드인 PGAM과 머튼을 다시 고용한 트린섬 그룹도 결국 파산하였다. 2008년 금융 위기 때 그 원인이 된 복잡한 파생 상품을 이해하고 있는 금융 전문가를 찾기가 어려웠다. 이렇게 노벨 경제학자를 위시한 금융 전문가들도 복잡한 파생금융상품을 파악하기 어려운데, 일반 소비자는 더욱 그것을 파악하기 어렵다는 것이 장하준의 주장이다.

그는 이러한 문제점을 방지하기 위해서 복잡한 상품을 단순화하여 경제주체가 선택할 수 있는 폭을 줄여야 한다고 주장한다. 정보 처리 능력을 넘어서는 상황에 처한 경제주체는 단순화된 규칙을 통해서 선택을 결정하게 된다. 장하준의 주장은 정부의 규제가 바로 이러한 단순화의 역할을 해 줄 수 있다는 것이 핵심이다. 특히 금융 상품의 경우에 '금융 전문가' 가 이해하지 못하는 복잡한 상품은 판매를 금해야 한다고 주장한다.

선진국에서는 복잡한 상품을 규제하기보다 상품 관련 정보를 수집하고 해석하는 고급 서비스업이 성장하여 제품의 유통을 촉진시키는 것이 일반적인 경향이다. 금융 상품도 유통을 억제하면 소비자의 후생만 악화되고, 오히려 규제 회피를 목적으로 하는 더욱 복잡한 금융 상품이 개발되어 규제가 무력화될 우려가 있다. 따라서 금융 상품의 거래는 허용하되, 그 위험은 관리하는 방식이 바람직하다.

장하준은 정부의 규제가 복잡한 상품을 단순화하여 그 상품과 관련된 의사 결정의 질을 제고한다고 주장하지만, 사실은 고급 서비스업 시장이 그 역할을 보다 효율적으로 수행할 수 있다.

장하준이 규제해야 한다고 주장하는 복잡한 금융 상품은 '복잡한(exotic)' 파생금융상품이다. 그러나 복잡한 파생금융상품은 소수의 소비자들에게 그들 고유의 수요(needs)를 충족하는 수단이다. 실험적인 파생금융상품들이 초기에는 제한적인 소비자들 사이에서만 유통되다가 시장 반응이 좋아지면 유가증권 시장에서 거래되는 '단순한(plain vanilla)' 파생금융상품으로 진화할 수 있다.

파생금융상품을 규제하면 소비자 후생의 감소는 피할 수 없다. 그리고 결국 같은 기능을 하면서 규제를 회피할 수 있는 새로운 파생금융상품이 개발되면서 규제는 무력화될 수 있다. 따라서 파생금융상품을 규제하기보다는 그 새로운 파생금융상품의 위험을 관리하는 방식이 더 바람직하다.

제한적 합리성

제한적 합리성(bounded rationality : 개개인이 가진 합리적 사고 능력의 한계)은 장하준이 금융 규제가 필요하다고 주장하는 핵심적인 논거이다. 그러나 제한적 합리성에도 불구하고 매우 복잡한 상품과 서비스가 시장에서 실제로 거래되는 것이 현실이다. 개개인은 제한적 합리성 때문에 의사결정에 제한을 받지만, 이러한 제한을 해소해 주는 전문 서비스 시장이 존재한다. 소비자들은 이러한 전문 서비스 직종의 서비스를 이용하여 본인의 합리성을 확대할 수 있다. 따라서 제품 혹은 서비스를 규제하기보다는 전문 서비스 시장을 육성하는 것이 제한적 합리성 문제를 해소하는 좋은 방법이다.

성숙한 자본주의 국가의 특징 중 하나가 복잡하고 다양한 상품 및 서비스가 교역의 대상이 된다는 점이다. 이러한 복잡한 상품들로 소비자들의 삶이 풍요롭게 된다. 그런데 복잡한 재화일수록 두 가지 문제를 극복해야 시장에서 활발하게 유통될 수 있다. 첫째는 정보의 공개 문제이고, 둘째는 정보의 소화 문제이다.

정보가 공개되지 않으면 질 낮은 재화가 정상 가격으로 유통될 가능성이 높아서 소비가 위축되고, 시장이 성장할 수 없다. 그런데 정보가 공개된다고 해도 공개된 정보가 너무 복잡하면 제한적 합리성 때문에 수요는 여전히 위축될 수 있다. 소비자들의 입장에는 '속아서 잘못 사지 않을까?' 하는 불안 때문에 구입을 꺼리게 되는 것이다.

그럼에도 불구하고 내구재, 사치품, 고급 서비스 같은 상품들은 시장에서 활발히 거래된다. 특히 선진국일수록 이러한 상품의 거래가 활발하다. 그 이유는 이들 복잡한 상품과 관련된 정보를 소비자들을 대신해서 처리해 주는 전문적인 서비스 업종이 있기 때문이다. 금융기관의 자산 관리 서비스, 자동차 딜러, 부동산 중개업소, 사치품 감별사, 의사, 변호사 등이 모두 소비자들에게 상품에 대한 정보를 전달하거나, 더 나아가서 소비자들에게 필요한 상품을 추천하는 역할을 수행한다. 그리고 이들은 소비자가 구입한 이후에도 일정 기간 애프터 서비스를 제공하여 자신의 추천이 잘못되었을 경우 발생하는 비용을 부담한다. 소비자들은 이들로부터 복잡한 정보를 가공하는 서비스를 구입하며, 이를 활용하여 소비의 폭을 확대한다.

실제로 OECD 선진국 중에서도 1인당 국민소득이 높은 국가들은 이러한 전문 서비스가 생산 및 고용에서 차지하는 비중이 높다. 2005년 현재 OECD 선진국의 사업 서비스 및 의료 서비스(사회 서비스 포함)[1]는 부가가치의 33.7%, 고용의 26.0%를 차지한다. 그러나 OECD 선진국 중에서도 1인당 국민소득이 상대적으로 낮은 남부 유럽 국가들(그리스, 이탈리아, 포르투갈, 스페인)[2]에서는 사업 서비스 및 의료 서비스가 부가가치의 27.6%, 고용의 16.1%를 차지하는 데 그친다. 그리고 한국은 사업 서비스 및 의료 서비스의 부가가치 비중은 25.0%, 고용 비중은 15.0%에 불과하다.

이렇게 많은 전문 서비스 직종 종사자들은 치열한 시장 경쟁을 통해 서비스의 질을 유지한다. 이들 서비스업은 인적 자본 수준을 갖추고 있으면 별다른 창업 비용 없이 개업이 가능하다. 따라서 항상 치열한 소비자 유치 경쟁에 직면해 있다. 이들은 항상 소비자에게 필요한 정보를

186

축적하고, 이를 소비자가 이해할 수 있는 수준으로 가공해야 한다. 이런 과제의 달성 여부에 따라 시장 진입 및 퇴출이 결정된다. 이 과정을 거쳐서 개별 소비자의 유형에 맞게 가장 적절한 소비 패턴이 도출된다. 즉, 개인의 제한적 합리성은 시장의 경쟁에 의해 상당한 수준으로 극복될 수 있다. 주요 선진국들이 '복잡한' 재화나 용역을 규제하기보다는 시장에서 유통되도록 허용하는 이유는 바로 이러한 전문 서비스 시장의 순기능을 신뢰하기 때문이다.

선택을 위한 규제는 필요없다

장하준은 개인의 제한적 합리성 때문에 개인의 선택이 단순화되는 경향이 있으며, 정부의 규제가 바로 이러한 단순화된 선택을 대신할 수 있다고 주장한다. 그러나 이러한 단순화된 규칙을 제공하는 것은 또한 전문 서비스 직종 특유의 업무이다. 예를 들어, 자산 관리 서비스는 소비자의 투자 성향과 생애 주기를 감안하여 필요한 자산 구성을 도출하고, 이에 맞추어 필요한 금융 상품을 추천한다. 그리고 소비자의 선택은 추천 받은 금융 상품 중 적절한 것을 선택한다.

민간 전문 서비스 직종에서 추천하는 규칙은 시장 경쟁을 통해 소비자의 수요에 적합한 것만 살아남는다. 정부가 상품을 규제하면서 선택을 단순화할 때는 경쟁 상대가 없기 때문에 정부가 고른 규칙이 소비자의 수요에 적합한 규칙인지는 검증하기 매우 어렵다.

이렇게 경쟁 상대가 없어도 정부가 적절한 규제를 가할 수 있는 경우는 정부가 규제 대상에 대한 완전한 정보를 가지고 있을 때뿐이다. 그런데 장하준은 '규제의 효용성은 행위의 복잡성을 제한해서 피규제자들이 보다 나은 의사 결정을 내릴 수 있도록 한다는 데 있다'고 주장하며 정부가 규제 대상에 대해서 '관련 상황을 더 잘 알고 있을 필요가 없다'고 주장한다. 그러나 규제 대상의 어떤 특성이 피규제자들이 보다 나은 의사 결정을 내리는 데 필요하고 어떤 특성은 필요하지 않은지 알기 위해서는 '규제 대상과 관련된 모든 정보를 파악'해야 한다. 그렇지 않으면 과잉 규제가 되어 피규제자의 선택을 필요 이상으로 제한하거나, 과소 규제가 되어 제한적 합리성의 부작용을 억제하지 못하는 상황에 빠질 수 있다. 따라서 무조건 정부가 선택의 폭을 좁혀 놓는 것이 피규제자들에게 더 유리하다고 하기는 어렵다.

법률이 금융보다 더 복잡하다

장하준은 특히 전문 서비스 중 금융 서비스는 금융 상품에 대한 이해가 부족하다고 주장한다. 아무리 전문가들이라고 해도 금융 상품의 복잡성을 소화하기는 어렵고, 이를 소비자에게 알기 쉽게 전달하기는 더욱 어렵기 때문에 정부가 이를 대신해야 한다고 주장한다. 그러나 법률 서비스는 금융 상품보다 더 이해하기 어려운 상품이다. 전문적인 지식이 없으면 어떤 서비스가 필요한지도 이해하기 어렵기 때문이다. 그 때문에 소비자에게 필요한 수요를 파악하는 역할을 아예 서비스의 공급자인 법조인이 대신한다. 그러나 이러한 서비스도 공급을 제한[3]하기보다는 공급자에 대한 엄정한 면허 제도를 시행해서 서비스의 질을 유지하는 것이 일반적이다. 그러므로 금융 상품은 제한된 합리성 때문에 규제를 해야 한다는 주장은 설득력이 약하다.

따라서 정부의 규제는 '복잡한 금융 상품의 정보를 단순화하는' 적절한 수단이 되기 어렵다. 정부의 규제는 시장의 경쟁 압력이 없기 때문에 전문 서비스 직종보다 더 소비자에게 유리한 '단순화 수단'을 제공하지 못한다. 또한 정부는 일반적으로 피규제 대상에 대한 완전한 정보를 갖고 있지 못하기 때문에 적절한 '단순화 수단'을 설계할 능력도 부족하다. 금융 상품은 다른 상품보다 한층 더 복잡하여 전문가들도 이해하기 어렵다는 주장도 있다. 그러나 금융 상품 못지않게 복잡한 법률 서비스가 시장에서 활발히 거래되고 있음을 고려하면 이 주장도 설득력이 약하다.

정리하자면, 상품이 복잡하여 제한된 합리성으로 이해하기 어렵다는 사실이 그 상품을 규제하는 근거가 되기에는 부족하다. 상품이 복잡하면 소비자를 대신하여 그 상품 관련 정보를 집적하고 가공하는 전문 서비스업 시장이 성장하기 때문이다. 정부는 경쟁의 압력이 없고, 규제 대상에 대한 완전한 정보도 없다. 따라서 전문 서비스업 시장에서 제공하는 서비스보다 더 소비자에게 도움이 되는 규제를 설계하기 어렵다. 선진국들은 상품을 규제하기보다는 전문 서비스업 시장을 육성하여 소비자의 선택을 지원하는 방식을 사용하고 있다.

단, 전문 서비스업 종사자들이 정보 처리 능력이 부족하거나 비윤리적일 경우에는 복잡한 상품의 거래에 관계하는 경제주체들이 피해를 입을 수 있다. 장하준이 지적한 대로 미국 금융업 종사자들의 무능과 비윤리적 행위가 2008년 금융 위기를 발생시킨 요인임을 부정하기는 어렵다. 그러나 이는 금융 상품의 내재적 문제라기보다는 이들 금융업 종사자들의 자질의 문제이다. 예를 들면, 2008년 금융 위기의 근원은 저신용 부동산 대출(subprime mortgage)을 기반으로 만들어진 주택담보부증권(Mortgage Backed Securities : MBS) 및 부채담보부증권(Collateralized Debt Obligation: CDO)의 가치 하락에 있었다. 그러나 크레디트카드 대출 기반 담보부증권(Asset Backed Securities : ABS)이나 기업 대출을 기반으로 만들어진 부채담보부증권(CLO : Collateralized Loan Obligation)[4]은 금융 위기 이전에도 이미 활발히 유통되고 있었고, 금융 위기에도 불구하고 저신용 주택담보부증권에 비해서는 채무불이행이 많이 발생하지 않았다(Calomiris and Mason, 2004a ; Benmelech et al. 2011). 2008년 금융 위기의 근원은 '주택·부채담보부증권'이라는 복잡한 파생금융상품 때문이라기보다는 '저신용 부동산 대출에 기반한 주택·부채담보부증권'이라는 위험한 자산에 대한 관리 실패에 있다. 이는 명백하게 금융업 종사자들이 직무를 수행하지 못해서 발생한 일이다.

2008년 금융 위기는 당연히 2008년 이전의 금융시장에 대한 반성의 계기가 되고 있고, 또 되어야 한다. 그러나 2008년 금융 위기를 계기로 1980년대 이래 규제 완화의 모든 성과를 부인하는 과잉 반응도 자제해야 한다. 그중 한 가지 과잉 반응이 금융 혁신(financial innovation)의 성과인 파생금융상품의 활용을 강력하게 규제하려는 움직임이다. 그러나 이러한 조치는 파생금융상품의 활용에서 얻을 수 있는 편익을 제한하는 단점이 있으며, 편익이 심각하게 제약될 경우에는 규제 회피를 목적으로 또 다른 파생금융상품이 도출되는 자기모순에 빠질 수 있다.

파생 상품은 소비자가 만든 것이다

장하준은 매우 단호하게 '복잡한' 금융 상품은 발행할 수 없도록 해야 한다고 주장한다. 그러나 그는 파생금융상품도 소비자들의 수요를 충족시키기 위해 만들어졌다는 사실을 간과했다. 예를 들어 파생금융상품은 기업 및 개별 투자자가 낮은 비용으로 위험을 회피하는 수단으로 활용되어 왔다. 그렇기 때문에 파생금융상품의 유통 자체를 규제한다면 단기적으로는 소비자 후생이 제약되고, 장기적으로는 규제 회피를 목적으로 하는 또 다른 파생금융상품이 개발되어 규제가 무력화될 가능성이 높다. 파생금융상품은 흔히 금융시장의 불안정성을 증가시키는 요인으로 지목되어 왔으나 실제로는 유가증권에 대한 정보를 유통시켜서 오히려 유가증권시장을 안정시키는 성향이 있고, '복잡한(exotic)' 파생금융상품도 전문적인 지식을 동원하면 위험을 관리할 수 있다. 따라서 파생금융상품은 규제하기보다는 기업과 규제 당국이 협력하여 그 위험을 관리하도록 해야 할 것이다.

일반적으로 파생금융상품은 '단순한(plain vanilla)' 파생금융상품과 '복잡한(exotic)' 파생금융상품으로 나뉜다. 단순한 파생금융상품에는 선물(forward), 옵션(option), 스왑(swap)이 있고, 복잡한 파생금융상품은 이들 단순한 파생금융상품을 조합해서는 만들 수 없는 상품이다. 파생금융상품은 특정한 금융거래에서 발생하는 다양한 금융 서비스 수요를 충족시킬[5] 목적으로 개발된다. 단순한 파생금융상품은 환율, 유가증권 가격, 이자율과 같이 일반적인 경제 변수의 변화에서 발생하는 위험을 회피[6]할 수 있게 해 준다. 그리고 복잡한 파생금융상품은 특수한 상황에서 계약 당사자 간에 위험을 분담하고 유동성을 창출하는 수단으로 활용된다. 단순한 파생금융상품은 수요가 많아서 공개 시장에서 유가증권 형태로 거래되는 경우가 많으나, 복잡한 파생금융상품은 대개 당사자 간의 계약(OTC : Over The Counter)을 통해서 거래된다.

파생 상품의 원래 의미

파생금융상품의 주된 역할은 특화된 금융 서비스 제공(Lerner & Tufano, 2003), 규제의 회피, 그리고 조세의 회피이다(Van Horne, 1985)[7]. 파생금융상품의 특징은 특화된 금융 서비스를 매우 저렴한 비용으로 누릴 수 있게 해준다는 점이다. 위험을 회피하는 데 주로 활용되는 선물 혹은 옵션의 경우를 예로 들어 보자. 원래 금융거래의 위험을 회피하려면 다양한 종류의 유가증권을 보유하여 개별 유가증권의 위험을 상쇄시켜야 한다. 그러나 이렇게 위험을 상쇄시키기에 충분한 유가증권을 보유하고 있는 경제주체는 대규모 금융기관뿐이다. 기업이나 개인 투자자들은 위험 회피를 목적으로 유가증권을 다량으로 보유하기에는 비용 부담이 너무 크다. 선물이나 옵션 같은 파생금융상품은 이들에게도 위험을 회피(hedge)할 수 있는 수단을 제공한다는 점에서 매우 중요하다. 특히 '복잡한' 파생금융상품은 소수 특이한 수요에 대응하는 '맞춤형' 수단을 제공한다. 이들 복잡한 파생금융상품은 시장을 확대·심화하여 소비자들이 가진 다양한 수요를 충족하고, 결과적으로 이들의 후생을 증진시킨다.

따라서 '복잡한' 파생금융상품의 판매 자체를 규제하는 행위는 이들을 이용하는 소수의 소비자들로부터 각종 금융 서비스를 박탈함을 의미한다. 예를 들어 위험을 회피하는 파생금융상품을 판매 금지하면 이들 소수 소비자들은 필요한 위험을 회피하지 못하거나, 많은 비용을 들여서 다양한 유가증권을 매입하여 스스로 위험 회피 수단을 만들어야 한다. 게다가 파생금융상품은 우선은 실험적으로 소수의 소비자들에게만 판매되고, 그 반응에 따라서 장기적으로는 시장을 넓혀가는 경로를 거쳐서 일상적인 금융거래에 편입된다(Stulz, 2009). 다시 말해서 현재의 '복잡한' 파생금융상품이 언젠가는 유가증권 시장이 개설되는 '단순한' 파생금융상품으로 진화할 가능성은 항상 열려 있다. 따라서 특정한 금융 상품을 '복잡하다'는 이유로 판매를 제한하면 소비자 후생의 감소를 피하기 어렵다.

규제보다 관리가 필요하다

'복잡한' 파생금융상품을 규제한다고 해도 그 파생금융상품 때문에 발생한 문제가 해소되는 것도 아니다. 파생금융상품의 가장 중요한 세 가지 역할 중 두 가지가 규제의 회피 및 조세의 회피이다. 따라서 하나의 파생금융상품을 규제하면, 이와 유사한 기능을 제공하면서 규제의 적용 범위만 벗어나는 또 다른 파생금융상품이 장기적으로는 개발될 가능성이 높다. 이 경우 오히려 규제를 회피하려고 파생금융상품의 구조는 더욱 '복잡'해지기 때문에 오히려 더 문제가 심화된다.

그럼에도 불구하고 파생금융상품을 규제해야 한다는 의견이 자주 제시되는 이유는 파생금융상품은 흔히 금융시장의 불안정성을 심화하는 원인으로 지목되기 때문이다. 파생금융상품은 구조가 복잡하여 가치 산정이 쉽지 않기 때문에, 자산의 가치보다는 시세 차익을 노리는 단기 거래의 도구로 사용되기 쉽다. 장하준이 인용한 워렌 버핏의 '대량 금융 살상 무기(weapons of financial mass destruction)' 라는 표현은 이러한 견해를 함축적으로 대변한다.

그러나 파생금융상품은 항상 상품의 기반이 되는 단순한 유가증권이 존재하며, 이들 유가증권의 가격에 큰 영향을 받으므로 금융시장의 불안정성을 유가증권 시장 이상으로 크게 심화하지는 않는다. 오히려 파생금융상품은 자산의 가격에 대해 시장 참여자들이 어떤 기대를 하고 있는지 반영하며 이러한 정보는 금융시장을 안정시키는 역할을 한다. 실제로 파생금융상품의 시장이 열리면 그 파생금융상품의 기반이 되는 유가증권 시장의 가격은 이전보다 더욱 안정되는 경향이 있다[8].

'복잡한' 파생금융상품이 금융시장에 미치는 영향은 크다고 하기 어려우며, 이에 대한 위험을 관리하는 것도 가능하다. 우선 복잡한 파생금융상품은 소수 수요자의 특이한 위험을 회피하는 수단을 제공하므로 그 거래의 규모가 작다. 규모가 작기 때문에 이들 복잡한 파생금융상품은 유가증권으로 유통되기보다는 당사자 간의 거래로 종료되는 경향이 많다. 따라서 금융시장 전반에 미치는 영향은 사실 크게 확대되기 어렵다. 복잡한 파생금융상품이 금융시장 전반에 악영향을 미치는 경우는, 어떤 특정한 이유 때문에 파생금융상품의 위험이 과소평가되고, 그에 따라 금융기관들이 복잡한 파생금융상품에 지나치게 많이 투자하는 경우에나 발생할 수 있다.

장하준이 '복잡한' 파생금융상품의 유통을 금지해야 한다고 주장하는 이유는 '복잡한' 파생금융상품이 가진 위험이 저평가되는 경우가 많다고 전제하기 때문이다. 그러나 그의 주장과는 달리 '복잡한' 파생금융상품의 내용을 모든 금융업 종사자가 파악하지 못하는 것도 아니다[9]. 2008년 금융 위기의 주범으로 꼽히는 저신용 부동산대출담보부 증권(Subprime Mortgage Backed Securities: Subprime MBS)에 대해서도 그 가치가 급락할 가능성이 높다는 정보는 2006년부터 이미 유통되고 있었다(Calomiris, 2007). 저명한 신용 평가 회사인 피치(Fitch)는 2006년 1분기에 이미 2007년에는 저신용 부동산의 채무불이행(delinquency) 사례가 2006년보다 '50% 더 증가할 것으로 예측된다'고 경고한 바 있다. 2008년 금융 위기는 위험을 이해하지 못했기 때문이 아니라, 위험을 고의적으로 무시했기 때문에 발생한 것이다.

파생금융상품은 그 '복잡함'을 이유로 규제할 만한 대상이 아니다. 규제를 하면 소비자 후생의 감소는 피할 수 없는 반면, 유사한 파생금융상품이 개발되어 규제를 무력화할 가능성이 높다. 그리고 파생금융상품 자체가 금융시장을 안정화시키는 역할을 하며, 파생금융상품의 위험도 전문적인 지식을 동원하면 어느 정도 파악 가능하다. 따라서 파생금융상품의 개발은 허용하되, 개발된 상품과 관련된 '위험'을 관리하는 보다 세련된 접근이 필요하다. 스툴츠의 비유를 인용하자면, 비행기는 복잡한 기계이지만 그렇다고 비행기를 이용하지 않을 필요는 없다.

다만, 비행기에 대한 안전 점검을 철저히 하여 위험을 관리하는 것이 중요하다. 파생금융상품도 이와 마찬가지이다.

2008년 금융 위기의 근본적인 원인은 파생금융상품의 '복잡함' 때문이 아니라 파생금융상품의 '위험관리 실패' 때문이다. 저신용 주택대출을 기반으로 설계된 각종 파생금융상품은 당연히 저신용 주택대출의 원리금 상환 성적에 따라 그 가치가 민감하게 변동하는 자산이다. 그럼에도 불구하고 이러한 자산이 안전한 것으로 간주되어 금융기관들이 이를 과도하게 축적하였고, 결국 금융기관이 부실화되면서 금융 위기가 발생하였다. 따라서 2008년 금융 위기의 재발을 막기 위해서 파생금융상품의 판매를 규제하기보다는 위험 관리가 허술해진 원인을 규명하고 이를 방지해야 한다.

수준 높은 교육은 나라를 부유하게 한다

장 하 준 은 이 렇 게 말 했 다

교육과 지식이 경제에 미치는 영향 혹은 역할에
대해 장하준은 부정적인 인식을 보이고 있다(Thing
17. 교육을 더 시킨다고 나라가 더 잘살게 되는 것은 아니
다). 그는 기본적으로 교육이 경제성장과 생산성 향
상에 별로 중요하지 않으며 교육과 경제성장 간에,
교육과 생산성 향상 간에 별 관계가 없다는 견해를
갖고 있다. 그 근거로 동아시아 국가들, 사하라 이남
국가, 그리고 랜트 프릿쳇(Lant Prichett) 교수의 논문
을 예로 들고 있다.

20세기 기적적인 경제성장을 이룬 동아시아 국가

들의 높은 교육 수준은 잘 알려져 있고 이 나라들의 경제 발전에 교육이 중요한 역할을 했다고 정평이 나 있으나 실상은 그렇지 않다는 것이 장하준의 주장이다. 예를 들면, 1960년 타이완의 문맹률은 46%였던 반면에 필리핀의 문맹률은 28%에 불과했음에도 이후 타이완은 기록적인 경제성장을 이룬 반면 필리핀은 그렇지 못하였다는 것이다. 한국과 아르헨티나의 경우를 비교해 보아도 아르헨티나에 비해 한국의 문맹률이 훨씬 높았음에도 한국이 더 빠른 성장을 하여 아르헨티나의 5분의 1이던 한국의 국민소득이 이제는 3배가 되었다는 사실은 교육이 동아시아 경제 기적의 주요 요인이었다는 신화에 의문을 갖게 한다고 주장한다.

랜트 프릿쳇 교수는 논문을 통해 1960년과 1987년 사이의 기간 동안 세계 수십 개 국가의 자료를 토대로 교육이 경제성장에 긍정적 효과를 끼쳤는지 여부를 살펴보았으나 교육 수준이 높아진다고 해서 경제성장이 촉진된다는 증거는 거의 없다고 결론지었다. 장하준은 이 결과를 교육이 경제성장에 긍정적인 영향을 미치지 못한다는 것이 일반적인 현상임을 보여준 증거라고 주장하고 있다.

교육의 목적은 생산성 향상에 있지 않으며 현장 노동자들의 생산성 향상과 교육은 큰 관계가 없다는 것이 장하준의 주장이다. 그는 그 증거로 수학 성적과 경제 실적이 관련이 없다는 조사 결과를 제시하고 있다. 2007년 국제수학과학성취도평가의 수학 과목에서 미국의 학생들이 동아시아뿐만 아니라 구소련에서 갈라진 여러 나라의 학생들보다도 성적이 나빴으며 노르웨이와 같은 유럽 부자 나라들의 어린이들은 미국 어린이들보다도 성적이 더 나빴고 가난한 나라 학생들에 비해서도 점수가 낮았다는 것이다. 지식과 고등교육도 생산성 향상에 도움이 되지 않으며 고등교육에 대한 집착은 학력 인플레이션과 같은 부작용만 초래한다고 말한다.

그는 지식 경제가 역사적으로 새로운 것이 아니며, 지식의 양이 많아졌다고 해서 과거보다 더 많은 교육을 받아야 하는 것은 아니라고 주장하고 있다. 경제가 발전할수록 기계가 더 많은 지식을 대체하므로 기술적으로 발달한 경제일수록 교육받은 사람을 덜 필요로 한다는 주장이다. 고등교육이 생산성과 무관하다는 구체적인 예로 1990년대 중반까지 10~15%의 대학 진학률로도 세계 최고의 국민 생산성을 기록한 스위스를 들고 있다. 장하준은 생산성 향상과 경제 발전을 도모하려면 교육에 대한 집착보다는 생산적인 기업을 개발하기 위한 제도, 즉 유치산업 보호 육성, 인내하는 자본(patient capital)을 제공하는 금융 시스템, 새로운 기회를 제공하는 복지 제도, 연구 개발과 훈련을 위한 보조금 및 규제 정책 등이 필요하다고 주장한다.

이런 말은 하지 않았다

장하준의 교육에 대한 견해는 경제의 성장 및 발전에서 인적 자본과 지식, 기술이 차지하는 중요성을 의도적으로 외면하면서 왜곡하고 있다. 교육이 경제성장에 긍정적 영향을 미치지 못했다는 그의 견해에 대해 살펴보자. 타이완과 같이 문맹률이 상대적으로 높았던 나라들이 오히려 기록적인 경제성장을 달성한 사실은 본격적인 산업화 이전의 교육 수준이 경제성장과 무관하다는 증거로 제시될 수는 있으나 교육이 경제 성장에 긍정적 영향을 미치지 못했다는 주장의 근거가 될 수는 없다.

장하준이 예로 든 타이완과 한국이 기록적인 경제성장을 이룰 수 있었던 것은 수출주도 공업화를 통해 세계시장에서의 경쟁에 참여하였고, 경제 발전의 단계마다 그 단계에 적합한 인적 자본과 기술의 공급이 적절하게 이루어진 덕분이다. 경제 발전의 단계마다 그에 적합한 인적 자본과 기술이 공급되기 위해서는 교육의 역할이 필수적이다. 예를 들어 한국은 수출주도 공업화를 통해 세계시장에서의 경쟁에 참여해 산업화 과정을 거치기 이전에는 농업 중심의 경제체제였고, 이후 노동 집약적 경공업 제품 수출 위주에서 시작해 중화학공업, 전자, 자동차, 조선 산업 등의 발전을 통해 자본 집약적 고부가가치 제조업 중심으로 경제의 주도적인 산업이 변모해왔다.

이러한 변화가 가능했던 이유는 적절한 인적 자본의 공급이 가능했고 기술의 이전 및 개발이 이루어졌기 때문이다. 기술의 이전 및 개발도 인적 자본이 뒷받침되어야 가능하다. 이전된 기술이라도 이를 이용할 수 있는 적절한 인력이 부재한 경우 무용지물이 되고 만다. 이와 같은 인적 자본 혹은 인력은 교육을 통해서 양성되고 축적된다. 인적 자본과 기술의 축적, 공급에 교육의 기여가 크다는 점과 적절한 인적 자본의 공급과 기술 개발이 경제성장에 크게 기여했다는 점은 잘 알려진 사실이다. 그러므로 동아시아 국가들의 경제성장에서 교육의 기여가 컸다는 점은 부인할 수 없다.

장하준은 프릿쳇의 논문 「교육은 모두 어디로 가버렸는가(Where has all the education gone?)[1]」를 교육이 성장에 미치는 거시 경제적 영향의 근거로 제시하고 있다. 그러나 프릿쳇의 연구는 교육과 성장의 관계를 밝히려는 다양한 연구들 중 하나에 불과하고 그 연구 결과가 보편적으로 받아들여지고 있다고 보기는 어렵다. 세계 각국의 자료를 종합하여 교육과 경제성장의 관계를 실증 분석할 때는 각국의 교육 수준에 대한 측정오차(measurement error) 문제가 결과에 영향을 준다는 사실을 고려해야 하는데, 프릿쳇의 연구도 측정오차 문제에서 자유롭지 못하기 때문이다. 교육과 성장의 관계에 대해 크루거와 린달은 프릿쳇의 논문을 포함한 기존의 문헌 검토와 실증적인 분석을 통해 교육 수준에 대한 측정오차가 고려되는 경우 교육의 증가는 성장에 긍정적인 효과가 있음을 보였다(Krueger and Lindahl, 2001)[2]. 하버드 대학의 로버트 배로 교수와 아시아개발은행의 이종화 교수는 연구를 통해 1950년부터 2010년까지 146개국에 대한 새로운 자료를 이용하여 교육이 경제성장에 매우 의미 있는 긍정적 영향을 준다는 것을 보였다(Barro and Lee, 2010)[3].

이렇게 장하준이 제시한 프릿쳇의 결과와는 달리 교육이 경제성장에 긍정적인 영향을 미친다는 결과를 보여준 다수의 연구를 발견할 수 있다. 교육의 확대와 교육 수준의 상승에 따른 인적 자본의 축적은 높은 노동생산성으로 이어진다. 또한 교육, 특히 고등교육을 통해 형성된 숙련 노동력의 증대는 선진 기술의 습득 능력을 높여 경제를 발전시키고 유아 사망 및 출산율의 감소 등 사회 발전에도 이바지한다는 많은 연구 결과가 있다.

이제 지식과 고등교육 그리고 생산성 향상 간의 관계에 대해 살펴보자. 장하준은 지식과 고등교육이 생산성 향상에 도움이 되지 않으며 부작용만 초래한다는 견해를 보였다. 지식 경제가 새로운 것이 아니라는 장하준의 주장은 앞선 지식을 보유한 국가가 항상 부강한 나라였다는 역사적 사실을 지적한 점에서는 수긍할 수 있다. 그러나 경제가 발전할수록 지속적인 성장에 기술 진보 및 혁신 그리고 인적 자본이 필수적이라는 점에서 교육과 지식의 중요성은 더욱 높아졌음을 간과한 주장이다. 경제가 발전할수록 기계가 지식과 기술을 대체하여 교육받은 사람을 덜 필요로 한다는 그의 주장은 마르크스주의자들의 노동과정론을 차용하여 기계화에 의한 비숙련화를 교육 필요성의 감소와 연결시키고 있다.

장하준의 주장은 그가 언급한 바와 같이 브레이버만(Braverman)의 논의에 근거한다. 브레이버만은 『노동과 독점자본(Labor and Monopoly Capital)』에서 새로운 기술의 등장과 그에 따른 기계화는 일자리를 파괴하는 동시에 노동자의 탈숙련화를 촉진한다고 주장[4]하였다. 장하준은 이 논의에 근거하여 기술적으로 발달한 경제일수록 교육받은 사람을 덜 필요로 한다고 주장한다. 브레이버만의 주장은 산업혁명 시기의 러다이트 운동(Luddite Movement)의 논리, 즉 기계가 일자리를 없앤다는 논리와 유사하나 기술 진보에 의한 기계화 덕분에 새로운 형태의 일자리가 지속적으로 증가한 것은 역사적으로 증명된 사실이다. 기계화와 같은 새로운 생산방식의 등장으로 좀 더 효율적인 생산이 이루어지고 자본의 증가로 노동생산성이 상승한다. 이에 따른 경제의 성장은 성장 자체로도 새로운 일자리를 지속적으로 증가시킴과 동시에 소득의 증가로 이어진다. 경제가 발달함에 따라 세분화된 시장은 다양한 일자리를 지속적으로 창출한다. 따라서 기술 진보의 결과로 나타나는 기계화는 일자리를 없애는 것이 아니라 생산성의 증가와 경제성장을 통해 다양한 일자리를 지속적으로 만들어 내는 것이다.

브레이버만은 포드주의(Fordism)[5]의 등장과 함께 나타난 일관 조립 라인(assembly line) 때문에 발생한 노동자의 탈숙련화를 강조하였으나 기술 진보는 보다 많은 지식을 지닌 숙련 노동력을 필요로 한다. 많은 경제학자들은 국가 간 소득 격차의 근본적 요인을 기술 및 지식의 격차에서 찾고 있고, 이는 총요소생산성(Total Factor Productivity)의 차이가 국가 간 격차를 설명해 준다는 다양한 연구결과를 통해 확인할 수 있다.[6]

선진국과 개발도상국의 소득 격차를 설명해주는 중요한 요인이 생산성의 격차다. 그러나 국가 간 기술과 지식의 이전이 자유로운 경우에도 이와 같은 생산성의 격차가 나타나는 것은 선진국과 개발도상국 근로자들의 숙련도 차이도 선진국의 선진 기술이 개도국에서 이용되기 어렵기 때문에 발생한다(Acemoglu and Zilibotti, 2001).

브레이버만이나 장하준의 주장과는 달리 기술 수준과 생산성이 높은 국가일수록 숙련 노동력이 상대적으로 풍부하고 이는 그 국가의 전반적인 교육 수준, 특히 고등교육 수준이 높음을 의미한다.

장하준이 고등교육과 국가의 생산성이 별 관계가 없음을 보여준 예로 제시한 스위스를 보자. 스위스가 상대적으로 낮은 대학 진학률에도 불구하고 세계 최고의 국민 생산성을 기록하고 가장 부유한 나라가 되었다는 것이 고등교육과 생산성 그리고 경제성장은 무관하다는 것을 보여주는 예라고 장하준은 주장한다. 그러나 한 나라의 전반적이 지식이나 기술 수준을 고려하지 않고 단순히 대학 진학률을 근거로 경제 발전에 끼치는 고등교육의 중요성을 평가하는 것은 적절하지 못하다. 스위스의 대학 진학률이 다른 유럽 선진국들에 비해 상대적으로 낮은 것은 직업교육이 발달되어 있어 고등교육이 대학 교육과 고등 직업 교육으로 분화되어 있기 때문이다.

스위스에서는 의무교육 9년(초등, 중등 교육) 이수 후 대학 진학을 위한 일반 고등학교, 교원 양성 학교, 그리고 직업학교 등으로 나뉘어서 진학한다. 직업학교에 진학하면 도제 수업을 통해 학교와 기업을 오가면서 직업교육을 받고 졸업 후에 취업을 한다. 물론 직업학교에 진학하더라도 진로 수정은 자유롭고 직업학교 졸업 후에도 고급 직업 교육 기관인 응용과학대학에 진학할 수 있다. 장하준이 이야기한 대학 진학률은 OECD에서 발표한 고등교육 입학률 중 학업 지향적인 A유형 고등교육 입학률을 말하는 것으로 보인다. 왜냐하면 스위스의 A유형 고등교육 입학률이 1995년 17%에서 2000년대에는 40% 부근까지 상승한 것으로 볼 때 대학 진학률에 고급 직업 교육 기관인 응용과학대학 등 직업 지향적인 B유형 고등교육 입학률은 포함하고 있지 않은 것으로 판단되기 때문이다. 스위스의 직업 지향적인 B유형 고등교육 입학률은 1995년 29%에서 2000년대에는 20% 미만으로 하락하였다. A유형과 B 유형을 함께 고려할 경우 스위스의 대학 진학률이 그리 낮다고 보기는 어렵다.

우리나라처럼 대학 진학률이 80%가 넘으면 학력 인플레이션의 문제와 그에 따른 청년 실업의 증가와 같은 후유증이 나타날 수 있다. 그러나 이미 언급한 바와 같이 대학 진학률이 그 나라 고등교육의 수준을 말해주는 것은 아니다. 스위스의 대학 과정은 현재 미국식으로 학사와 석사 과정으로 분리되고 있지만 원래 4년 반에서 5년 과정으로 대학을 졸업하면 석사 학위를 받는 방식이었다. 또한 스위스 대학은 교육과 연구의 수준이 매우 높기로 정평이 나 있다. 예를 들면 스위스의 취리히 연방공과대학(ETH)은 아인슈타인을 포함해 21인의 노벨상 수상자를 배출하였고 유럽에서 최고 수준의 대학으로 평가받고 있다.

스위스는 인구 대비 노벨상 수상자와 특허 건수가 세계 1위이며 GDP 대비 논문인용비율, 인구 대비 과학 및 공학논문비율도 세계 최상위권이다. 이에 따라 세계 최고의 첨단 기술을 보유하고 있고 소위 하이테크 산업에서도 선도적인 위치에 있다. 이와 같은 사실은 스위스의 과학기술 수준이 매우 높음을 보여주는 것이고 이를 뒷받침하고 있는 것은 양질의 수준 높은 고등교육이다. 스위스의 수준 높은 고등교육이 높은 과학기술 수준을 뒷받침하고 있으며 높은 과학기술 수준이 생산성 향상 및 경제성장에 크게 기여하여 스위스가 세계에서 소득 수준이 가장 높은 나라가 되었다는 점은 주지의 사실이다. 스위스가 고등교육이 생산성, 경제성장과 무관함을 보여주는 예라는 장하준의 주장이 잘 못되었음은 명약관화하다.

　장하준은 고등교육과 무관하게 세계에서 가장 부유한 나라가 된 예로 스위스를 들었지만 스위스는 오히려 장하준의 처방과는 완전히 반대되는 제도적 기반을 통해 세계에서 가장 부유한 나라가 된 대표적인 예라고 할 수 있다. 스위스는 유치산업 보호와 같은 장하준식 처방과 달리 유럽에서 가장 높은 경제적 자유[7]를 구가하고 있는 나라이다. 선진국 중 가장 낮은 세율, 규제가 적은 기업 환경 그리고 자유무역을 통해 높은 소득 수준을 유지하고 있는 대표적인 국가이다. 스위스는 식품, 서비스, 정밀기계, 섬유, 화학 등 다양한 분야의 산업에서 세계적인 기업과 경쟁력을 갖추고 있으나 정부가 특정 산업을 육성, 지원한 예는 전혀 없다. 또한 주요 대기업이 경제에서 차지하고 있는 비중이 높아 경제력 집중이 높음에도 대기업에 대한 차별적 규제가 존재하지 않는 등 시장 개입을 하지 않는, 작은 정부의 원칙을 가장 충실히 지키고 있는 국가이다.

장 하 준 은　이 렇 게　말 했 다

　장하준은 GM의 예를 들면서 기업을 위해서도 규제가 필요하다고 주장한다(Thing 18. GM에 좋은 것이 항상 미국에도 좋은 것은 아니다). GM의 사례가 기업과 국가의 이익이 충돌할 가능성에 대해 유익한 교훈을 주고 있다는 것이 그의 견해이다.

　GM이 경쟁력 제고보다는 정부에 대한 로비, 금융 진출, 경쟁 업체의 인수·합병 등 단기적으로 기업에 이익이 되는 행동을 취했다는 것이다. 이러한 GM의 행태는 결과적으로 기업의 이해 당사자인 노동자, 납품업체, 그리고 국가에 손실을 끼쳤으며 장

기적으로는 기업 자체에도 손해를 가져왔다는 주장이다.

즉, 기업에 대해 규제를 적게 한 것이 부동 주주 및 경영진을 제외한 기업의 이해 당사자와 국가에 엄청난 손실을 가져올 수 있다는 점을 GM의 예를 통해 알 수 있다는 것이다.

이 런 말 은 하 지 않 았 다

장하준은 주주 가치 극대화가 기업과 국민경제에 더 부정적이라는 근거로 GM의 예를 들고 있다.

그러나 그의 주장과는 달리 GM의 몰락은 경영진이 주주 가치 극대화가 아닌 이해 당사자, 특히 노조의 요구에 굴복한 것이 근본적인 원인이었다. 1990년대 빈번하게 발생한 파업을 수습하기 위해 GM 경영진은 전미자동차노조(UAW)의 요구를 계속 수용하여 임금 인상과 더불어 근로자와 그 가족, 퇴직자 및 미망인에게까지 의료비 및 연금 혜택을 부여하였다. 이에 따라 복지에 드는 비용(legacy costs)이 급증하여 고비용 구조가 고착화되었고 이는 GM의 가격 경쟁력을 떨어뜨리는 결정적인 원인이 되었다. 또한 1990년대 GM과 노조의 합의는 기존 사업장 이전도 불가능하게 만들어 사업의 신축성을 크게 감축시켰다. 기존 사업장을 의무적으로 유지해야 한다는 노조와의 합의로 기존 생산 라인의 교체가 어려워졌으며 구형 모델의 생산이 지속되는 결과를 낳았다.

구형 모델 생산의 지속은 수익성 악화와 그에 따른 신규 모델 개발을 위한 투자의 감소로 이어져 GM의 경쟁력 약화, 시장점유율의 감소에 크게 영향을 주었다. 따라서 GM의 예는 주주 가치 극대화의 문제가 아니라 주주가 아닌 다른 이해 당사자들의 요구에 경영진이 부응하여 기업 경영이 비효율적으로 돌아감으로써 몰락에 이르게 한 대표적인 케이스라고 할 수 있다.

GM이 몰락한 진짜 이유는 따로 있다

GM의 사례는 장하준의 주장처럼 기업이 단기적 이익을 위해 노동자, 하청 기업을 쥐어짠 것이 아니라 주주를 제외한 여러 이해 당사자가 경영에 간섭함으로써 비효율적인 고비용 구조가 되었고 신축성이 떨어져 경쟁력을 상실한 경우이다. 1990년대 빈번했던 파업의 수습을 위해 전미자동차노조(UAW)가 요구한 임금 인상과 연금 확충을 계속 수용하여 퇴직자를 포함한 근로자들에 대한 연금 및 의료비 지원 비용이 급격히 증가했다. 특히 퇴직자와 이미 사망한 근로자의 미망인에 대한 연금과 의료비까지 회사에서 부담하게 되었다. 이 때문에 자동차 한 대당 2,000달러의 직원 및 가족의 복지비용이 소요되는 고비용 구조가 심화되었고 이것이 GM의 가격 경쟁력을 크게 약화시켰다. GM은 1990년 노사 간 합의로 막대한 비용을 지불하지 않고는 해고가 어렵도록 하였다.

또한 공장 이전이나 폐쇄와 같은 경영 사안에 노조가 참여하도록 하여 경영의 신축성을 감소시켜 경쟁력을 상실했다. 비효율적인 사업장을 유지하도록 노사가 합의함으로써 기존에 생산하던 다양한 차종이 디자인과 품질 개선 없이 지속적으로 생산되는 결과를 초래하였다.

소비자 선호의 변화에 대해 신축적으로 대응하지 못한 것도 GM이 경쟁력을 상실하게 된 주요 원인 중의 하나였다고 볼 수 있다. 임금 인상, 연금·의료비 혜택에 대한 노조의 요구가 수용되었을 뿐만 아니라 노조의 경영 참여까지 합의한 GM의 경영 방식은 한때 이해 당사자가 경영을 감시하는 모범적인 기업 지배 구조로 칭송받기도 하였다. 그러나 이해 당사자의 경영 통제가 반영된 기업 지배 구조가 결과적으로 GM의 몰락을 초래한 결정적인 원인이었다. 반면에 유럽, 일본, 한국의 경쟁 업체들은 GM에 비해 상대적으로 소비자 선호에 신축적으로 대응하였다.

GM의 몰락을 근거로 기업에 대한 과소 규제가 이해 당사자와 국가에 엄청난 손실을 초래할 수 있다는 주장은 논리적으로 적절하지 않고 사실과도 부합하지 않는다.

과도한 규제는 시장을 왜곡한다

기업에 대한 과도한 규제는 오히려 시장을 왜곡하는 부작용을 발생한다.

예를 들면 가격에 대한 규제가 대표적이다. 시장경제에서 가격은 투자와 생산에 대한 시장에서의 가치 평가를 반영한다. 시장의 평가는 어떤 특정한 시기에 행해지는 경제활동이 얼마나 유용한지 가치를 부여한다. 이러한 평가에 따라 생산자는 무엇을 얼마나 생산하고 어떻게 판매하며 어느 정도의 위험을 부담할 것인가를 결정한다. 기업은 이러한 시장의 평가에 따라 이에 적합한 기업 조직을 구성하고 재무구조를 결정한다. 소비자도 시장에서 결정된 가격을 통해 자신에게 가장 적합한 소비 수준을 결정한다.

그런데 정부가 어떤 목적을 가지고 가격에 대한 규제를 하는 경우, 시장의 평가는 가격에 제대로 반영되지 못하고 왜곡된다. 왜곡된 가격에 의해 전달되는 인센티브는 신뢰할 수 없으므로 가격은 신호 기능을 수행하지 못하게 된다. 이렇게 왜곡된 가격이 제공하는 인센티브는 시장의 평가와는 동떨어진 것으로 자원배분을 왜곡한다. 예를 들어 어떤 재화에 대해 가격 상한제를 실시하면 수요에 비해 공급이 부족하게 되며 시장 평가에 비해 과소한 수준의 자원이 배분된다. 또한 이 재화를 생산하는 기술을 개발하고 혁신(innovation)을 하려는 노력도 사라진다. 반대의 경우, 즉 정부가 특정 재화의 생산에 보조금을 주거나 가격 하한제를 실시하면 수요에 비해 공급이 넘쳐 이 부문에 과도한 자원이 몰리고 가격이 시장 평가에 비해 높게 형성되므로 이 역시 혁신을 하려는 이유를 찾지 못하게 만든다.

따라서 특정한 분배나 자원 배분 결과를 얻기 위해 가격을 규제하면 규제되는 부문뿐만 아니라 경제 전체가 비효율적으로 변한다. 자원 배분이 지속적으로 왜곡되면 자본주의가 지탱하는 근간인 이윤을 남기겠다는 동기가 희미해진다. 즉, 기업에 대한 규제는 자원분배를 왜곡시켜 기술 진보와 생산성 향상을 제약하게 되고 결과적으로 경제의 지속적인 성장을 어렵게 한다.

현대 자본주의 경제는 계획경제가 아니다

장 하 준 은   이 렇 게   말 했 다

장하준은 우리는 여전히 계획경제 속에 살고 있음을 강조한다(Thing 19. 우리는 여전히 계획경제 속에서 살고 있다). 그는 먼저 공산주의 계획경제 시스템이 견고한 논리적 기반 위에 있다고 주장한다. 즉, 공산주의의 중앙 계획 시스템은 사전 조정을 통해 시장 경제 시스템보다 경제를 훨씬 더 효율적으로 운영할 수 있다는 것이다. 그러면서 중앙 계획 시스템이 실패한 이유는 경제가 발전하면서 생산할 제품의 수가 많아지고 종류가 다양해져 중앙 계획이 갈수록 어려워졌기 때문이라고 주장한다. 또한 자본주의 국가의

정부도 경제를 계획하여 전체 경제에 영향을 미친다는 점을 지적하고 있다. 국영기업의 운영, 연구 개발에 대한 투자 등에서 보듯이 정부에 의한 경제계획은 광범위하게 확대되고 있다고 주장한다. 현대 자본주의 경제는 각 기업의 내부 계획과 정부의 다양한 계획들을 합치면 고도의 계획경제이며, 문제는 적절한 계획의 형태와 수준을 정하는 것뿐이라고 주장한다.

이런 말은 하지 않았다

장하준은 현대 자본주의 경제가 고도의 계획경제라고 주장한다. 기업의 내부 계획과 정부의 다양한 계획들을 합치면 이것이 바로 고도의 계획경제라는 것이다. 기업은 무엇을 얼마만큼 어떻게 생산할 것인지를 결정하고, 장기적 이윤 극대화를 위한 연구 개발 등의 혁신 활동을 수행한다. 이와 같은 생산적 활동을 효율적으로 수행하기 위해 작성되는 기업의 사업 계획은 이윤 동기에 근거한다는 점에서 정부의 계획과 근본적인 차이가 있다.

따라서 기업의 계획과 정부의 계획을 단순히 계획이라는 공통점만을 고려하여 현대 자본주의 경제가 고도의 계획경제라고 주장하는 것은 기업 계획과 정부 계획의 본질적 차이를 무시하여 본질을 오도하는 주장이다.

장하준의 논리대로라면 중국의 열악한 공장 환경은 노동자들의 육체적·정신적 건강을 해쳐 장기적으로 노동력의 질을 떨어뜨리게 된다. 따라서 정부의 규제가 필요한 부분이라는 결론이 나온다. 그러나 중국의 개혁·개방 과정에서 나타난 열악한 공장 환경은 경제성장을 통해 더 풍요롭고 잘사는 나라로 가는 발판이 되었다. 열악하지만 그 공장 환경은 중국이 개혁·개방을 시행하기 전, 마오(Mao) 시절 수천만 명을 굶어 죽게 만든 '대약진 운동[1]' 등 사회주의 계획경제 시책에 비하면 비교할 수 없이 좋은 대안이었으며 번영으로 가는 길의 한 과정이었다고 평가할 수 있다.

'대약진 운동'의 예에서 보듯이 사회주의 계획경제는 그 자체의 문제점으로 대재앙을 가져올 수 있음을 알 수 있다.

공산주의 실패가 단순히 경제의 복잡성 때문만은 아니다

공산주의 실패의 원인이 경제의 복잡성에 있다는 장하준의 주장에 대해 살펴보자. 경제가 발전하면서 생산할 제품의 수와 종류가 다양해져 중앙 계획이 갈수록 어려워졌기 때문에 공산주의의 중앙 계획 시스템이 실패했다는 주장은 일면 타당한 주장이다. 그가 말한 바와 같이 현대 경제는 매우 복잡하다. 수천만 가지의 재화와 서비스가 수많은 장소에서 생산되고 거래된다. 이런 상황에서 공산주의 혹은 사회주의 계획경제가 성공하려면 경제를 디자인하는 관료들은 모든 지역의 모든 생산자와 소비자에 대한 모든 정보를 가지고 있어야 한다. 예를 들면 정부가 특정 제품에 대한 생산계획을 세우기 위해서는 관련 기업이 갖고 있는 생산능력, 그 기업에 필요한 원료와 부품의 종류·수량·시기에 대해 알아야 하고, 그 제품에 대한 수요와 수요자들의 취향, 그리고 필요한 시기에 대해서도 알아야 한다. 사회주의 계획경제의 중앙 계획 시스템이 작동하기 위해서는 계획을 수립하는 관료나 전문가들이 모든 재화·서비스에 대해 이런 정보를 획득하여야 한다.

그러나 계획을 수립하는 관료들이 수백만 혹은 수천만 명이 개별적으로 갖고 있는 이러한 지식과 정보를 전부 파악하는 것은 애초에 기술적으로 불가능하다. 개별 기업·생산자, 그리고 소비자가 가지고 있는 이러한 지식·정보는 계속해서 변화하기 때문에 이를 시기별로 전부 수집하는 것도 역시 불가능하다. 더구나 지식이나 정보는 무상으로 주어지는 것이 아니다.

개인이 가지고 있는 지식과 정보를 다른 사람이 습득하기 위해서는 그에 따른 비용이 든다. 한 국가의 모든 생산과 소비를 중앙의 계획에 의해 운영하려는 사회주의 계획경제의 중앙 계획 시스템은 계획의 수립을 위해 모든 생산자 및 소비자가 지니고 있는 지식·정보를 습득해야 하는데, 이에 드는 비용은 산정할 수가 없다. 따라서 중앙에서 이를 모두 수집하여 계획을 세우는 것은 불가능하다. 몰락하기 이전의 소련이나 현존하는 북한과 같은 사회주의 국가의 특징을 보면 국가나 당의 지도자들이 현장 지도를 자주 다닌다. 현장 지도는 사회주의 국가의 독재자를 훌륭한 지도자라는 이미지로 각인시키기 위한 정치적 목적이 강하지만, 정치적 목적 외에도 현장의 지식이나 정보를 습득하기 위한 목적도 포함되어 있다. 그러나 현장 지도나 현장 체험을 한다고 해서 계획 수립에 필요한 현장 지식을 모두 수집할 수 있는 것은 아니다. 사회주의 국가가 국가의 체제를 매우 강압적이고 강력한 통제를 통해 유지하려고 했던 것은 결코 우연이 아니며, 애초부터 작동이 불가능한 계획경제 시스템을 작동하기 위해 필연적으로 나타나는 현상이다.

계획경제의 실패 원인

계획경제가 실패할 수밖에 없는 근본적인 원인은 지식의 문제 때문이다. 즉 경제가 발전하면서 생산할 제품의 종류와 수가 다양해져 중앙계획이 갈수록 어려워졌기 때문이라는 장하준의 주장은 일견 타당해 보인다. 그러나 문제는 공산주의의 중앙 계획 시스템이 견고한 논리에 기반을 두고 있다는 장하준의 기본 전제에 있다. 이것은 생산수단을 사회가 소유하고 사전 조정을 통해 시장경제 시스템보다 경제를 훨씬 효율적으로 운영할 수 있다는 전제이다.

지식의 문제와 더불어 공산주의가 실패한 또 다른 원인은 재산을 개인이 소유하지 못하게 함으로써 이윤 동기가 사라진 데 있다. 장하준은 자본주의 사회에서 경제계획과 자본가가 생산하는 물량 사이의 괴리 때문에 나타나는 생산의 무정부성을 생산수단의 사회화를 통해 중앙계획 시스템으로 조절할 수 있다는 것이 견고한 논리라고 하였다. 그러나 이것은 마르크스가 이야기한 소위 생산의 사회화 원인을 간과한 것이다. 소위 생산의 사회화라고 일컫는 현상은 사적 소유가 보장되는 시장경제에서 개인들이 이윤을 남기기 위해 행하는 분업 및 자발적 협조에 의해 거래, 생산, 전문화가 확대되는 현상이다. 따라서 사적 소유가 철폐되면 이윤 동기가 제거되고 이에 근거한 시장에서의 거래, 생산 및 분업, 그리고 전문화의 확대가 나타나지 않게 된다. 소유 관계의 변화는 사회적 협조의 기반인 이윤 동기라는 유인 체계를 파괴하는 것이다. 이를 대체한 사회주의 계획경제는 정부의 명령과 지시를 통해서만 작동될 수 있다.

사회주의 계획경제는 개인들이 혁신과 전문화를 꾀하려 하지 않기 때문에 자발적 협조에 의한 생산과 분업의 확대를 기대하기 어렵다. 사회주의 계획경제는 지식의 문제와 더불어 이윤 동기의 문제점으로 실패할 수밖에 없는 운명이었다.

그럼에도 자유로운 시장경제보다는 부분적으로 정부의 계획이나 규제가 적절히 혼합되어 있는 경제가 도덕적으로 우월하고 경제적으로도 더 우월하다는 견해도 있다[2]. 이러한 견해는 장하준의 주장과 맥을 같이 한다. 그는 모든 국가와 기업들이 계획을 세우며 각각의 다른 경제 부문에 적절한 계획의 형태와 수준을 정하는 것만이 문제라고 주장한다.

그렇다면 정부 계획의 형태와 수준은 어떤 경우에 적절하다고 할 수 있는가? 정부의 계획이 성공하는 경우는 계획이 시장 친화적일 때에 한정된다. 국민의 정치·경제적 자유의 보호, 즉 치안·국방과 재산권의 안정적 보장 등 시장의 원활한 작동에 도움이 되는 제도의 수립 혹은 제도의 개선이 이루어지는 경우에는 정부의 계획이 경제에 긍정적 영향을 미친다. 또한 정부가 개인과 기업이 각각 비교 우위가 있는 부분에 특화할 수 있도록 유인하는 체계를 구축하는 경우에도 경제성장 및 발전에 긍정적인 영향을 준다.

유도계획은 시장 친화적 제도이다

장하준이 말하는 소위 '유도계획'이 성공하려면 시장 친화적 체계 구축에 기여해야 한다. 예를 들어 '수입대체 공업화'와 같이 비교 우위가 있는 부분에 특화할 수 있는 시장 친화적 체계와 반대되는 정부 계획은 경제에 긍정적 영향을 미칠 가능성이 낮다[3].

여기서 다시 지식의 문제를 거론할 필요가 있다. 자본주의 시장경제에서도 정부가 계획을 통해 전체 경제에 영향을 미치고 있으며 정부에 의한 경제계획은 광범위하고 갈수록 확대되고 있다는 것이 장하준을 비롯한 설계주의자들의 주장이다. 이들의 주장에 따르면 시장에서 정부의 계획으로 시장에서의 가격 조정 과정을 통제함으로써 목표로 하는 특정의 분배 결과나 자원배분 결과를 얻을 수 있다는 것이다. 전면적인 사회주의 계획경제에서는 시장경제가 완전히 배제되어 가격이 중앙 계획자(central planner)에 의해 결정되고 가격이 시장에서 정보를 전달하는 기능이 사라진다. 반면 정부의 계획으로 시장의 조정기능을 통제하는 경우 부분적이라도 시장경제가 점차적으로 정부의 역할로 대체된다.

이런 대체 과정을 통해 목표로 하는 특정의 결과를 얻기 위해서는 전면적인 사회주의 계획경제에서와 마찬가지로 생산자와 소비자에 대한 지식과 정보를 습득해야 한다. 이 경우 시장경제의 보이지 않는 거대한 의사 소통 체계에서 가격에 반영되거나 가격을 통해 전달되던 각종 지식과 정보가 정부 관료와 전문가의 지식과 정보로 대체된다. 정부가 계획을 통해 목표를 달성하기 위해 필요로 하는 지식과 정보는 각처에 분산되어 있다. 정부는 분산되어 있는 지식과 정보를 모아서 가공해야 하고, 이렇게 가공된 지식과 정보를 이용해 계획을 수립해야 한다. 시장경제를 완전히 대체하는 계획이 아닌 부분적인 정부의 계획이라고 해도 그 계획에 직·간접적으로 영향을 받는 생산자와 소비자는 매우 많다.

이 수많은 생산자와 소비자가 가지고 있는 개별적인 지식과 정보, 생산 현장에서 습득한 지식, 각 지역의 문화 및 전통과 그에 따른 개별 소비자들의 선호도, 그 외의 수많은 지식과 정보들은 특정한 개인들의 고유한 지식이다. 정부가 분산되어 있는 이렇게 수많은 지식과 정보들을 모두 모아 계획을 수립한다는 것은 원천적으로 불가능하다. 따라서 시장경제 전부가 아니라 정부가 시장을 부분적으로 대체하여 계획을 통해 특정한 결과를 시장에서 달성하려는 경우에도 지식의 문제는 발생하고 전면적인 사회주의 계획경제와 본질적으로 다르지 않다.

따라서 시장을 대체하려는 정부의 계획이 아닌, 경제주체들이 비교우위가 있는 부분에 특화하도록 시장 친화적 시스템 구축에 기여하는 정부의 계획만이 지식의 문제를 발생시키지 않고 경제에 긍정적 영향을 미칠 수 있다.

결과가 균등하면 발전이 없다

장 하 준 은 이 렇 게 말 했 다

장하준은 다음과 같은 두 가지 근거를 들어서 '기회의 균등' 만으로는 공정한 소득분배가 보장되기 어렵다고 주장한다(Thing 20. 기회의 균등이 항상 공평한 것은 아니다).

첫째, 교육의 성과는 학교 환경뿐만 아니라 가정환경의 영향이 크다. '기회의 균등' 정책은 소득 계층과 관계없이 동등한 학교 환경을 제공하는 정책이다. 그러나 가정환경이 어려운 학생은 같은 학교 환경에서도 학업 성취도가 낮으며 인적 자본 축적이 부진하다. 즉 기회가 제공되어도 이를 활용하는 데 근

본적인 한계가 있다. 따라서 소득재분배를 통해서 가정환경을 균등화해야 저소득층 자녀들도 인적 자본을 축적할 수 있다.

둘째, 인적 자본의 가치는 외부의 충격에 취약하다. 무역 개방 혹은 급격한 기술 진보와 같은 외부적 충격이 발생하면, 산업구조가 급격하게 재편되면서 특정 산업이 갑자기 몰락할 수 있다. 이 경우 그 산업에 오래 종사하던 근로자들의 인적 자본은 그 산업에 특화되어 있어서 다른 산업에서는 생산성이 떨어지는 경우가 많다. 따라서 몰락한 산업에 종사하던 근로자들은 소득이 급격하게 하락할 수 있다. 장하준은 이 소득 하락은 근로자 개인에게 책임을 지울 수 없으므로 '공정하다' 라고 할 수 없으며, '기회의 균등' 정책으로는 이러한 문제를 해소할 수 없다고 주장한다. 따라서 장하준은 국가가 사회보험을 통해서 이들의 소득을 지지하고, 교육 훈련을 제공하여 인적 자본 축적의 기회를 보장해야 한다고 주장한다.

이 런 말 은 하 지 않 았 다

장하준은 소득재분배를 통해 '결과의 균등' 을 달성하지 않으면 교육 기회의 균등을 보장하는 정책은 성과가 제한적이고, 외부의 충격 탓에 발생하는 구조적 실업처럼 인적 자본 가치가 급격히 하락하는 현상에 대응하기 어렵다고 주장한다.

그러나 장하준은 소득재분배 정책이 근로자가 스스로 인적 자본을 축적하려는 의지를 약화시키고, 민간 재취업 서비스 시장의 성장을 위축시켜서 실업을 만성화하는 부작용이 있다는 것을 고려하지 않고 있다. 실제로 OECD 유럽 선진국들은 정부가 취업 알선을 위해서 GDP의 1.3%를 지출하고 있음에도 불구하고, 1년 이상 장기 실업자들이 실업자의 34.6%에 달한다. 결국 '결과의 균등'은 구조적 실업 문제를 해소하기보다는 더 악화시킨다. 그래서 선진국들은 주로 학교 환경의 균등화에 초점을 맞추고 소득재분배보다는 유자녀 가족에 대한 조세 특례와 같이 양육 비용을 지원하는 방식을 사용하여 노동시장의 기능을 유지하고 있다. 장하준의 표현을 빌리면 '결과의 균등'은 '공정한 사회'를 이룩하는 데 도움을 주지도 못하고, 장기 실업을 만성화시키는 문제점이 있다.

신고전학파 경제정책의 비공정성

신고전학파 경제정책은 노동시장의 소득분배 기능을 강화하기 때문에 소득 격차를 확대하는 경향이 있다. 노동시장에서 소득은 인적 자본 수준에 의해 결정되고, 인적 자본의 수준은 개인의 능력과 관계없는 외부 환경의 영향을 받을 수 있다. 따라서 신고전파 경제정책에 의한 소득 격차는 '공정하지 못하다'는 비판을 받을 수 있다. 이에 대응하는 방법은 인적 자본을 축적할 기회를 균등하게 부여하는 '기회의 균등' 방식과 소득재분배를 통해 소득분배의 불공정성을 교정하는 '결과의 균등' 방식이 있다. '기회의 균등' 방식은 인적 자본 축적의 기회를 소득에 관계없이 평등하게 제공하되, 소득 격차는 교정하지 않는 방식이다.

의무교육, 학자금 지원, 학생 대상 급식 및 의료 서비스 제공 등 주로 저소득층에게 교육의 기회를 제공하는 데 초점을 둔 정책이 '기회의 균등' 방식에 해당한다. 보다 범위를 확대하면 저임금 근로자들을 위한 재취업 교육 같은 졸업 후 교육 서비스 제공까지도 이 범주에 포함시킬 수 있다. 반면에 '결과의 균등' 방식은 '공정하지 않은' 소득 격차 자체를 소득분배로 교정한다. 각종 사회보험 및 저소득층 소득 지원이 이에 해당한다. 장하준은 '기회의 균등' 방식의 한계를 지적하고 '결과의 균등' 방식을 추구할 것을 주장한다. 그러나 '결과의 균등' 방식은 인적 자본 축적을 저해하여 전반적인 소득수준을 악화시키는 단점이 있으므로, 저소득층 양육 보조금과 같이 제한적으로만 사용하는 것이 바람직하다.

신고전파 경제정책은 생산성에 따라 소득을 배분하는 노동시장의 장점을 최대한 활용한다. 소득이 생산성에 의해 결정되면, 생산성이 높은 근로자들은 소비자들이 선호하는 상품의 생산에 우선 투입되어 노동이 효율적으로 배분된다. 동시에 근로자들은 생산성을 제고해야 할 요인이 생기므로 단기적으로는 업무 몰입도가 증진되고, 장기적으로는 인적 자본 투자가 촉진되어 생산성이 증대한다. 이러한 장점을 확대하기 위해서는 생산성과 관계없는 소득을 축소하여야 한다. 그렇기 때문에 신고전파 경제정책은 소득재분배에 소극적이다.

노동시장의 소득 결정 방식은 인적 자본 축적이 부족하여 생산성이 낮은 근로자에게는 불리할 수밖에 없다. 문제는 인적 자본 수준은 근로자 개인으로서는 선택의 여지가 없는 환경의 영향을 받을 수 있다는 데 있다. 예를 들어 저소득층 가정의 청소년들은 교육비용이 부족하여 교육 수준이 낮은 경향이 있으며 이들은 인적 자본이 부족한 상태에서 노동시장에 참여하게 된다. 신고전파 경제정책은 이렇게 개인의 책임이 아닌 소득 격차를 허용하기 때문에 '공정하지 않다'라는 비판이 존재한다.

학교 환경의 균등화

장하준은 교육 분야에서의 불평등 문제와 인적 자본의 취약성을 근거로 '기회의 균등'만으로는 공정한 소득분배가 보장되기 어렵다고 주장한다.

우선 교육 기회의 균등 문제부터 살펴보자. 교육의 성과가 가정환경에 영향을 받는다는 장하준의 지적은 어느 정도 타당하다. 그러나 모든 학생이 동등한 학교 환경 및 가정환경에서 학업 성취를 추구할 수 있을 정도의 '기회의 균등'을 제공하기는 현실적으로 어렵다. 교육은 최소 10년 이상이 소요되는 장기적인 인적 자본에 대한 투자 과정이고, 가정환경에 대한 투자까지 고려하면 그 소요 비용이 매우 크다. 교육에 관련된 가정환경의 차이는 가정의 소득뿐만 아니라 재산의 수준에 많은 영향을 받는다. 일반적으로 소득 불평등보다 자산 불평등이 훨씬 심하기 때문에, 소득재분배 정책을 활용한다고 해도 교육과 관련된 가정환경의 격차는 해소하기 어렵다[1]. 더욱이 무리한 소득재분배 정책은 인적 자본을 축적할 개인적인 의지를 약화시키기 때문에 저소득층 자녀의 학습 동기를 저해할 위험도 있다. 결국 '기회의 균등'은 적절한 타협점을 찾아야 하는데, '학교 환경'의 균등화는 노동시장에 미치는 악영향을 최소화할 수 있는 타협점이다.

실제로 소득재분배에 매우 소극적인 미국도 교육에 대한 정부 투자는 매우 활발하다. 2006년 현재 미국 공공 지출의 10%는 교육에 할애되고 있으며, 이는 OECD 유럽 선진국 평균인 8.4%보다 높다[2]. 그중 고등교육(Tertiary education) 지출은 3.9%로 OECD 평균인 3.1%보다 높다. 미국은 1862년 '국토공여대학법(Land Grant Act)' 제정을 통해 주립 대학을 설립하여 저소득층에게 고등교육 기회를 제공하였고, 1944년 '참전군인적응법(Servicemen's Readjustment Act: G.I. Bill)'을 제정하여 2차대전 참전 군인들에게 대규모의 학자금을 지원하였다. 그리고 1960년대부터는 적극적 교육기회 균등화 정책(Affirmative Action)을 통해서 소외 계층에게 교육 기회를 확대하였다. 장하준은 '기회의 균등' 정책의 한계를 강조하지만, 이들 정책은 나름대로 많은 성과를 거두었다. 1900년대 미국 하원의원 중 여성과 흑인은 전혀 찾아볼 수 없었지만, 1990년대에는 여성이 12%, 흑인은 8%에 달하였고(Temin, 1998) 1990년대 미국 재계 엘리트의 42%, 하원의원의 45%는 국공립대학에서 배출되었다(Temin, 1997).

또한 장하준이 염려하는 가정환경에서의 소득 격차는 저소득층 대상 자녀 양육비 지원을 통해서 어느 정도 해소가 가능하다. 대부분의 선진국들은 이를 목적으로 유자녀 가정에 대하여 조세 특례를 제공하고 있다. 2010년 현재 미국의 맞벌이 가정 중 자녀가 2명인 가정의 평균 실효세율(average tax wedge)은 자녀가 없는 가정보다 5.5%p 낮으며, 이는 OECD 유럽 국가의 5.0%p와 유사한 수준이다[3]. 이러한 정책은 학령기 유자녀 가정만을 지원 대상으로 한정하며, 근로를 전제로 하기 때문에 노동시장을 왜곡하는 부작용이 적은 편이다.

민간 재취업 시장의 숙성

사양산업 근로자들의 재취업 문제는 공공 교육 문제보다 한층 더 논쟁의 소지가 크다. 장하준은 이들에게 국가가 실업보험, 취업 알선, 직업교육을 제공해야 한다고 주장하지만 이는 재취업 서비스 시장에서 해결할 수 있다. 정부의 개입이 지나칠 경우 근로자의 구직 의욕이 감소하고 재취업 서비스 시장의 성장이 위축되면서 장기 실업이 만연될 위험이 있다.

장하준이 지적하는 문제는 경제학적 용어로 구조적 실업 문제이다. 구조적 실업은 산업구조의 변화에 따라 사양산업 근로자들이 새로운 산업에 취업하기 어려워져서 발생하는 실업이다. 이직 과정에서 발생하는 마찰적 실업[4]이나, 경기변동에 의해 발생하는 계절적 실업[5]은 재취업이 비교적 용이하다. 그러나 구조적 실업은 근로자의 인적 자본 구성이 변화하여야 해소가 가능하기 때문에 단기간에 조정되기 어렵다. 그렇기 때문에 장하준은 그의 서적에서 국가의 개입이 필요하다는 주장의 근거로 삼았다.

그러나 실업보험은 근로자가 인적 자본을 축적할 유인을 약화시키고, 실업자의 구직 의욕을 떨어뜨리는 문제가 있다. 기술의 진보와 상품 수요의 변화에 따라 노동시장도 지속적으로 변화한다. 현재 취업자들도 이러한 변화를 반영하여 자신의 인적 자본에 지속적으로 재투자를 해야 고용을 안정적으로 유지할 수 있다. 그런데 높은 수준의 실업 보험이 제공된다면 이 보험의 이득을 재투자를 하지 않더라도 소득이 유지된다. 따라서 재투자할 명목이 사라진다.

민간 재취업 서비스 시장의 관점에서 보면, 국가의 실업보험 및 취업 교육은 재취업 서비스 시장의 성장을 지체시키는 심각한 문제점이 있다. 우선 근로자들이 재취업 서비스를 이용할 이유가 없어져 재취업 서비스 시장의 수요를 약화시키는 역할을 한다. 게다가 국가가 교육 훈련과 취업 알선 서비스까지 제공할 경우, 민간 재취업 서비스의 공급도 정부에 의해 시장에서 밀려나게 된다. 따라서 장기적으로는 이러한 개입으로 민간의 재취업 서비스 시장이 성숙할 수 없다.

민간 재취업 서비스 시장은 경쟁을 통해 서비스의 질이 유지·개선될 수 있지만, 국가가 제공하는 재취업 서비스는 경쟁의 압력이 없으므로 서비스의 질을 보장하기 어렵다. 따라서 효율적인 시장기구 대신 비효율적인 정부기구가 재취업 서비스를 관할하는 상황이 될 수 있다. 효율적 재취업 서비스 시장은 실업 기간을 단축하여 재정 부담을 줄일 수 있다. 그러나 정부의 재취업 서비스는 실업을 장기화하고, 재정 부담을 만성화할 위험이 있다. 실제로 2005년 현재 미국 정부는 GDP의 0.3%를 실업자 지원을 위해 지출하는 데 비해서 OECD 유럽 선진국들은 1.3%를 지출하고 있다. 그러나 실업자 중 1년 이상 장기 실업자의 비중이 미국은 12.6%에 불과한 데 비해 OECD 유럽 선진국들은 34.6%에 달한다[6].

장하준과 신고전학파의 견해 차이

장하준과 신고전파 경제학자들 사이에는 노동시장의 소득분배 기능에 대한 견해 차이가 있다. 장하준은 노동시장의 소득분배 기능을 평가절하하고, 정부의 소득재분배로 이를 보완해야 한다고 주장한다. 구체적으로 장하준은 노동시장이 저소득층의 삶의 질을 개선하지 못했으며, 고소득층의 장기근로를 유도하여 삶의 질을 떨어뜨리고 있다고 주장한다. 따라서 노동시장에 접근할 기회를 보장하는 '기회의 균등' 정책을 거부하고, 직접적인 소득재분배를 주장한다.

신고전파 경제정책이 소득재분배 정책보다는 소득 격차를 확대하는 것이 사실이다. 이는 신고전파 경제정책이 소득분배의 기능을 노동시장으로 이양하기 때문이다. 신고전파 경제정책은 노동시장이 단기적으로는 노동을 효율적으로 배분하고, 장기적으로 인적 자본을 축적할 이유가 생기므로 생산성을 제고하는 성과가 있음을 신뢰한다. 그리고 그러한 생산성의 증대가 저소득층의 절대적인 삶의 수준을 높여준다고 믿는다. 이와 같이 노동시장의 기능을 신뢰하기 때문에 국가는 교육을 통해 저소득층의 노동시장 접근 기회를 보장하는 '기회의 균등' 기능을 강조한다.

실제로 신고전파 경제정책이 시행된 1980년대 중반 이후 소득 격차는 확대되었다. 그러나 신고전파 경제정책으로 노동시장이 기능을 회복하면서 저소득층의 소득수준은 향상되었고 빈곤은 억제되었다. 그리고 '기회의 균등' 정책은 소외 계층을 소득 상위 계층에 진출시키는 등 일정한 성과가 있었다. 반면 소득재분배 정책은 노동시장 참여 유인을 제약하고, 실업자의 장기 실업을 유도하는 폐해가 명백히 드러났다. 장하준의 주장과는 달리 노동시장의 소득분배 기능을 회복시키고, 정부의 소득분배 기능을 약화시킴으로써 저소득층이 누리는 삶의 질은 더욱 증진되었다.

북유럽 국가들도 실업률 때문에 고민한다

장 하 준 은   이 렇 게   말 했 다

장하준은 소득재분배 정책이 직업 탐색 비용을 낮추어 근로자들의 전직(轉職)을 활성화한다고 주장한다. 그러나 장하준은 소득재분배 정책이 직업 간 소득 격차를 축소하여 근로자들이 현 직장에 안주하게 하고, 또한 실업자들이 노동시장에 참여하지 않도록 유도하는 부작용을 무시하고 있다. OECD 선진국들은 복지 지출 및 실업보험 지출 규모가 클수록 장기 실업자 비중이 높으며, 이는 복지 지출은 전직을 촉진하기보다는 장기 실업을 촉진하는 효과가 더욱 강함을 암시한다.

장하준은 노르웨이, 핀란드, 스웨덴의 예를 들어 복지 지출이 경제성장에 도움이 된다고 주장한다. 하지만 이들 북부 유럽 국가들은 노동시장 규제를 완화하고, 실업보험 수혜자들의 구직 활동을 의무화하여 실업자 지원의 부작용을 줄인 국가들이다. 그럼에도 불구하고 이들 국가 역시 민간 노동시장의 위축을 피할 수는 없었으며, 이를 공공 부문의 고용을 확대하여 보완할 수밖에 없었다. 그 결과 재정지출과 조세 부담이 여타 유럽국가들보다 더 크다는 문제를 안고 있다.

장하준은 '큰 정부는 사람들이 변화를 더 쉽게 받아들이도록 만든다'고 주장하지만(Thing 21) 사실 '큰 정부'는 사람들이 장기 실업에 안주하게 만드는 문제점을 안고 있다.

장하준은 복지 지출이 근로 의욕을 약화시키는 문제점을 과소평가하고 있다. 장하준이 지적한 대로 복지 지출은 직업 탐색 비용을 줄여서 직업 이전을 촉진하지만, 동시에 직종 간 임금 격차를 줄여서 직업을 이전할 이유를 없앤다. 그뿐만 아니라 저소득층의 근로소득과 실업소득간의 격차가 축소되므로 저소득층이 노동시장에서 이탈할 우려가 있다. 실제로 실업자에 대한 소득지원 규모가 큰 국가일수록 실업자 중 장기 실업자 비중이 높은 문제를 안고 있으며, 이를 해소하기 위해서 선진국들은 1980년대 이후 실업자에 대한 소득 지원을 점차 감축하고 있다.

복지 정책은 노동시장의 기능을 저하시킨다

장하준은 복지 정책이 이직 비용을 낮추어 근로자들이 고용 안정에 집착하지 않게 하는 이점이 있다고 주장한다. 그러나 그는 복지 정책이 노동의 효율적 배분을 저해하고 실업자를 양산하는 문제는 별로 심각하게 생각하지 않는다. 복지 정책은 부문별 임금 격차를 축소하여 생산성이 높은 근로자들이 가장 수요가 높은 산업으로 배치되는 과정을 지체시키고, 근로자들의 직업 탐색 및 취직 의욕을 낮추어 실업을 조장하는 위험이 있다. 이러한 문제 때문에 1990년대 중반부터 선진국들은 복지 수급자들의 직업 탐색을 의무화하는 적극적 노동시장 정책을 도입하였다. 장하준이 강조하는 스칸디나비아 국가들은 이러한 적극적 노동시장 정책을 통해서 노동시장의 기능을 최대한 보호한 국가들이다.

노동시장은 가장 수요가 높은 상품 생산에 가장 생산성이 높은 근로자를 배치하는 장점이 있다. 이러한 노동시장의 기능이 충분히 발휘되기 위해서 고용주는 생산성에 맞게 소득을 책정해야 하고, 근로자들은 제공되는 소득에 따라 직장을 탄력적으로 옮겨 다녀야 한다. 그래야만 수요가 많은 상품을 생산하는 기업은 높은 임금을 책정하여 생산성이 높은 근로자를 유치할 수 있고, 근로자들은 자신의 생산성에 맞는 임금을 제공하는 직장을 찾을 수 있다. 그런데 복지 정책은 저소득 계층에게는 보조금을 지급하고, 고소득층에게는 세금을 부과하여 근로자의 소득과 생산성과의 관련을 약화시키며, 노동시장의 기능을 저해한다.

근로자들이 직업을 이전하는 과정을 좀 더 자세히 살펴보면, 복지 지출이 어떻게 노동시장의 기능을 저해하는지 알 수 있다. 근로자는 자신이 현 직장에서 평생 벌 수 있는 소득과 옮겨간 직장에서 벌 수 있는 소득을 비교하고, 그 격차가 충분히 커서 직업 탐색에 소요되는 비용을 충당할 수 있을 경우에 직업 이전을 결정한다. 따라서 직업 이전은 직업 간 소득 격차가 클수록, 그리고 직업 탐색 비용이 적을수록 촉진된다. 장하준은 이러한 직업 이전 과정에서 복지 지출이 직업 탐색 비용을 축소하는 역할을 한다고 강조한다. 직업 탐색 비용은 취업 알선 및 직업 훈련 등 취업 서비스를 이용하는 데 필요한 명시적 비용과 탐색 기간 동안 실직 상태에 있기 때문에 포기해야 하는 소득과 같은 암묵적 비용으로 구성되는데, 장하준은 복지 정책이 암묵적인 비용을 축소할 수 있음을 지적했다. 즉 직장을 그만두어도 실업 급여를 넉넉히 받기 때문에 직업 탐색 비용이 줄어들고, 그래서 직업 이전이 촉진된다는 주장이다.

복지 정책은 근로자들을 직장에 안주하게 한다

장하준은 복지 정책이 직업 간 소득의 격차를 축소하고, 그에 따라 근로자들이 현재의 직장에 안주하게 하는 부작용은 언급하지 않는다. 복지 정책은 저소득층에게는 보조금을 지원하고, 고소득층에게는 세금을 징수한다. 따라서 고용주가 생산성에 따라 소득을 책정한다고 해도, 근로자들이 실제로 사용할 수 있는 가처분소득은 생산성과 차이가 나게 된다. 저소득층은 가처분소득이 생산성보다 높아지고, 고소득층은 가처분소득이 생산성보다 낮아진다. 따라서 직업 간 소득 격차는 줄어들고, 그에 따라 근로자들이 직장을 옮기려고 탐색할 필요가 없어진다. 장하준은 이러한 부작용을 무시했다.

또한 복지 정책은 저소득층 근로자가 노동시장에 참여하지 않도록 하는 심각한 약점이 있다. 근로자들은 취업해서 얻을 수 있는 소득이 취업하지 않은 상태의 소득[1]보다 현격하게 높은 경우에만 취업을 결정한다. 그런데 저소득층 근로자는 취업을 통해 얻을 수 있는 소득은 낮은 반면, 복지 정책 덕분에 취업을 하지 않아도 실업 수당이나 저소득층 소득 보조금을 얻을 수 있다. 이러한 경우 저소득층은 아예 취업을 포기하여 소득 보조금을 수령하거나, 아니면 실업 기간을 연장하여 실업 급여를 취득하는 데 만족할 수 있다. 결국 복지 정책은 저소득층이 노동시장에서 이탈하여, 실업 상태에 안주하게 하는 부작용이 있다.

실제로 실업보험에 지출을 많이 하는 큰 국가일수록, 전반적인 복지지출 부담이 큰 국가일수록 실업률이 높고 장기 실업자의 비중이 큰 경향이 있다. 예를 들면, 2005년 현재 OECD 22개 선진국[2] 중 GDP 대비 복지지출 비중이 가장 높은 국가는 프랑스(29.2%), 국가의 실업보험 지출 부담이 가장 큰 국가는 벨기에(3.3%)다. 2005년 현재 프랑스의 실업률은 8.8%, 벨기에의 실업률은 8.4%로 OECD 선진국 평균인 6.0%보다는 현격하게 높다. 실업자 중 1년 이상 장기 실업자 비중은 프랑스가 40.5%(7위), 벨기에가 50.7%(2위)로 역시 OECD 선진국 평균인 29.0%보다는 현저하게 높다. 실제로 OECD 선진국 간에는 GDP 대비 실업보험 지출 비중과 실업자 중 1년 이상 장기 실업자 비중 간의 상관계수는 0.43, GDP 대비 복지지출 비중과 실업자 중 1년 이상 장기 실업자 비중 간의 상관계수는 0.61에 달하여 뚜렷한[3] 양(陽)의 상관관계가 확인된다.

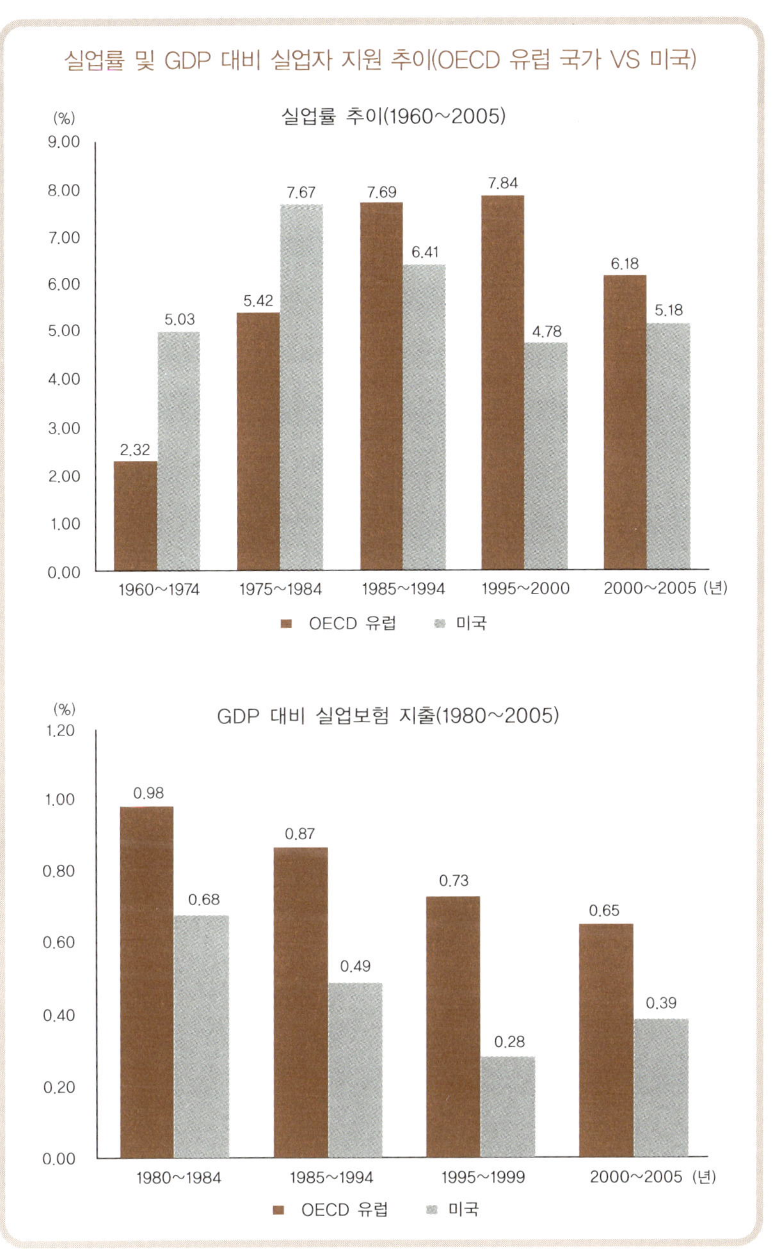
실업률 및 GDP 대비 실업자 지원 추이(OECD 유럽 국가 VS 미국)
실업률 추이(1960~2005)
(%)
9.00
8.00
7.00
6.00
5.00
4.00
3.00
2.00
1.00
0.00
2.32
5.03
5.42
7.67
7.69
6.41
7.84
4.78
6.18
5.18
1960~1974
1975~1984
1985~1994
1995~2000
2000~2005 (년)
OECD 유럽
미국
GDP 대비 실업보험 지출(1980~2005)
(%)
1.20
1.00
0.80
0.60
0.40
0.20
0.00
0.98
0.68
0.87
0.49
0.73
0.28
0.65
0.39
1980~1984
1985~1994
1995~1999
2000~2005 (년)
OECD 유럽
미국

　　1980년대 이후 선진국들이 실업자 지원을 줄인 중요한 이유가 이러한 실업 문제 때문이다. OECD 선진국의 평균 실업률은 1960년~1974년간은 연평균 2.51%에 불과했으나 1975년~1984년에는 연평균 5.39%로 급증하였다. 이에 따라 OECD 선진국들은 1980년대 후반부터 실업 급여를 점차 축소하였다. 그 결과 실업 급여 수준이 낮았던 미국은 1980년대 후반부터 실업률이 하락했고, 실업 급여 수준이 높았던 유럽 선진국들도 1990년대 후반부터는 실업률 증가세가 둔화되기 시작하여 2000년대 초반에는 실업률이 하락하였다.

　　미국이 1990년대 중반에 단행한 일련의 복지 개혁 정책은 복지 지출의 축소가 어떻게 저소득층의 근로 의욕을 제고시킬 수 있는지 보여준다. 미국은 1996년 복지개혁법(PRWOA: Personal Responsibility and Work Opportunity Reconciliation Act)을 도입하여 기존의 저소득층 소득지원 정책인 가족 보조금 정책(AFDC: Aid to Families and Dependent Children)을 '한시적' 가족 보조금 정책(TANF: Temporary Assistance to Needy Families)으로 개편한다. 제도 개편에 따라 지원금 수준은 점진적으로 하락[4]했고, 복지 수혜자들은 취업 혹은 구직 활동을 수행해야 보조금을 지급받을 수 있게 되었으며, 보조금 수령 기간은 60개월로 제한되었다[5]. 또한 1993년에는 근로장려세제(EITC: Earned Income Tax Credit)를 크게 확대하여 저소득층 근로자들의 가처분소득을 제고하였다. 따라서 구직 시 소득과 실업 상태의 소득 격차가 현격하게 확대되었다. 그 결과 1994년부터 2000년 사이에 복지 수혜 계층은 무려 56.5% 감소하였고, 주된 복지 수혜 계층인 미혼모의 노동시장 참가율은 70% 수준에서 80% 수준으로 10%p 상승하였다. 그에 따라 미혼모 가정 중 빈곤한 가정의 비중은 1992년 35.4%에서 24.7%로 급감하였다. 결국 복지 정책이 축소되면서 근로 의욕이 높아지고, 빈곤도 해소되는 결과를 얻을 수 있었다(Blank, 2002).

북부 유럽 국가들의 복지병

장하준은 노르웨이, 핀란드, 스웨덴 등 북부 유럽 국가들의 예를 들어 복지 지출 부담이 커도 높은 경제성장률을 유지할 수 있다고 주장한다. 그러나 이들 국가들은 실업자 지원에 따른 노동시장의 기능 악화를 노동시장 규제 완화 및 적극적 노동시장 정책을 활용하여 억제하고 있는 국가들이다.

첫째, 이들 국가들은 OECD 유럽 국가들에 비해 노동시장 규제가 약한 편이다. 2008년 현재 OECD가 발표한 바에 따르면 이들 국가들의 고용보호규제지수(Employment Protection)는 평균 2.33으로 여타 유럽 국가들의 평균값인 2.40에 비해 다소 낮으며, 특히 시간제 노동규제지수(Regulation on temporary forms of employment)는 1.96으로 여타 유럽 국가들의 평균값인 2.29에 비해 현격하게 낮다. 그리고 스웨덴은 시간제 노동규제지수가 0.71로 OECD 선진국 중 4번째로 낮으며[6], 핀란드는 집단적 고용조정 규제지수(Specific requirements for collective dismissal)가 2.38로 OECD 선진국 중 4번째[7]로 낮다. 즉, 이들은 고용주가 필요하면 고용 시간을 단축하거나 구조 조정을 단행하기 편리한 노동시장을 유지하고 있다.

둘째, 이들 국가들은 국가가 인정하는 구직 상담 및 교육 훈련을 받아야만 실업 급여를 수령할 수 있도록 하여 장기 실업의 위험을 억제하고 있다. 이렇게 실업 급여 수급자에게 구직 및 직업교육 의무를 부과하는 정책을 적극적 노동시장 정책(Active labor market policy)이라고 한다. 2007년 현재 이들 국가의 적극적 노동시장 정책 지출은 실업자 소득지원 지출의 81.3%를 차지하는 반면, 이들을 제외한 OECD 유럽 선진국은 51.0%에 그친다. 즉 이들 국가는 실업자 소득 지원의 80%에 해당하는 비용을 추가로 들여서 실업의 장기화를 막고 있다. 반면 여타 유럽 국가가 실업의 장기화를 방지하기 위해 지출하는 비용은 실업자 소득 지원의 절반 정도에 불과하다. 그 결과 이들 3개 국가의 실업자 중 1년 이상 장기 실업자 비중은 17.0%로서, 여타 유럽 국가의 장기 실업자 비중 34.1%의 절반 수준에 그친다. 즉, 실업률은 높아도 구직 의욕의 약화는 상대적으로 덜하다[8].

그러나 북부 유럽 3국도 문제가 없는 것은 아니다. 이들 국가들은 정부 및 공공 부문의 고용 부담이 크다. 그럼에도 불구하고 실업률은 여타 유럽 국가들과 유사하다. 즉, 이들 국가들의 실업률은 낮게 억제되어 있지만, 이는 노동시장의 효율성보다는 공공 부문이 노동시장을 잠식하고 있는 현상을 반영한다. 2005년 현재 이들 북부 유럽 3국의 정부 및 공공 부문 고용은 경제활동 참가 인구의 26.1%를 차지하여, 여타 유럽국가들의 평균인 14.0%보다 10%p 이상 높다. 반면, 북부 유럽 3국의 실업률 평균은 6.9%로 여타 유럽 국가들의 실업률 6.5%보다 오히려 높다. 이는 정부의 직업 소개 및 직업훈련이 노동시장의 기능을 잠식하고 있고, 고용 창출의 공백을 정부 및 공공 고용을 통해 해소하고 있음을 암시한다. 미국의 경우 공공 고용 비중은 14.0%로 여타 유럽 국가들과 유사하나 노동시장이 효율적으로 기능하여 실업률은 5.1%에 불과하다(OECD, 2009).

더욱 심각한 문제는 이들 국가들은 적극적 노동시장 정책을 병행하고, 정부 고용에 대한 의존도가 크기 때문에 재정 지출 및 조세 부담의 규모가 크다는 점이다. 2007년 현재 북부 유럽 국가의 재정지출은 GDP의 46.5%, 조세 부담(준조세 포함)은 55.2%에 달하여 여타 유럽 국가의 GDP 대비 재정지출 및 조세 부담 43.9%보다 높으며, 미국의 GDP 대비 재정지출 36.8%, 조세 부담 33.9%보다 매우 높다. 이들 3개 국가 근로자의 실효세율도 36.2%에 달하여 여타 유럽국가의 31.6% 보다 다소 높고 미국의 21.05%보다는 현격하게 높다. 이렇게 조세 부담이 높기 때문에 전반적으로 근로 의욕은 저하되고, 노동시장 참여는 위축된다. 그 결과 북부 유럽 3국은 민간 노동시장보다는 공공 부문에 고용을 의존하는 문제점을 안고 있다(OECD, 2011).

금융시장에서 자본의 신속한 이동이 중요하다

장 하 준 은   이 렇 게   말 했 다

장하준이 금융을 보는 시각은 철저하게 비금융 기업의 시각에 맞추어져 있다. 장하준은 금융의 기능을 현금화가 어려운(비유동적인) 자산을 가진 기업에게 현금화가 쉬운(유동적인) 유가증권이나 현금을 대여하는 기능으로 국한한다. 그리고 기업의 유동성 확보에 차질을 주는 자본의 이동은 경기를 불안하게 하고 성장을 지체시키는 주범으로 지목하고, 이를 규제해야 한다고 주장한다.

장하준은 바람직한 금융시장의 기능을 '기업들이 필요한 수준의 유동성을 유지하면서도 경제 발전의

궁극적 원천인 (기계 설비 등) 물리적 자본과 인적 자본, 조직 혁신 등에 기업이 장기적 투자를 할 수 있게 해 주는 것'으로 규정한다. 즉 장하준의 견해에 의하면 금융시장은 기업에 유동성을 공급해 주기 위해서 존재한다. 따라서 장하준은 금융기관이 높은 수익을 추구하며 자본을 이동하는 행위는 본연의 기능을 벗어난 일탈 행위로 본다. 일탈 행위를 하는 것은 '자본의 속성'이며, 이를 허용하면 단기적으로는 경기가 불안해지고, 장기적으로는 기업의 성장이 지체되어 경제 발전을 저해한다고 주장한다.

장하준은 1980년대 이후 금융 부문의 성장은 단기 수익만을 추구하는 금융기관의 '속성'이 극대화된 결과로 간주한다. 장하준은 이러한 금융 부문의 성장은 실물경제의 성장에는 도움이 되지 않았고, 궁극적으로는 2008년 금융 위기를 가져왔다고 주장한다. 그 증거로 장하준은 금융 규제를 대폭 완화하여 금융 산업을 육성한 국가들인 아일랜드, 아이슬랜드, 라트비아, 두바이가 2008년 금융 위기에 특별히 취약했던 경험을 지적한다. 이를 근거로 그는 자본의 신속한 이동을 규제하는 장치들을 강화해야 한다고 주장한다.

이런 말은 하지 않았다

장하준은 자본의 신속한 이동이 기업 간 경쟁을 촉진하여 생산성을 제고하는 효과를 무시한다. 그의 주장과는 달리 단기 차익의 추구만이 자본 이동의 목적은 아니다. 금융시장의 역할은 자본을 수익률이 높은 투자안에 집중하는 것이다. 자본 이동이 활발한 금융시장에서는 다양한 기업의 투자안에 대한 실험이 가능하고, 그 실험의 실적에 따라 투자에 대한 수익률이 높은 기업에게 자본이 우선적으로 배분된다. 따라서 개별 기업의 입장에서는 자본이 너무 신속하게 철수하는 것처럼 보이지만, 결과적으로는 생산성이 높은 기업에 투자가 집중되는 장점이 있다. 이러한 장점은 특히 기술 진보의 속도가 빨라서 투자의 불확실성이 높은 환경에서는 경제성장을 촉진하는 성과가 두드러진다.

장하준의 주장과는 달리 자본 이동이 신속한 금융시장에도 장기 투자는 가능하다. 흔히 가장 자본이동이 빠른 금융시장으로 미국 금융시장을 꼽는데, 19세기 말~20세기 초 장기 투자를 통해서 현대적 대규모 기업을 육성한 금융시장은 바로 미국 금융시장이었다.

장하준은 또한 소위 '인내하는 자본'이 기업 간 경쟁을 저하하여 생산성을 침체시키고, 부실 대출을 방치하여 경기를 침체시키는 부작용을 간과한다. 장하준이 언급하는 '인내하는 자본'은 주로 금융기관과 기업 간에 장기간 거래를 통해서 공급된다. 이러한 거래가 지배적인 금융시장에서는 금융기관과 이미 장기간 거래 관계를 유지하고 있는 기존의 기업은 자금 조달이 용이한 반면, 신규 기업은 거래 관계를 새로 시작해야 하기 때문에 기존 기업과의 경쟁에서 불리해진다. 즉 기업과 금융기관과의 관계가 암묵적인 진입 장벽의 역할을 한다. 따라서 생산성 높은 신규 기업의 진입이 어려워져서 기업 간 경쟁이 약화되고, 생산성은 침체된다.

장하준의 주장과는 달리 '인내하는 자본'도 경기 침체를 유발할 수 있다. '인내하는 자본'은 부실 대출을 신속하게 처리하지 못하고 오히려 증대시키는 성향이 있다. 이러한 부실 대출이 너무 많이 축적되면, 소수 기업의 도산에 의해 부실이 현실화되면서 금융기관이 도산하고, 금융시장 전반에 신용 경색 현상이 나타나 경기가 급격하게 위축될 수 있다.

금융시장의 중요한 기능은 생산성 있는 기업에 자본을 우선적으로 공급하는 경쟁 촉진 기능이다. 이러한 기능이 원활하게 발휘되려면 자본 이동은 신속하게 이루어져야 한다. 그렇지 않으면 부실 대출이 축적되어 경기 침체가 발생하고, 기업 간 경쟁은 억제되어 생산성이 침체될 위험이 높다.

금융시장의 진정한 목적

장하준이 지적한 바와 같이 금융 서비스의 기본은 유동성을 중개하는 것이다. 기업가처럼 유동성이 필요한 자금 수요자와 유동성이 풍부한 자금 공급자를 중개하는 일이 가장 기본적인 금융 서비스라고 할 수 있다. 그런데 이러한 유동성 중개 기능만으로 금융 서비스의 역할이 충족된다면, 금융을 굳이 시장에 맡길 필요가 없다. 국가가 자금 공급자들로부터 자본을 받아서 자금 수요자들에게 필요에 따라 나누어 주면 그만이다. 그러나 금융시장의 성장은 경제성장의 가장 중요한 요건 중 하나이며, 선진 자본주의 국가들은 모두 발달된 금융시장을 갖고 있다.

금융시장은 수익률과 위험 수준에 따라서 자본을 배분하고, 수익률이 너무 낮거나 위험부담이 너무 큰 투자에는 자본 투입을 배제하는 중요한 기능을 수행한다. 투자를 담당하는 기업들은 예상 수익률과 실패 가능성을 감안하여 가능한 한 높은 수익률을 제시하고, 이를 기준으로 투자자들을 유치하고자 한다. 개별 투자자들은 기업가들이 제공하는 수익률과 투자에 따르는 위험을 감안하여 투자를 결정한다.

이때 수익률 및 안정성이 모두 높은 투자를 수행하는 기업은 높은 수익률을 제시하여 많은 자본을 확보할 수 있다. 수익은 낮지만 안정성이 높은 투자를 수행하는 기업은 대출과 같이 투자자의 원금 손실을 막는 형태로, 수익은 높지만 안정성이 낮은 투자를 수행하는 기업은 주식과 같이 수익 실현의 효과를 투자자가 나눠 갖는 형태로 자본을 조달한다. 수익도 낮고 위험도 높은 투자는 투자자를 찾지 못하여 투자에서 배제된다. 결국 금융시장은 수익률과 안정성, 두 가지 기준에서 투자가치가 높은 투자처에 자본을 우선 배분하여 자본의 효율적인 배분을 달성한다.

그런데 이렇게 투자가치가 높은 투자처에 자본을 우선 배분하기 위해서는 투자자들이 자유롭게 자본을 이동시킬 수 있어야 한다. 그래야만 투자가치가 높은 투자안에 자본이 손쉽게 집중될 수 있기 때문이다. 개별 기업의 입장에서는 이러한 자본의 이동 때문에 장기 투자가 어려울 수 있으나, 그중에서도 투자가치가 높은 투자를 수행하는 기업은 항상 다수의 투자자를 확보할 수 있으므로 장기 투자의 여력을 확보할 수 있다. 국민경제의 입장에서는 금융시장이 효율적일 경우 이렇게 장기 투자의 가치가 있는 투자에만 장기 투자 자금이 집중되면서 생산성이 제고되고 경제성장이 촉진되는 장점이 있다.

장하준은 신속한 자본 이동과 장기 투자는 상호 모순되고 공존하기 어려운 개념인 것처럼 서술한다. 그러나 신속한 자본 이동이 특징인 미국 금융시장에서도 장기 투자를 수행하는 금융기관들은 중요한 역할을 담당해 왔다. 19세기 말~20세기 초, 2차 산업혁명기에는 미국의 대형 투자은행들이 장기 투자 자본을 공급하여 오늘날의 대기업을 육성하였다. 그리고 1980년대 이후부터는 연기금과 같이 장기 수익을 추구하는 기관 투자자들의 역할이 강화되었으며, 벤처 캐피탈과 같은 위험 자본이 정보통신혁명을 주도한 신규 기업들의 창업 자금을 제공하였다.

장하준은 자본 이동이 억제되고 기업들에게 장기 투자 자금이 제공될 경우 경기 불안이 해소되고 경제성장이 촉진된다고 주장한다. 실제로 장기 투자 자금을 제공하는 데 성공한 독일과 일본의 대형 은행들은 2차 대전 이후 이들 국가의 고속 성장에 큰 기여를 한 것으로 인정된다. 그러나 이들 대형 은행들은 부실 대출 정리를 지연시키고, 신규 기업의 진입을 어렵게 하여 자본의 효율적인 배분을 저해한다. 또한 대형 은행들의 부실 대출이 누적될 경우 대규모 경제 위기가 촉발될 수 있다. 1990년대 이후 벌어진 일본의 장기 경기 침체의 주된 요인은 은행 부문의 부실 대출 누적으로 발생한 투자의 침체 현상이었다. 그리고 1930년대 세계 대공황은 1923년 오스트리아의 크레딧 안슈탈트(Credit Anstalt) 은행이 부실 대출로 파산하면서 촉발되었다. 따라서 자본 이동이 억제된다고 해도 항상 경제성장이 촉진되고 경기변동이 축소되는 것은 아니다. 장하준은 장기 투자 자본의 이러한 위험에 대해서는 과소평가하고 있다.

장하준이 장기 투자 자본은 장점만을, 자본 이동에 대해서는 단점만을 강조하는 이유는 그가 자본의 수요자인 기업의 입장에서만 금융을 이해하고 있기 때문이다. 기업의 시각에서는 금융 서비스는 기업의 투자를 원활하게 하는 역할만 수행하면 된다. 따라서 자본은 공급자인 투자자로부터 기업으로만 이동하면 되는 것이지, 한 기업에서 다른 기업으로 이동할 필요가 없다. 그러나 국민경제의 입장에서 금융시장의 보다 중요한 기능은 투자가치에 따라 자본을 배분하여 제한된 자본의 생산성을 극대화하는 것이다. 이를 위해서는 자본이 국경과 산업의 경계를 가리지 않고 가능한 한 손쉽게 이동할 수 있어야 한다. 즉, 경제성장은 금융시장이 '효율적'이어야 달성할 수 있다.

특히 최근에는 정보통신혁명으로 기술 진보의 속도가 빨라져서 투자의 불확실성이 높다. 이렇게 개별 투자의 실패 가능성이 높은 환경에서는 실패한 투자에서 자본을 '쉽게 이동할 수 있는 효율적인 자본시장의 존재가 경제성장의 성패를 좌우할 수 있다. 실제로 정보통신혁명을 미국이 선도한 이유는 시장형 금융이 발달한 금융시장을 보유하여 자본의 이동이 신속하게 이루어졌기 때문이었다.

시장형 금융의 장 · 단점

흔히 영미계 국가, 특히 영국과 미국 금융시장의 특징을 가리켜 시장형 금융이라고 한다. 시장형 금융 환경에서는 자본 이동이 주로 금융시장에서 불특정 다수 간 유가증권의 거래를 통해서 이루어진다. 이러한 환경에서는 다양한 투자가 시도될 수 있으며, 투자 수익률에 따라 자본이 신속하게 재배치된다는 장점이 존재한다. 시장형 금융 환경에서는 장기 투자가 위축된다는 비판을 받지만, 투자은행이나 연기금 같은 금융기관들이 장기 투자를 유도하면서 이러한 약점을 보완하고 있다. 특히 1990년대 이후 미국은 효율적 자본시장과 위험 자본이 서로를 보완하여 혁신적 기업 육성에 성공하였으며, 그 덕분에 정보통신혁명을 선도하였다.

기업이 투자 재원을 마련하는 법은 크게 두 가지가 있다. 첫째는 금융기관으로부터 직접 대출을 받는 방식이고, 둘째는 회사채 및 주식을 발행하여 금융시장에서 판매하고, 그 수익을 투자 자금으로 활용하는 방식이다. 대부분의 선진국 금융시장에서는 이 두 가지 방법이 모두 쓰이지만, 시장형 금융이 특징인 국가에서는 상대적으로 유가증권을 금융시장에서 판매하는 방식이 주로 활용된다. 그러므로 기업은 개별 은행이나 투자자보다는 불특정 다수의 투자자로부터 자본 공급을 받으며, 이러한 기업과 개인 간의 거래는 일회적이다. 이것이 기업들이 특정 금융기관과 장기적인 거래를 지속하는 관계형 금융과 가장 명확하게 구분되는 특징이다.

시장형 금융시장에서 투자자는 금융시장에 공개된 정보를 기준으로 투자 기업을 선정한다. 현실적으로는 개인 투자자들이 충분한 정보를 입수하고 이를 분석하여 투자 기업을 선정하기는 어려우므로, 이를 대행하는 금융기관들이 발달한다. 각종 증권사나 뮤추얼 펀드회사, 그리고 개인 자산 상담사(Financial Advisor) 같은 금융기관들이 여기에 해당하는데 이들은 투자 정보의 입수·분석·활용을 전문으로 한다.

시장형 금융에서 기업과 투자자의 관계는 대부분 일회적이며, 투자자는 입수하는 정보에 따라 신속하게 투자 기업을 조정한다. 따라서 기업은 투자자 유치를 위해서 투자가치에 대한 정보를 제공해야 하는 경쟁의 압력에 상시적으로 노출되어 있다. 생산성이 높은 기업은 투자가치가 높은 투자 계획을 수립할 수 있고, 이를 성사시키면서 실적을 축적할 수 있기 때문에 투자자 유치 경쟁에서 유리한 위치를 점하게 된다. 기업의 투자자 유치 경쟁은 생산성 제고 경쟁을 유도하고, 이는 장기적으로 국민경제의 생산성 향상에 기여한다.

시장형 금융의 이러한 장점은 시장에 공개된 정보가 기업의 투자가치를 실제로 반영할 수 있을 경우에만 실현된다. 극심한 투자자 유치 경쟁 때문에 기업은 왜곡된 정보를 유포하여 투자자를 유치하려는 유혹에 빠진다. 또한 기업의 정보 왜곡을 단기간에는 파악하기 어려운 투자자들도 분명 존재한다. 엔론(Enron)사태에서 볼 수 있듯이 회계적 조작(creative accounting)을 활용해서 공시 정보를 왜곡하고 투자자들을 기만하는 기업은 항상 나타날 수 있다. 그렇기 때문에 시장형 금융이 순기능을 발휘하기 위해서는 엄정한 기업 공시 의무를 부여하고, 이를 준수하도록 하는 정부의 역할이 필수적이다.

흔히 시장형 금융의 단점으로 대규모로 장기 투자 자본을 동원하기 어렵다는 점이 지적된다. 시장형 금융 환경에서 대규모로 자본을 동원하려면 다수의 투자자로부터 동의를 얻어야 한다. 이들이 한 기업에 장기적으로 투자하도록 유도하기 위해서는 투자 기업의 투자 진행 상황에 대한 감시(monitoring)가 필요하다. 이러한 감시 자체는 비용이 들지만, 감시를 통해 입수한 정보는 다른 투자자들이 별다른 비용 없이 공유할 수 있다. 투자자들은 누군가 감시를 대신 해주기를 기다렸다가 감시 정보를 활용하고 싶어 한다. 이렇게 투자자 사이에 감시 비용을 조정하기 어렵기 때문에[1] 투자자들은 지속적으로 기업을 감시하기보다는 약간의 위험한 신호에도 투자 자금을 철회하는 '인내심 없는(impatient)' 투자 행태를 보인다고 장하준은 말했다.

시장형 금융시장에도 장기 투자가 있다

그러나 미국 금융시장의 역사를 돌이켜 보면, 이러한 문제점을 극복할 수 있는 금융기관들이 기업 감시 기능을 수행하면서 성공적으로 대규모 자본을 조달해 왔다. 특정 금융기관이 기업의 지분을 충분히 확보한다면, 기업 감시로부터 얻는 수익을 거의 독차지할 수 있게 된다. 따라서 대주주 금융기관들은 장기 투자가 필요한 경우 기업 감시를 통해서 수익을 얻으려 한다. 이들은 주로 기업의 이사회에 참여하여 경영진과 적극적으로 소통하면서 기업의 내부 사정을 파악하고, 이를 투자에 반영하여 대규모 장기 투자 자본을 공급하였다. 19세기 말~20세기 초 미국 투자 은행[2]들은 전미 철강(US Steel), 스탠다드 오일(Standard Oil), GM, 크라이슬러, 포드, 듀퐁 등 오늘날에도 세계적 대기업으로 자리잡고 있는 기업들의 창업과 수성에 필요한 재원을 공급하였다. 1980년대 이후에는 연기금과 같은 기관투자자들이 이러한 대주주-금융기관의 역할을 수행하고 있고[3], 2000년대 이후에는 헤지펀드와 같은 사모펀드들도 장기 투자에 참여하고 있다(Gillan and Starks, 2000 : Klein and

Zur, 2009). 실제로 미국 주식시장에서는 장기 성장에 도움이 되는 설비 투자나 연구 개발 투자를 수행하는 기업들의 주가가 상승되는 경향이 있으며, 이는 기관투자자들의 투자 패턴이 장기 투자를 지향하고 있음을 의미한다(Jarrell et al. 1988 : Office of the Chief Economist, Securities and Exchange Commission, 1985). 이러한 사례들은 자본 이동이 신속한 금융시장도 장기 투자 자본이 공급되고 있음을 보여준다.

미국의 효율적 금융시장은 미국이 정보통신혁명을 주도할 수 있었던 중요한 요인이다. 첨단 기술 투자는 전형적인 고위험·고수익 투자로서 개별적인 투자의 실패 확률은 높지만, 집단적으로는 소수의 투자만 성공해도 높은 수익을 올릴 수 있다. 그러므로 초기 단계에서는 다양한 실험적인 투자가 이루어져야 하며, 적절한 단계에는 자본이 성공 가능성이 높은 투자에 집중되어야 한다. 시장형 금융시장에서는 공시를 통해 정보를 제공할 수 있는 단계까지 투자를 진행한 모든 기업이 투자자 유치 경쟁에 참여한다. 이후의 성과에 따라 자본을 성공 가능성이 높은 투자에 집중할 수 있어서 첨단산업 투자에 유리하다.

단, 시장형 금융 환경에서도 첨단 기술을 기반으로 창업을 시도하는 기업은 창업 자금 조달에 어려움을 겪는다. 이들 기업은 대개 기업 상장에 필요한 조건을 충족시킬 자본이 부족하다. 그리고 상장 조건을 충족한다고 해도 사업 모델이 생소하기 때문에 불특정 다수의 투자자에게 투자가치를 입증하기가 어렵다. 그러므로 금융시장에서 자본을 조달하기 어렵다. 미국 금융시장에서는 벤처 캐피탈과 같은 위험 자본이 활발히 활동하여 이러한 공백을 해소한다.

이들 위험 자본은 첨단산업 분야의 창업 지원 투자에 특화되었다. 이들은 창업 시 신주를 대규모로 인수하여 자본을 제공하고, 대신 대주주의 권한을 활용하여 이사회 등을 통해 기업 경영에 직접 개입한다. 이들은 기업의 기술 개발을 감시하고, 혁신 기업에게 부족한 경영 및 재무 인력을 주선하여 기업이 상장을 통해 자본을 조달할 수 있는 단계까지 육성하는 역할을 한다. 즉, 이들은 시장형 금융시장에서 독자적으로 생존할 수 있는 단계까지 혁신형 기업을 육성하는 역할을 수행한다. 이들의 역할로 시장형 금융시장이 실험할 수 있는 투자의 폭이 확대되고, 그 결과 첨단산업의 육성이 활발해진다.

시장형 금융이 항상 금융시장의 전범 역할을 하지는 않았다. 2차 대전 이후 자본주의 황금기를 이끈 금융시장은 관계형 금융(relationship banking)이 발달한 유럽 및 일본의 금융시장이었다. 이들 금융시장은 대기업에게 안정적인 장기 투자 자본을 공급하여 자본주의 황금기 선진국 경제성장을 유도하였다. 장하준이 전범으로 삼는 금융시장이 바로 이러한 관계형 금융시장이다.

불확실성이 높은 상황에서는 금융시장의 기능이 중요하다

장하준의 주장은 결국 금융시장이 투자 대상을 선별하는 기능보다는 유동성 공급 기능에 충실해야 한다는 주장으로 이해할 수 있다. 그의 주장은 투자의 불확실성이 비교적 낮고, 대규모 재원 투입이 필요한 시기에는 유효하다. 그러나 투자의 불확실성이 높은 상황에서는 더 이상 유효하지 않다. 불확실성이 높으면 투자 대상의 선정에서 오류가 발생할 가능성이 높아지는데, 자본 이동이 활발하지 않으면 이러한 오류를 교정하기 어렵기 때문이다. 투자의 불확실성이 높은 혁신기반 성장전략을 구사하기 위해서는 금융시장이 '효율적'이어야 한다.

금융시장의 기능은 자본의 '선택과 집중'이라고 요약할 수 있다. 금융시장은 투자가치가 높은 투자 대상을 '선택'하고, 그 선택한 대상에 자본을 '집중'한다. 이 '선택'과 '집중' 두 가지 기능 사이에는 미묘한 긴장 관계가 있다. 적절한 선택을 위해서는 자본이 신속하게 이동하여야 하는 반면, '집중'을 위해서는 자본이 이동하기보다는 특정 기업에 지속적으로 투입되어야 한다. 시장형 금융 환경에서는 기업의 투자 정보가 공개되어 투자자들의 선택이 가능하므로 '선택' 기능에서 비교 우위가 있으며, 관계형 금융시장은 은행이 기업에 대한 정보를 독점하는 대신 감시 비용을 지불하면서 자본을 집중할 수 있어서 '집중' 기능에서 비교 우위가 있다. 1980년대 이후 금융자율화 정책은 '선택' 기능을 강화하는 정책이었으며, 반면에 장하준의 주장은 '선택'보다는 '집중' 기능을 강화하자는 것이다.

장하준은 1950년대~1970년대 전반까지 관계형 금융시장의 성과를 높이 평가하며, 장기 자본 공급 기능이 이러한 성과의 요체라고 주장한다. 그런데 관계형 금융시장은 기존 기업에 유리하고 신규 기업에 불리하기 때문에, 기업 간 경쟁을 통해 투자 대상을 선별하는 기능이 취약하다. 따라서 관계형 금융시장의 투자 성과를 높이기 위해서는 '선별' 기능이 중요하지 않는 상황이거나, '선별' 기능이 보강되어야 한다. 실제로 크레디트 안슈탈트 파산 사태나 1990년대 일본의 장기 침체는 투자 대상 선별이 적절하지 않았을 경우 관계형 금융시장의 폐해를 잘 보여주는 사례이다.

이러한 점에서 관계형 금융이 유럽 선진국과 일본의 전후 복구 과정에서 투자 성과가 높았던 점을 주목할 필요가 있다. 이들 국가들은 이미 2차 대전 이전에 중화학공업 중심의 공업화를 거쳐 선진국 대열에 합류한 국가들이다. 이들 국가에서는 신기술의 개발보다는 전쟁이 원인인 자원 배분의 왜곡[5]을 수정하는 과제가 경제성장의 주된 관건이었다. 그러므로 다양한 실험을 거쳐 투자 대상을 선별하는 시장형 금융보다는 소수의 투자 대상에게 자원을 집중하는 관계형 금융이 투자 성과를 얻기에 유리한 상황이었다. 실제로 2차 대전 종전 직후 유럽 국가들은 고용의 상당 부분을 농업에 의지하고 있었으며, 1950년부터 1975년대 전반까지 경제성장을 거치면서 공업 부문으로 재원이 재배치되었다(Temin, 2002). 더군다나 일본은 정부가 재원 배분에 적극적으로 개입하면서 금융시장의 투자 대상 선별 기능 중 상당 부분을 대행하였다.

그러나 투자의 불확실성이 높아서 '선별' 의 기능이 중요해지는 환경에서는 시장형 금융 환경이 더 유리하다. 이는 1990년대 중반 이후 미국이 정보통신혁명의 성과를 바탕으로 유럽 국가들이나 일본보다 높은 경제성장률을 달성한 원동력이다. 장하준은 신속한 자본 이동을 투자를 저해하는 시장형 금융의 단점으로 지적하였으나, 사실은 이렇게 자본이 신속하게 이동하였기 때문에 신규 기업의 진입을 통해서 생산성이 촉진된 것이다. 단적인 예로 매출액 기준으로 미국의 1982년 10대 정보통신기업 중 2002년에도 10대 정보통신기업으로 남아 있는 기업은 IBM, NCR, 피트니 바우어스(Pitney Bowers) 3개뿐이다. 휴렛패커드, 델, 컴팩과 같은 세계적인 컴퓨터 제조업체는 1982년에 10대 정보통신 회사에 포함되지 않았다. 이렇게 투자의 대상이 지속적으로 변화했음에도 불구하고 1991년~2000년간 미국의 정보통신산업 산출은 연 2% 이상 증가하였다. 반면, 일본의 1981년 8대 정보통신기업 중 6개 기업은 2001년에도 8대 정보통신기업에 속해 있음에도 불구하고 일본의 정보통신산업 성장은 미미하였다(Nezu, 2004).

결국 불확실한 투자 환경에서는 금융시장의 투자 대상 선별 기능이 경제성장의 성패를 좌우한다. 특히 경제성장의 동력을 신기술의 개발에 의존하는 혁신형 성장전략에서는 투자의 불확실성이 불가피하게 높아지게 된다. 그러므로 집단별 수렴 현상을 극복하고 선진국의 반열에 합류하기 위해서는 금융시장의 선별 기능이 반드시 필요하다. 즉, 지속적인 경제성장을 위해서는 '금융시장은 보다 더 효율적' 일 필요가 있다.

2008년 금융 위기, 미국 정부의 반시장적 개입 때문이다

장하준에게 2008년 금융 위기는 신고전파 경제정책의 문제점을 극명하게 드러내 보이는 사건이며, 이러한 사건을 방지하기 위해서는 신고전파 경제정책을 폐기해야 한다고 주장한다. 장하준에 의하면 1980년대 이래 금융 규제 완화 및 금융 혁신으로 금융자산이 실물 자산에 비해 지나치게 많이 축적되었으며, 그 탓에 금융자산의 정확한 가격이 반영되지 않은 상태에서 거래되었다. 장하준은 이와 같이 불안정한 가격은 필연적으로 폭락할 수밖에 없다고 주장하며, 2008년 금융 위기는 1980

년대 이래 추진된 신고전파 경제정책의 필연적 귀결로 간주한다. 그렇기 때문에 장하준은 1980년대 이래 선진국 경제 성과를 평가할 때 항상 2008년 금융 위기로 발생한 거시 경제 지표의 악화를 포함하여 평가한다.

그러나 장하준의 주장과는 달리 금융 위기의 주된 원인은 2002년~2005년 미국의 극단적 저이자율 정책, 저신용 주택 대출에 대한 미국 정부의 암묵적인 보조, 신용 평가 회사의 신용 등급에 대한 감독 소홀로 말미암은 결과이다. 저이자율 정책으로 유동성이 과잉 유포되었으며, 이는 상환 가능성이 낮은 저신용자도 쉽게 대출을 할 수 있는 환경을 조성하여 버블이 발생할 가능성을 키웠다. 거기에다가 미국 정부는 주택대출 공공 기관에서 발행한 주택담보부증권에 암묵적으로 보조를 맞춰 저신용 주택대출 시장에 버블을 형성하였다.

이렇게 형성된 버블은 주택담보부증권과 이를 발행한 부채담보부증권을 통해 전 금융 부문으로 확대되었다. 이들 증권은 기본적으로 저신용 주택 대출을 기반으로 하기 때문에 위험한 증권이었으나 신용 평가 회사들이 그 위험을 과소평가하여 쉽게 금융기관에 유포되었다. 신용 평가 회사들은 자산을 개발한 금융기관에 신용 등급을 부여하고 수수료를 받고 있어서 높은 등급을 남발할 가능성이 높았다. 게다가 '공인 자산 평가 기관'으로 인정받아 독점적인 위치를 누리고 있어서 시장 경쟁의 규율을 받지 않았고, 신용 등급에 관해서는 정부의 규율도 받지 않았다. 따라서 잘못된 정보를 유포하는 데 아무런 부담이 없었다. 결국 저신용 주택대출 시장의 버블이 붕괴되면서 이들 위험한 자산의 가격이 급락하였고, 그 결과 2008년 금융 위기를 초래했다.

2008년 금융 위기는 결국 미국 정부가 '친시장적 개입'을 소홀히 하고, '반시장적 개입'은 유지하였기 때문에 발생한 사건으로 볼 수 있다. 정부는 통화가치를 안정화하는 보수적 통화정책을 유지하지 않았고, 담보부증권에 대한 정보의 왜곡을 방치함으로써 금융시장이 가격 교란을 받도록 놔두었다. 반면 저신용 주택대출에 대한 암묵적인 보증을 제공하여 과잉 공급된 유동성이 저신용 주택대출 시장 버블을 형성하는 것도 방치하였다. 따라서 2008년 금융 위기는 신고전파 경제정책이 지켜지지 않았기 때문에 발생한 사건으로 이해해야 한다.

2008년~2009년 거시 경제 지표 악화 현상은 신고전파 경제정책의 결과라고 보기 어렵다. 2008년~2009년의 성과를 제외하면 신고전파 경제정책의 성과는 통계로 확인할 수 있다.

신고전파 경제정책은 1970년대 후반~1980년대 전반의 고물가·저성장 현상을 극복하였고, 1980년대 후반부터 2000년까지 15년간 물가 안정과 안정 성장을 달성하였다. 2008년 금융 위기를 근거로 신고전파 경제정책을 폐기하자는 장하준의 주장은 1980년대 후반부터 2000년까지의 경제성과를 포기하자는 것이다. 이러한 장하준의 주장은 1970년대 후반~1980년대 전반의 고물가·저성장 현상을 타개할 수 있는 방법이 같이 제시되어야 수긍할 수 있다. 만약 그렇지 않고 신고전파 경제정책 이전의 방만한 거시 정책으로 돌아가게 된다면 고물가와 저성장 현상으로 또 다시 '세계를 퇴보시키고 재앙의 구렁텅이로 내몰게 될 것'이다.

신고전학파,
경제위기의 주범이 아니다

장 하 준 은 이 렇 게 말 했 다

장하준은 'Thing 23. 좋은 경제정책을 세우는 데
좋은 경제학자가 필요한 건 아니다'에서 신고전파
경제학(장하준의 용어로는 자유시장 경제학)은 경제정
책을 운영하는 적합한 도구가 아니라고 주장한다.
장하준은 그 근거로 2차대전 이후 일본, 한국, 중국,
대만 등 동아시아 국가들의 경제성장은 법학 혹은
공학을 전공한 관료들이 주도한 사실을 적시한다.
그리고 1980년대 이후 신고전파 경제학에 기반한 경
제정책이 시행되었으나 성장률이 하락하였고, 경기
불안이 심화되었으며 급기야는 2008년 세계 금융 위

기가 발생했다고 주장한다.

　장하준은 2차 대전 이후 동아시아 일부 국가들의 경제성장 실적을 높이 평가하며, 이를 주도한 관료들이 경제학자가 아니었음을 지적한다. 1950년대부터 1990년대 중반까지 일본, 한국, 대만, 싱가포르, 홍콩 등 동아시아 국가들은 연평균 성장률이 6~7%에 달하는 고도성장을 달성했는데, 이는 자본주의 역사상 유래를 찾아보기 힘든 성과이다. 그리고 이러한 고도성장은 일본과 한국의 법학도 출신 관료들, 중국과 대만의 공학도 출신 관료들이 달성했다. 장하준의 주장에 의하면 이들 관료들은 경제학자들은 아니었지만 동시대의 가장 유능한 인적 자본이었고, 자유시장 경제학에 대한 선입견이 없어서 산업 정책이나 보호무역과 같은 실용적인 정책을 추진할 수 있었다는 것이다.

　장하준은 1980년대 이후 30년간 근대경제학에 입각한 경제정책이 전 세계적으로 시행되었으나 오히려 경제에 해를 미쳤다고 주장한다. 그 증거로 장하준은 1950년대~1970년대 중반에 비해 성장률은 저하되었고, 개발도상국을 중심으로 외환 위기가 빈번하게 발생하였으며, 소득 격차는 확대되었음을 지적한다. 실제로 1950년대~1970년대 중반까지 선진국들의 성장률은 연 3~4%에 달했지만, 1980년대 이후에는 2~3%대로 하락하였다. 그리고 1980년 이후 제3세계 국채 위기(1982년), 멕시코 페소 위기(1995년), 아시아 금융 위기(1997년), 러시아 위기(1998년) 등 외환 위기가 줄을 이었다. 그리고 노동시장의 유연성이 강화되고 복지 지출이 축소하면서 소득 격차가 전반적으로 확대되었다.

258

따라서 장하준은 신고전파 경제학은 경제 운용에 적합하지 않으며, '다른' 종류의 경제학을 적극적으로 활용할 것을 주장한다. 구체적으로 장하준은 팽창적인 재정 및 통화정책을 활용해 경기 불황을 억제하는 케인즈 경제학이 2008년 금융 위기의 확산을 저지한 공로를 치하하고, 산업 정책과 보호무역을 지지하는 중상주의적 정책이 동아시아 국가들의 고도성장을 견인하였다고 칭송한다. 그리고 근대경제학 중에서도 '시장의 실패'를 강조하는 후생경제학을 주목할 것을 주장한다. 이 세 가지 경제학적 조류는 모두 정부가 적극적으로 자원 배분에 개입하는 정책을 선호한다는 공통점이 있다. 이 책의 시각에서 보자면 '반시장적 개입'을 옹호하는 경제학이다.

이 런 말 은 하 지 않 았 다

장하준은 자유주의 경제학이 아닌 경제학을 주목할 것을 주장한다.

그러나 장하준은 1980년대에 신고전파 경제학이 도입된 계기인 1970년대 중반~1980년대 중반 고물가·저성장 현상을 무시하고, 이를 극복한 신고전파 경제학의 성과를 부정한다. 신고전파 경제학은 정부의 한계를 인정하고, 정부의 시장 개입을 친시장적 개입으로 국한한다. 1980년대 중반 이후부터는 선진국을 중심으로 신고전파 경제학을 반영한 보수적인 거시 정책 기조가 정착되었다. 방만한 통화 및 재정 정책을 남발하던 정부의 개입은 축소되었고, 그 결과 물가는 안정되고 경기변동이 축소되었으며 성장률은 회복되었다.

장하준이 신고전파 경제학의 결과라고 주장하는 개도국 외환 위기와 2008년 금융 위기는 사실 신고전파 경제학의 원칙이 지켜지지 않았기 때문에 발생한 위기이다. 대부분의 개도국 외환 위기 및 2008년 금융 위기는 방만한 통화 및 재정 정책, 그리고 국제경쟁력의 악화 때문이다. 방만한 통화 및 재정 정책은 금융자산의 가치에 대한 신뢰를 약화시키고, 국제경쟁력의 저하는 국제수지를 악화시켜 통화가치에 대한 신뢰를 떨어뜨린다. 금융 위기는 이러한 신뢰 상실의 결과이다. 보수적 통화 및 재정 정책, 정부 개입의 자제를 통한 경쟁력 강화를 추진하는 신고전파 경제학의 결과가 금융 위기라고 보기는 어렵다.

신고전파 경제학의 성과

장하준은 1980년대 이후 도입된 신고전파 경제정책이 아무런 성과가 없었던 것처럼 묘사하고 있으나, 이는 사실과 다르다. 신고전파 경제학은 정부의 역할을 '친시장적 개입'만으로 억제하는 경제정책을 처방하였는데, 이는 1950년대~1970년대를 풍미한 케인즈 경제학에 대한 반성에 기초한다. 케인즈 경제학은 통화 및 재정 정책의 방만한 운영을 유도하여 1970년대 중반~1980년대 중반에 걸쳐서 물가가 급등하는 가운데 성장은 지체되는 현상을 초래하였다.

신고전파 경제학은 인플레이션을 억제하고 균형재정을 지향하는 보수적 거시 정책 기조를 정착시켰으며, 그 결과 1980년대 중반 이후에는 물가는 안정되고 성장은 지속되는 선순환을 가져왔다. 이러한 성과는 선진국 중앙은행들이 인플레이션 억제를 목적으로 하는 보수적 통화정책 기조를 암묵적으로 공유했기 때문에 가능했으며, 이는 각국 중앙은행을 운영한 신고전파 경제학자들의 공로이다.

1980년대부터 경제정책에 적극적으로 반영되기 시작한 신고전학파 경제학은 거시적으로는 보수적 통화정책 및 재정 정책, 미시적으로는 규제 완화 및 민영화를 권고한다. 다시 말해서 정부의 역할을 시장 친화적 개입으로 국한하고 반시장적 개입을 억제한다. 안정적인 통화가치 유지를 위해서 인플레이션 억제를 우선하는 보수적인 통화정책과 균형재정 원칙을 고수하는 보수적인 재정 정책을 지지한다. 그리고 정부의 자의적인 자원 배분을 억제하고 시장 거래를 통한 자원 배분을 증진하기 위해서 재정지출을 줄이고 규제를 완화하는 방향을 선호한다. 특히 정부가 시장에 직접 개입하는 통로였던 공기업을 적극적으로 민간에 매각할 것을 권고한다.

케인즈 경제학은 정부가 재량적인 통화 및 재정 정책을 통해서 경기 변동을 제어할 수 있다고 믿었고, 특히 경기 하강을 저지하는 팽창적 재정 및 통화정책의 효과를 강조하였다. 실제로 이 시기 통화정책은 물가 안정보다는 경기 부양 및 실업률 억제를 목적으로 운용되었다. 복지 부문을 중심으로 재정지출이 확대되어 정부가 관할하는 자원 배분이 확대되었고 시장의 교역은 축소되었다.

장하준이 언급한 바와 같이 이러한 케인즈적정책 기조가 유지되었던 1950년대~1970년대 중반에 선진국들은 연 3~4%대의 경제성장률을 유지하였다. 그러나 1960년대 중반 이후 점차 인플레이션이 심화되었고, 그에 따라 인플레이션 기대 심리가 만연하여 가격 인상이 정례화되었다. 따라서 통화정책에 따른 경기 진작 효과가 점차 축소되고 물가 인상 압력이 가중되었다[1]. 1970년대 중반부터 두 차례의 석유파동을 계기로 물가 인상이 가속화되었다. 1975년~1984년간 주요 선진국의 평균 인플레이션은 연 11.1%에 달했고, 평균 성장률은 연 2.4%로 하락하였다. 특히 이 기간 동안 선진국들[2]의 성장률 표준편차가 1.46%에 이르러 경기변동이 매우 심하였다[3].

1980년대 중반부터 적극적으로 채용된 물가 안정화 및 긴축적 재정 정책은 이러한 현상을 타개하기 위한 방안으로 시도된 것이다. 미국 중앙은행이 정책 금리(Federal Fund Rate)를 1979년~1986년간 월평균 11.5%로 유지한 것처럼 인플레이션 억제를 위해 강도 높은 긴축적 통화정책이 실시되었다. 그리고 선진국들의 평균 재정 적자 규모도 1980년~1985년에는 GDP의 3.7%에 달했으나 1985년~2000년에는 3.1%로 0.6%p 낮아져서 보다 건전한 재정 정책 기조가 자리 잡았다. 그 결과 1985년~2000년간 선진국들의 평균 물가 상승률은 연 4.0%로 안정되었고, 경제성장률도 2.8%로 소폭 개선되었으며, 성장률의 표준편차도 0.94%로 낮아져서 안정적인 성장 기조가 정착되었다. 이 시기의 경제적 성과를 '안정화 시대(Great Moderation)'라고 지칭한다(Stock and Watson, 2002).

이러한 안정화 시대는 보수적 거시 정책 기조의 정착과 생산성의 향상에 기인한다[4]. 보수적 거시 정책 기조의 정착은 선진국들의 중앙은행이 물가 안정을 우선시하는 통화정책을 공조하였기 때문에 가능했다.

금융 위기와 신고전파 경제정책

장하준은 신고전파 경제정책이 개도국 금융 위기와 2008년 금융 위기의 원인이라고 주장한다. 구체적으로 장하준은 개도국 자본시장이 개방되면서 단기적인 거래 차익을 추구하는 선진국 자금이 개도국에 대량으로 유입되었고, 이들이 급격히 유출되었기 때문에 개도국의 금융 위기를 초래하였다고 주장한다. 이러한 선진국 자금의 흐름이 개도국 금융 위기를 증폭시킨 영향이 있는 것은 사실이다[5]. 그러나 개도국 금융 위기의 보다 근본적인 원인은 개도국이 방만한 통화 및 재정 정책을 운용하거나, 국제경쟁력이 부족하여 경상수지 적자가 만성화된 데 있다. 2008년 국제 금융 위기 역시 2000년 이래 미국이 보수적 통화정책을 폐기하고 이자율을 극단적으로 낮게 유지하면서 통화정책 기조가 방만하게 바뀐 것이 가장 근원적인 요인이다. 이들 금융 위기는 신고전파 정책의 결과가 아니라, 신고전파 정책이 준수되지 않았을 때의 부작용으로 파악해야 한다.

금융자산의 거래가 촉진되기 위해서는 통화가치 안정과 재정 건전성 유지가 필수적으로 요구된다. 통화가치가 안정되지 않으면 금융자산 가치에 대한 신뢰가 떨어져 금융자산에 대한 수요가 위축된다. 특히 인플레이션의 위험이 클 경우에는 금융자산의 가치가 급락할 것을 예상하고 금융자산을 투매하는 현상이 발생할 수 있다. 국제금융시장에서 특정 국가의 통화에 대한 수요에도 같은 원칙이 적용된다. 한 국가가 통화정책 및 재정 정책을 방만하게 운영하면, 그 국가의 통화로 표기된 모든 금융자산의 가치가 불안정해지기 때문에 그 국가의 통화에 대한 수요가 위축되고, 투매 현상이 일어날 위험은 높아진다. 결국 자본시장이 개방된 국가가 방만한 거시 경제정책을 운영할 경우 외환 위기의 위험을 피하기 어렵다.

또한 국제금융시장의 통화가치는 외환 보유고를 결정하는 경상수지에 민감하게 반응한다. 경상수지 적자가 지속되면 외환 보유고가 낮아지게 되는데, 이 경우 해외 자본이 철수할 때 국내에 투자한 자본을 외환으로 전환할 수 있는지 여부가 불투명해진다. 따라서 경상수지 적자가 만성화되면 국내에 진출한 해외 자본은 외환 보유고가 절대적으로 부족해지기 전에 조기에 자본을 철수하려고 한다. 결국 국제경쟁력이 약한 국가가 자본시장을 개방할 경우에는 잦은 외환 위기의 위험을 피하기 어렵다.

1970년~2002년간 발생한 외환 위기의 원인을 분석한 카민스키의 연구 결과는 이 시기에 발생한 개도국 금융 위기의 대부분은 방만한 재정 및 통화정책이나 경상수지 적자 누적의 결과임을 보여준다. 이 시기 발생한 개도국 외환 위기 중 13%는 경상수지 적자(Current Account), 35%는 금융자산의 과잉 발행(Financial Excesses), 6%는 재정 적자(Fiscal Deficit), 45%는 국가 채무(Sovereign Debt)가 그 주된 원인으로 파악되었다. 장하준이 강조하는 급격한 해외 자본의 이동(Sudden Stop)에 의해서 발생한 개도국 금융 위기는 2%에 불과하였다(Kaminsky, 2003).

2008년 세계 금융 위기는 2007년 미국의 금융 위기에서 시작되었다. 2007년 미국 금융 위기도 위에 열거한 요인들이 복합적으로 작용한 결과이다. 2001년 경기 침체 이래 미국의 정책 금리는 인플레이션보다 낮게 유지되면서 2000년 이전의 보수적 통화정책 기조가 붕괴되었다. 또한 1998년~2000년 흑자 재정을 달성할 정도로 건전했던 재정 운용도 2002년~2006년간 연평균 3.6%에 달하는 재정 적자를 실현하면서 급격하게 악화되었다. 1993년 GDP의 71.9%에서 2001년 54.4%까지 축소되었던 미국의 국가 채무도 재정 운용 악화의 결과로 2006년 60.9%까지 증가하였다. 또한 미국은 1993년부터 2006년까지 매년 644억 달러~7693억 달러에 해당하는 만성적인 경상수지 적자를 경험하고 있었다.

신고전파 경제정책은 통화가치 안정을 목적으로 인플레이션을 억제하고 재정 건전성을 유지한다. 또한 정부의 재원 배분을 축소하여 경쟁을 촉진하고, 이를 통해 생산성을 제고하여 국제경쟁력 강화를 모색한다. 따라서 물가 안정, 균형재정, 경상수지 균형을 중요한 정책 목표로 설정한다. 1970년대 이래 개도국 금융 위기와 2007년 미국 금융 위기는 신고전파 경제정책의 원칙이 지켜지지 않았고, 목적 달성이 실패한 상황에서 초래되었다. 앞서 말했듯이 이들 금융 위기는 신고전파 경제정책이 준수되지 않을 경우에 발생하는 부작용의 예이다.

Thing 1

1 국부론에서 제시한 '핀 공장의 분업'은 핀을 장인 혼자서 만들 경우와 공정을 분할하여 여러 근로자가 분업을 할 경우, 동일한 시간 내에 생산할 수 있는 핀의 양을 비교하고 있다. 물론 분업을 할 경우 생산성은 비약적으로 생산한다. 그러나 이러한 분업은 그렇게 많이 생산한 핀이 모두 팔린다는 전망이 있을 경우에만 가능하다. 그래서 아담 스미스는 "분업의 도입은 시장의 규모에 의해 결정된다"고 서술하였다.

2 양동휴「규모와 범위의 경제-알프레드 챈들러의 경영 사관」,『미국 경제사 탐구』, 서울대학교 출판부 1997 pp.287-324

3 경제학에서는 이러한 문제를 중고차 시장의 예를 들어서 레몬의 문제(lemon problem)이라고 한다. 여기서 레몬은 중고차 시장에서 질이 낮은 중고차를 의미한다. 중고차 중개상은 소비자보다 중고차의 질에 대해서 더 잘 알고 있기 때문에, 질이 낮은 중고차를 평균적인 가격을 받고 팔 수 있다. 소비자는 양질의 중고차와 저질의 중고차를 구분할 능력은 없지만, 중고차 시장에 이러한 질 낮은 공급자들이 존재한다는 사실을 알고 있기 때문에 중고차 소비를 망설이게 된다. 소비가 위축됨에 따라서 질 좋은 중고차를 공급하는 공급자는 제 값을 받기 어려워 중고차 시장을 떠나게 되고, 질 낮은 중고차를 파는 공급자의 비중이 높아지면서 소비는 더욱 위축된다. 극단적인 경우 중고차 시장 자체가 사라지게 될 수도 있다.

4 일단 정보가 공개되면 개별 소비자들을 대신해서 정보를 분석하여 소비자 선택을 도와주는 전문 서비스업이 성장한다. 각종 감정사, 와인 소믈리에, 웨딩 플래너, 자

산 설계사 등이 이러한 전문 서비스 직종의 대표적인 예이다.

Thing 2

1 이런 문제점은 이해 당사자 지배 구조(stakeholder society)에서도 예외 없이 나타나며 주주 가치 극대화를 위한 지배 구조에서 기업 실적이나 기업 가치 측면에서 더 좋은 성과를 거둘 뿐만 아니라 주주 이외의 여타 이해 당사자들에게도 더 유리함을 Sundaram, A.K. and A.C. Inkpen, "Corporate Governance Revisited," Organization Science 15(3), 2004, pp.350~363에서 보이고 있다.

2 Tirole, J., "Corporate Governance," Econometrica 69(1), 2001, pp.1–35. Tirole(2001)에 따르면 이해 당사자 지배 구조는 보장 소득(pledgeable income)의 부재, 의사결 정의 교착상태, 경영진의 목표 부재 등의 이유로 주주 가치를 위한 지배 구조보다 비효율적이다.

3 2008년도와 2009년도의 미국의 실질 GDP 성장률은 각각 0%와 −2.6%로 미국이 전후에 겪은 가장 심각한 경기 침체였다고 볼 수 있다.

Thing 3

1 이에 부가하여 장하준은 선진국 근로자와 후진국 근로자의 생산성 격차는 사실 고소득 직종의 생산성 격차에 기인하므로, 후진국이 가난한 것은 후진국 고소득 직종 종사자와 부자들의 생산성이 낮기 때문이라고 주장한다. 이 주장에 대해서는 이 책도 동의한다. 근로자의 생산성을 제고하는 것은 기업가의 역할이고, 이 부문에서는 선진국 기업가들은 후진국 기업가들보다 탁월하기 때문이다.

2 Heston, Alan , Robert Summers and Bettina Aten(2011. May), Penn World Table Version 7.0, Center for International Comparisons of Production, Income and Prices at the University of Pennsylvania 〈http://pwt.econ.upenn.edu〉

3 아담 스미스 저. 김수행 역. 『국부론(상)』, p.9

4 개인적 경험에 근거한 예를 들겠다. 미국에서 버스를 타고 정거장 근처에서 미리 일어나서 문 쪽으로 나가 있으면 운전사가 위험하니까 차가 정지한 다음에 내리라고 주의를 준다. 한국에서는 미리 문 쪽으로 나가 있지 않으면 운전사가 미리 안 나와 있었다고 주의를 준다. 한국의 운전사는 분명 미국의 운전사보다 운전 능력은

뛰어날 것이다. 그러나 미국의 운전사는 한국의 운전사보다 승객의 안전에 더 유의
한다. 한국 버스 운전사가 미국 버스를 운전한다고 해서 이러한 태도가 쉽게 변화
하지는 않을 것이다.

5 산업혁명의 요인은 복합적이지만, 생산성 제고의 주된 원인은 분업의 확산으로 인
   정된다(양동휴, 2004).

6 영국 면직 공업에서 18세 미만 근로자의 비중은 40~45%에 달했다(양동휴 (1987)
   「아동노동과 영국의 산업혁명」, 양동휴 (1994) 『미국 경제사 탐구』 제 11 장. pp.
   287–324).

7 예를 들어 미국의 경우 2000년 현재 이민자의 48.5%가 통상과 서비스업에 종사하
   는 것으로 조사되었다(Borjas & Friedberg, 2009).

8 20세기 말 전 세계 인구의 2%는 이민자인 데 비해서, 미국의 이민자 인구는 9%에
   달한다(Borjas, 1999).

9 이러한 현상은 장하준도 언급한 바 있다. 장하준은 미국의 국민소득이 높으나 저소
   득 이민 노동력이 많아서 평균적인 생활수준이 떨어진다고 주장한다('Thing 10 미
   국은 세계에서 가장 잘 사는 나라가 아니다').

Thing 4

1 시간당 생산량 기준. 미국 National Income and Product Accounts (NIPA) 발표
   통계로 Jorgenson et al. (2008)에서 재인용

2 정보통신 설비투자는 1995년–2004년 유럽 선진국들의 산업 생산 증대에도 중요
   한 역할을 하였다(Karagiannis & Feridun, 2009).

3 Robert Solow, "We'd better watch out", New York Times Book Review,
   July 12, 1987, page 36

4 모르스 전신기는 1837년 미국에서 특허등록되었으며, 1861년에는 미국의 대륙간
   전신망이 개설되었다. 전기세탁기는 1900년대 미국에서 특허등록되었고, 오늘날
   의 세탁기와 유사한 자동 전기세탁기는 1937년 미국의 가전제품 회사인 Bendix에
   서 개발하였다(www.wikipedia.org 2011년 5월 26일).

5 정보통신혁명도 최초의 컴퓨터인 에니악(ENIAC)은 1954년에 개발되었다. 그러나
   생산성 증대 효과는 1990년대 후반이 되어서야 실현된다.

6 De Long (1990)

7　은행은 기업의 지분을 확보하여 투자의 이익을 공유하고, 은행은 이사회 참여 등을 통해서 기업의 성과를 감시하는 관계가 유지되었다(Elston, Julie Ann, 1998: Aoki & Patrick, 1995).

8　반도체 산업, 컴퓨터 산업 등 정보통신 장비를 생산하는 산업도 부품의 표준화가 매우 진전되어 있어서 제품이 개발되면 큰 비용을 들이지 않고 생산을 확대할 수 있다(Varian, 2003).

9　반도체의 집적도가 2년 주기로 2배로 증가한다는 '무어의 법칙(Moore's law)', 1년 주기로 2배로 증가한다는 '황(黃)의 법칙' 등이 이러한 현상을 지칭하는 표현들이다.

10　예를 들어, 한때 워드퍼펙트(WordPerfect)을 개발하여 워드프로세서 시장을 독점하고 있던 워드스타(Wordstar), 로터스1-2-3(Lotus1-2-3)를 개발하여 스프레드시트 시장을 독점했던 로터스(Lotus Development Corporation)는 더 이상 존재하지 않는다(Varian, 2003).

11　출판, 언론, 음반 산업 등을 의미한다. 극단적인 경우에는 1인 출판, 1인 방송국 등도 가능하다.

12　이를 자산의 관계 특수성(relationship-specificity)이라고 한다(Williams,1985).

13　신기술 개발을 통한 수익률은 낮거나 매우 높은 극단적인 값이 많아서 통상적인 의미에서 분산이 정의되지 않는 경우도 발생할 수 있다(Hall & Lerner, 2009).

14　(www.greatachievments.org, 2011.5.26 현재)

15　전자 부품(Electronics), 컴퓨터, 인터넷, 레이저·광케이블.

16　카메라, 현미경, 망원경 등을 의미한다.

17　전반적으로 연구 개발과 기업 규모와의 관계는 일률적이지 않다. 하지만 미국의 경우는 Bound et al.(1984). 영국의 경우는 Pavitt et al.(1987)이 연구 개발이 작은 기업과 매우 큰 기업에 집중되는 경향을 확인하였다(Levin, 1989). 또한 Aghion et al.(2002)에 의하면 연구 개발은 기업 간 경쟁이 너무 심하거나 너무 없는 양 극단적인 상황보다는 신규 진입 기업과 기존 기업이 연구개발 경쟁에 참여하는 상황에서 활성화됨을 모형으로 보였고, 영국 및 미국의 기업 자료를 이용해 검증하였다.

18　실제로 벤처 캐피탈의 투자는 일반 기업의 투자에 비해 특허 출원을 촉진하는 효과가 14배에 달하는 것으로 추정된다(Kortum and Lerner, 1998).

19　1972년~1992년 간 상장한 기업을 대상으로 분석한 결과이다. 지원 받지 못한 기업의 성과가 나쁜 원인은 시장가치 500만 달러 이하 소규모 기업이 많기 때문인 것

으로 파악된다.

20 덴마크, 핀란드, 스웨덴 등 북구 유럽 국가들은 미국보다 더 정보통신 산업 투자가
    활발했고, 총요소생산성도 더 빠르게 증가하였다(OECD, 2003). 이들 북구유럽 국
    가들은 벤처 캐피탈의 투자 규모가 영국보다 크며, 스위스와 함께 유럽 국가 중 가
    장 발달한 벤처 캐피탈 시장을 가지고 있다(Lerner, 2009, p.123. Figure 6.1).

21 독일과 미국 기업의 정보통신 설비투자 및 그에 연관된 경영 혁신을 분석한 결과
    실제로 미국 기업들이 보다 과감하게 다양한 전략을 실험하는 것으로 파악되었다
    (Haltiwanger et al. 2003).

22 아마존은 서점을, 델은 대리점을 인터넷으로 대치하였다. 이들의 등장 이후 인터넷
    판매는 출판물 유통업과 개인용 컴퓨터 제조업의 표준이 되었다.

23 이들은 일본과 한국의 자동차 업체들이 미국 시장에 진출하기 전에는 안정적인 시
    장점유율을 유지하였다.

24 캐나다는 1990년대에 벤처 투자를 활성화하기 위해 캐나다 노동 기금(Canadian
    Labor Fund) 정책을 수행하였다. 정책의 이름에서 암시하듯이 기금의 운영이 노
    조에 위탁되었고, 따라서 투자 대상 선정이 적절치 못하였다. 기금의 지원을 받은
    기업들은 오히려 연구개발 성과가 적고, 특허출원 건수가 적었다(Lerner, 2009,
    p.122).

25 미국의 SBIC(Small Business Investment Companies) 정책은 실리콘 밸리를 탄
    생시킨 원인 중 하나로 평가되었으나, 최근 20~30년 사이에 퇴출되어야 할 기업들
    이 연명하는 수단으로 악용되는 사례가 빈번하였다(Lerner, 2009, p.147).

26 이스라엘 및 싱가포르는 국가 주도 첨단산업 육성의 성공 사례로 제시되고는 있으
    나, 이들은 자본시장을 개방하여 미국의 벤처 캐피탈을 유치하고 그들의 경험을 활
    용함으로써 성공할 수 있었다. 이들은 산업 정책의 성공 사례라기보다는 시장 개방
    과 해외 직접 투자 유치의 성공 사례로 분류해야 한다(Lerner, 2009).

Thing 5

1   인류학자들에 따르면 한때 유럽 대륙에 널리 퍼져 있었으나 현생 인류에 밀려 사라
    진 네안데르탈인들에게는 교환과 분업이 존재하지 않았다고 한다. 교환과 분업이
    없었던 네안데르탈인들에게는 어떤 혁신과 진보도 나타나지 않았다. 이는 그들이
    사용하던 도구에 잘 나타나있다. 예를 들면 네안데르탈인은 돌로 만든 투박한 손도

끼 이외의 도구는 만들어내지 못했다. 반면에 현생 인류는 같은 기간 다양한 도구들을 계속해서 만들고 발전시켰다. 이런 차이는 교환·거래의 존재 유무에서 나왔다. 교환이나 거래 없이는 기술 진보의 유인도 없고, 어떠한 혁신도 나타날 수 없는 것이다. 네안데르탈인의 멸종은 이를 극명하게 보여주고 있는 대표적인 예라고 할 수 있다.

2 Adam Smith, The Theory of Moral Sentiments, 1795 참조.

Thing 6

1 대표적으로 Fischer, S., "The Role of Macroeconomic Factors in Growth," Journal of Monetary Economics 32, 1993, pp.485−512와 Bruno, M. and W. Easterly, "Inflation Crises and Long−Run Growth," Journal of Monetary Economics 41, 1998, pp.3−26이 있다.

2 Fischer, S., R. Sahay, and Vegh, C. A., "Modern Hyper−and High Inflations," Journal of Economic Literature 40(3), 2002, pp.837−880.

3 1980년부터 2001년까지 108개국의 평균 인플레이션과 평균 통화 증가를 나타낸 Romer, D., Advanced Macroeconomics, McGraw−Hill/Irwin, 3rd edition, 2006의 Figure. 10.1을 보면 통화량 증가율과 인플레이션의 관계를 명확히 알 수 있다.

4 무가베의 대표적인 사회주의 정책은 토지개혁(land reform)인데 실상은 백인들이 소유하고 있던 농지를 몰수하여 토지가 없는 대중들에게 분배한 것이다. 토지를 분배받은 사람들은 농장 경영의 경험이 전무하여 농업 생산은 급감하였고 결과는 농업 부문의 붕괴로 이어졌다. 예를 들면 짐바브웨의 주요 수출 품목이었던 메이즈(maize)는 생산량 급감으로 수입국이 되었고 담배 농사는 경작지가 토지개혁 이전의 3분의 1로 감소하였다. 담배 수출은 짐바브웨 외화 수입의 3분의 1을 담당할 정도로 중요한 품목이었으나 생산의 급감으로 수출도 급감하게 되어 외화 부족, 짐바브웨 통화가치 급락이라는 결과를 가져왔다. 이와 같은 농업 부문의 붕괴는 짐바브웨 경제의 붕괴를 의미하고, 농업 부문에서 창출되는 수입을 통해 지탱되던 금융 부문도 붕괴되는 결과를 가져왔다. 무가베 정부는 이러한 경제의 총체적 붕괴를 정부 지출의 증대 및 공공 부문의 확대로 막으려고 하였으나 이러한 시도는 실패하였고 오히려 21세기 최초의 하이퍼인플레이션이라는 참담한 결과를 가져왔다.

1 Baldwin, R., "Openness and Growth: What's the empirical relationship?," NBER Working Paper 9578, 2003 참조.

2 유치산업 보호론에 대한 이론적 · 경험적 검증은 다음의 문헌에서 찾아볼 수 있다. Baldwin, R., "The Case against infant-industry protection," Journal of Political Economy 77(3), 1969, pp.295-305; Krueger, A. O., "Trade Policy and Economic Development: How we learn," American Economic Review 87(1), 1997, pp.1-22; Grossman, G. M., Horn, H., "Infant Industry Protection Reconsidered: the case of informational barriers to entry," Quarterly Journal of Economics 103(4), 1988, pp.767-787; Leahy, D. and P. Neary, "Learning by doing, precommitment, and infant-industry protection," Review of Economic Studies 66(2), 1999, pp.447-474; Saure, P., "Revisiting the infant industry argument," Journal of Development Economics 84, 2007, pp.104-117.

3 박명구(2002) 참조. 그러나 박명구는 기업이 중화학공업에 진입한 이후에도 정부의 지원이 지속되어 추가적인 효율성 제고에 실패했음을 지적하고 있다.

4 Baldwin, R., "Openness and Growth: What's the empirical relationship?," NBER Working Paper 9578, 2003 참조.

5 Irwin, D. A., "Revenue or Reciprocity? Founding Feuds over Early U.S. Trade Policy," NBER Working Paper 15144, 2009 참조.

6 알렉산더 해밀턴과 토마스 제퍼슨은 여러 가지 측면에서 대립되는 의견을 가지고 있었다. 장하준의 주장과 같이 단순히 제퍼슨이 해밀턴의 보호주의에 전적으로 반대했다고 이야기하는 것은 적절하지 않다. 해밀턴과 제퍼슨이 주장한 무역정책에서의 견해 차이는 영국에 대한 외교정책의 방향이 달랐던 것이 배경이다. 해밀턴은 영국과의 마찰을 피해야 한다는 입장이었고 제퍼슨은 영국에 대하여 적대적인 입장을 취했다. 무역정책에 대해서도 제퍼슨은 이를 영국과의 상호주의를 달성하는 수단으로 여겼다. 그는 영국이 미국의 제품을 수입하며 차별적인 대우를 하고 있기 때문에 영국 제품의 수입에 있어서도 상호주의에 입각해 차별적인 보복 조치를 시행해야 한다고 주장했다. 해밀턴은 영국과의 마찰을 피하면서 영국 제품의 원활한 수입을 통해 관세 수입을 올려 신생 정부의 재정지출과 부채 상환에 충당하자는 것

이었고 제퍼슨은 상호주의 입장에서 정부의 가장 중요한 재정수입원이 파괴되는 위험을 감수하고서라도 영국의 차별적인 무역정책에 상응하는 보복을 해야 한다는 주장이었다.

결론적으로 해밀턴은 재정수입 정책(revenue policy)의 일환으로 적절한 관세 부과를 고려한 것이었고 제퍼슨은 외교적으로 영국에 적대적인 입장에서 무역에 있어서도 상호주의가 관철되어야 함을 주장한 것이다. 중요한 것은 두 사람의 견해 차이가 장하준이 주장하듯이 결코 보호주의에 대한 찬반이 아니었다는 점이다.

7 루이지애나 매입(Louisiana Purchase)은 1803년에 미국이 북미 대륙에 있는 프랑스의 영토를 약 1천 5백만 프랑에 매입한 사건이다. 여기서 루이지애나(Louisiana territory)는 미시시피 강 서쪽에서 록키 산맥에 이르는 방대한 영토를 의미하며 현재의 아칸소, 미주리, 오클라호마, 아이오와, 네브라스카, 캔자스, 미네소타주의 일부와 노스다코타, 사우스다코타, 몬태나, 와이오밍, 그리고 뉴멕시코와 텍사스주의 일부, 루이지애나주의 일부를 포함한다. 이 사건으로 미국의 영토는 2배 확대되었다.

8 영국에 캘리코라는 인도의 면직물이 수입되기 시작한 것은 1630년경이었는데 이후 캘리코는 의류뿐만 아니라 식탁보, 커튼, 시트, 가방 등 다방면에 사용되면서 영국인의 생활에 혁명적 변화를 일으켰다. 이런 상황에서 캘리코에 대한 수요가 급증하면서 기존의 모직업자들이 위협을 느껴 수입 금지를 요구하는 것은 당연한 수순이었다. 영국 의회에서 1696년부터 캘리코 수입 금지를 논의하기 시작하였고 이후 4년간의 논의 끝에 염색된 캘리코의 수입을 금지하는 법안을 1700년에 통과시켰다. 그러나 염색되지 않은 캘리코의 수입은 더욱 늘어나 모직업자들의 폭동으로 이어졌고 종국에는 1722년 캘리코의 사용까지 금지하는 법안이 통과되었다.

9 캘리코법은 1774년 폐지되었다.

10 영국에서 선대제도(putting-out system)는 16세기 무렵부터 시작되었다. 선대제도는 상인이 독립적인 소생산자들에게 원료를 제공하고 생산자가 완제품을 완성하면 그에게 수수료를 지불하여 생산물을 확보하는 시스템을 말한다. 영국에서 선대제도는 주로 직물공업에서 행해졌고 17~18세기에 절정에 달했던 산업혁명 이전의 원산업화(proto-industrialization)의 한 형태였다고 할 수 있다. 선대제도의 가장 큰 장점은 기존의 길드에 속해있지 않은 수공업자나 농촌의 노동력을 이용함으로써 경쟁 제한적인 길드 시스템에서 벗어나 기업가들이 자유롭게 이윤 추구와 혁신을 할 수 있게 되었다는 점이다.

11 산업혁명 이전의 매뉴팩처링은 공장제가 일반적인 생산 형태는 아니었기 때문에 여기서 이야기하는 임금 근로자는 공장이라는 생산조직에서의 근로자만을 의미하는 것은 아니다. 당시 많은 농민들이 어떤 형태로든 농촌의 가내수공업에 흡수됨으로써 예전의 자급자족적인 생활에서 상거래에 따른 현금 경제(cash economy)에 편입되는 결과를 가져왔고 여기서는 이들을 통칭하여 임금 근로자라는 표현을 사용한 것이다.

12 면직 공업에서의 생산성 향상과 그에 따른 면직물 가격 하락이 영국의 산업화에 미친 영향은 심대했다. 면직 공업에서의 생산성 향상과 생산의 증대는 화학공업, 인쇄 및 염색 산업 등에 대한 수요를 촉발시켰고 이러한 수요 촉발은 이 산업들의 발명과 혁신을 불러와 산업 발전을 촉진시켰다. 또한 면직물 가격의 하락은 다른 제품들에 대한 수요를 증가시켜 다른 제조업에서의 혁신과 생산 증대를 통한 산업 발전을 가져왔다. 이러한 제조업의 전반적인 발전은 기계생산을 위한 철강 수요를 촉진시켰고 이는 철강 생산을 위한 석탄 수요를 촉진시켰다. 결과적으로 면직물 가격의 하락은 철강 산업 및 광업의 발전까지 촉발시켰다고 볼 수 있다.

Thing 8

1 미국 기업의 R&D 국제화는 Athukorala, P. and A. Kohpaiboon, "Globalization of R&D by US based multinational enterprises," Research Policy 39, 2010, pp.1335~1347을 참조하였고 여타 국가의 경우는 Gerybadze, A. and G. Reger, "Globalization of R&D: recent changes in the management of innovation in transnational corporations," Research Policy 28, 1999, pp.251~274를 참조하였다.

2 장하준은 그런 산업이 존재하고 또 그 산업에 대한 보호와 지원을 통해 국내 기업을 육성해서 국제경쟁력을 키우는 것이 국가가, 특히 개발도상국이 지향해야 할 정책 방향이라고 생각하는 것으로 해석할 수 있다.

3 다국적기업에 의한 지식 및 기술 확산 효과에 대해서는 Blomstrom, M. and Al. Kokko, "Multinational Corporations and spillovers," Journal of Economic Surveys 12, 1998, pp.247–277과 Markusen, J. R., "Foreign direct investment as a catalyst for industrial development," European Economic Review 43, 1999, pp.341–356을 참조할 수 있다.

Thing 9

1 Heilburn J., "Baumol's cost disease," A Handbook of Cultural Economics, 2003.

2 미국의 경우 1995년 이후에 서비스산업의 노동생산성이 경제 전체의 노동생산성과 비슷하거나 조금 높다는 추정 결과를 Triplett, J. E. and B. P. Bosworth, "Productivity Measurement Issues in Service Industries, "Baumol's Disease" has been cured," FRBNY Economic Policy Review, September, 2003, pp.23-33에서 볼 수 있다.

3 장하준이 말하는 국제수지 적자는 경상수지 적자를 말하고 있는 것으로 보인다.

Thing 10

1 구매력(PPP)을 고려한 1인당 소득(GNI)도 5.6%(베트남)~31.2%(멕시코)에 그친다. 이들 국가의 물가는 미국보다도 더 낮고, 따라서 같은 소득이라고 해도 구매력이 높다. 그러므로 구매력을 감안하면 소득 격차는 축소된다(http://databank.worldbank.org).

2 2000년~2007년간 미국으로 이민 노동력 1300만 명이 유입되었다(Camarota, 2007).

3 이는 구매력 전환 지수의 평균값의 역수이다. 여기서 OECD 유럽 선진국이란 OECD 유럽 국가에서 동구권 국가들과 터키를 제외한 국가들을 뜻한다.

4 세 부담을 나타내는 지표는 여러 가지가 있으나 여기서는 OECD에서 발표하는 실효세율(tax wedge) 중 평균 소득 기준 한계 실효세율(marginal tax wedge at 100% average worker earnings)을 사용한다. 다른 3가지 지표 역시 미국이 유럽 평균보다 9~10%p 세 부담이 낮은 것으로 파악된다(http://stats.oecd.org).

5 장하준이 구매력을 평가한 노동시간 당 소득이 미국보다 높다고 소개한 7개국(룩셈부르크, 노르웨이, 프랑스, 아일랜드, 벨기에, 오스트리아, 네덜란드) 중 세 부담이 미국보다 낮은 국가는 아일랜드(33.18%)뿐이다. 나머지 6개 국가는 소득이 평균 소득보다 1달러 증가하면 그중 50.2%(네덜란드)~66.5%(벨기에)를 세금으로 납부해야 한다(http://stats.oecd.org. "Marginal tax wedge at 100% of average worker earnings").

6   www.oecd.org/employment/protection, 2011.6.10 접속.

7   미국 외에는 아이슬란드, 아일랜드, 일본, 한국, 스웨덴 5개 국가가 소매업 영업시
     간 규제가 없었다(www.oecd.org/eco/pmr, 2011.6.10 접속).

Thing 11

1   모리셔스가 다른 아프리카 국가와 달리 성공적인 경제성장을 달성한 원인은 Frankel,
     J. A., "Mauritius: African Success Stroy," NBER Working Paper 16569, 2010을
     참조할 수 있다. Frankel의 논문에서 성장, 수출 친화적 정책과 안정적인 재산권 등이
     모리셔스의 성공 원인으로 제시되었다.

2   사유 재산권에 대한 강한 보호를 특징으로 하는 보츠와나의 제도에 대해서는
     Acemoglu, D., S. Johnson and J. A. Robinson, "An African Success Story,
     Botswana," mimeo, 2001에서 그 원인에 대해 자세히 설명하고 있다.

3   아프리카 국가들의 농업 마케팅 보드(agricultural marketing board)는 농산물의 가
     격 설정과 마케팅에 있어서 독점적 권한을 부여 받아 정부 수입의 증대에 기여하는 역
     할을 하였다. 농산물 수출이 경제에서 큰 비중을 차지하는 아프리카 국가들의 경우 정
     부 수입의 증대를 위해 생산자들이 받는 가격 결정에 개입하는 것이 일반적이다. 정부
     개입의 방식은 수출세(export tax)와 정부의 마케팅 독점(marketing boards) 등이 있
     다. 마케팅 독점을 통해 정부가 가격 결정에 개입하는 방식이 수출세를 부과하는 방식
     보다 경제적 왜곡 정도가 훨씬 더 크다는 것이 연구 결과를 통해 나타난 바 있다.

4   사하라 이남 아프리카 국가들이 독립 이후부터 1980년대 초반 구조 조정 프로그램
     을 조건으로 지원 및 원조를 받게 되기까지의 과정은 Bautista, R. M. and A.
     Valdes, The Bias Against Agriculture: Trade and Macroeconomic Policies in
     Developing Countries, 1993에 잘 나타나 있다.

5   Rich, K. M., A. Winter-Nelson, and G. C. Nelson(1997), "Political Feasibility
     of Structural Adjustment in Africa: An Application of SAM Mixed
     Multipliers," World Development 25(12), 1993, pp.2105-2114.

6   Rajan, R. G. and A. Subramanian, "Aid and Growth: What does the Cross-
     country evidence really show?," NBER Working Paper 11513, 2005.

7   특히 농업에 대한 차별 정책은 구조 조정 프로그램에도 불구하고 별로 시정되지 않
     았다는 것이 Thiele, R. "The Bias against Agriculture in Sub-Saharan Africa:

276

Has it survived 20 years of Structural Adjustment Programs?," Kiel Working Paper No.1102, 2002의 연구 결과이다.

Thing 12

1 정부의 부패 및 무능, 그리고 관료제의 비효율성 때문에 정부가 투자의 수익률을 무시하고 투자 대상을 선택하는 문제도 존재하나 이 책에서는 그러한 문제는 언급하지 않기로 한다. 산업 정책은 비록 '청렴하고 유능한 정부'가 시행하더라도 문제점이 있으며, 그러한 문제는 '부정부패의 일소' 같은 행정적인 조치로는 해결할 수 없다는 데 장하준의 주장이 가지는 맹점이 있다.

2 이하의 내용은 Acemoglu et al.(2001)의 내용에 기초한다.

3 문헌에 따라 분류의 방식은 매우 다양하며, 두 가지 전략은 세부적으로 더욱 다양하게 분류될 수 있다. 여기서는 Acemoglu et al.(2001)의 구분을 따른다.

4 Hoshi, T. & Kashyap, A. (2008). Will the U. S. Bank Recapitalization Succeed. Eight Lessons from Japan. (No. 14401). National Bureau of Economic Research.

5 단, 싱가포르의 1인당 국민소득은 OECD 평균을 상회한다 (Penn World data 7.0).

6 장하준은 1950년대 이후 프랑스, 핀란드, 노르웨이, 오스트리아의 산업 정책을 동아시아 국가들의 산업 정책과 함께 성공 사례로 평가한다. 그러나 핀란드의 경제성장은 민간 기업인 노키아에 의존하고 있고, 1990년대 이후 노키아의 성과는 이 기업이 성공적으로 첨단산업에 진출한 결과이다. 그리고 프랑스와 오스트리아는 1990년대 이후에는 정보통신혁명에 뒤쳐진 대표적인 사례로 꼽힌다. 이들은 시장의 우수성을 증명하거나(핀란드), 산업 정책의 후유증(프랑스, 오스트리아)을 보여주는 예로 이해되어야 한다(노르웨이는 주 64에 명기한 대로 유럽에서 벤처 캐피탈이 가장 발달한 국가 중 하나이다).

7 이들 국가는 흔히 아시아의 '4대 호랑이'라고 지칭된다. 이 중 한국, 홍콩, 싱가포르는 1987년 판 세계은행의 World Development Report에서 '매우 수출 지향적인(Strongly Outward Oriented)' 국가로 지목되었다. 그리고 1993년 세계은행이 발간한 "The East Asian Miracle"에서 성과가 탁월한 아시아 국가로 지목된 8개 국가(일본, 한국, 홍콩, 싱가포르, 대만, 인도네시아, 말레이지아, 태국)에 포함되었다. 이 책에서는 '동아시아 국가'를 이들 4개국을 지칭하는 용어로 사용한다.

8　1970년대 한국의 중화학공업 정책 역시 수출 실적을 조건으로 지원을 제공하여 생산성 향상을 유도하였다(Westphal, 1990).

9　장하준은 한국은 외환 위기 이후 일련의 경제개혁 및 시장 개방이 성장률의 저하를 초래했다고 강력하게 주장한다. 그의 견해는 신장섭·장하준의 『주식회사 한국의 구조 조정 : 무엇이 문제인가』(2004)에 자세하게 소개되어 있다. 이 책은 그와 견해를 달리하며, 투자 기반 성장 전략의 한계라는 시각에서 접근한다. 한국개발연구원은 외환 위기 이후 한국 경제의 변화에 대한 보다 균형 잡힌 접근을 한다.

10　장하준은 1993년 이후 일부 첨단산업을 제외하고는 산업 정책이 거의 폐기된 것으로 간주한다(신장섭·장하준, 2004).

11　1990년대 이후 홍콩의 상대적 침체는 1997년 홍콩의 중국 반환에 영향을 받은 것으로 보인다.

Thing 13

1　극빈층의 정의는 여러 가지가 있으나 세계은행이 공식적으로 사용하는 절대빈곤층(absolute poverty)은 1일 소비가 1달러 이하인 계층이다. 이 책에서 소개하는 빈곤층은 Sala-i-Martin(2002)이 사용한 1일 소득이 1달러 미만인 계층과 2달러 미만인 계층이다.

2　구매력을 감안한 GDP 자료가 존재하는 125개 국가(Sala-i-Martin, 2002)

3　1968년 미국 정부의 저소득층 소득 보조 지출은 재정지출의 3.4%, 실업보험 지출은 재정지출의 0.9%를 차지했으나 1975년에는 각각 5.9%, 3.5%로 급증하였다(http://www.bea.gov).

Thing 14

1　예를 들어 스톡옵션은 대부분 일정 기간 이상 경영자로 근무해야 옵션을 행사할 수 있는 권리가 인정되는데, 실적 부진 때문에 요구된 기간 내에 파면될 경우에는 권리가 소멸된다(Murphy, 1999).

2　세부적인 급여 책정 실무는 기업 내 인사 부서에 담당하며, 급여 위원회는 인사 부서에서 작성한 급여 책정 내역을 검토하고, 이를 최종 승인하는 역할을 한다. 최고 경영자는 자신의 급여를 제외한 모든 급여 책정에 관여하며, 인사 부서에서 책정한

급여를 이사회에 회부하기 전에 최종 결재한다. 단, 최고 경영자의 급여는 급여 위원회에서 결정한다(Murphy, 1999, p.2517).

3　이와 같은 적대적 기업 인수를 전문적으로 주도한 인물들을 당시 언론에서 기업 사냥꾼(raiders)이라고 불렀다. Carl Icahn이나 T. Boone Pickens가 대표적이다 (Holmstrom & Kaplan, 2001).

4　기관 투자자의 보유 주식의 비중은 1990년대 중반에 50%를 넘어 섰으며 2006년 현재 70%를 상회한다(Gillan & Starks, 2007).

5　이러한 경영진과 주주 간 타협의 산물을 '주주 자본주의(shareholder capitalism)' 라고 한다. 장하준은 'Thing 2 기업은 소유주의 이익을 위해 경영되면 안된다'에 서 '주주'를 단기 이익만을 추구하는 투자자라고 비판하고 있다. 장하준은 주주들 은 기업이 어려울 때면 주식을 매도하고 시장을 떠나는 속성이 있어서 기업의 가치 에 관심이 없다고 주장한다. 그러나 미국의 주주들은 기관 투자자가 중심이며, 기 관 투자들은 대부분 큰 지분을 차지하고 있다. 그러므로 주식을 일시에 처분할 경 우 기업의 주가가 급락하면서 자신들이 보유하고 있는 자산의 가치도 적지 않은 손 실을 보게 된다. 더군다나 연금 상품을 취급하는 연기금의 경우에는 장기 수익을 확보하지 않으면 가입자들의 노후 소득을 보장하기 어렵다.

6　거래형 금융과 관계형 금융의 차이에 대해서는 Allen and Gale (2000)을 참조할 수 있다.

7　미국에서 이러한 소유와 경영의 분리 문제가 발생한 근본적인 원인은 은행자본의 기업 경영 참여를 규제한 1933년 글래스-스티걸법(Glass-Steagal Act)에서 찾을 수 있다. 1933년 글래스-스티걸법은 예금을 받는 상업은행은 기업의 주식을 거래 할 수 없도록 금지하였다. 그 이전에는 J.P. 모건과 같은 투자은행들이 대규모 주식 을 소유하고 기업의 경영에 간섭하여 주주의 권리를 행사할 수 있었다. J.P. 모건은 대주주로서의 권한을 십분 발휘하여 기업의 가치를 제고한 것으로 인정된다(De Long, 1990). 결국 미국 경영진의 높은 급여의 일부는 이러한 규제로 인해서 발생 하는 문제를 약화시키기 위한 비용이다.

Thing 15

1　앤드류 카네기와 J.P.모건이 초대형 인수·합병을 통해 결성한 전미제철 (U.S.Steel)은 1911년 미국 인디아 주 개리에 일괄 제철 공정을 갖춘 개리 제철소

를 완공했다(Chandler, 1990).

2 다부서형 기업 조직(Mutidivisional firm)을 지칭한다. 다부서형 기업 조직은 영업 지역 혹은 특정 제품 관련 영업을 독립된 부서(Division)가 관할하고, 이들을 본부에서 관리하는 피라미드형 구조를 갖는다. 각 부서는 생산 및 판매의 실무를, 본부는 각 부서의 관리, 장기 계획 마련 등 기획 업무를 관할한다.

3 GM의 창설자는 윌리엄 듀란트(William C. Durant)이다(1908). 듀란트는 재무 및 조직 경영에 허점을 드러내어 1910년, 1917년, 1920년 굴지의 화학공업 기업인 듀퐁 그룹으로부터 재무 지원을 받았으나 재기에 실패하였다. 듀퐁 그룹은 1920년 피에르 듀퐁(Piere S. du Pont)을 파견하여 GM의 사장으로 임명하였고, 알프레드 슬로안은 그의 후계자이다. 피에르 듀퐁과 알프레드 슬로안은 GM에 M형 기업 조직의 기반을 놓은 것으로 평가된다(Chandler, 1990. p. 206).

4 동구권, 중남미, 터키를 제외한 24개국 중 통계 파악이 가능한 23개국(호주는 통계가 존재하지 않아서 제외. 자료: http://stats.oecd.org, National Accounts-Population and employment of main activities)

5 캐나다, 덴마크, 룩셈부르크, 노르웨이, 스웨덴, 미국

6 금융 인프라는 금융기관에서, 과학 인프라는 기업 내 연구소에서 시행하므로 이미 시장 경쟁의 일부이다.

Thing 16

1 Finance, Insurance, Real Estate and Business Service (65–74)와 Health and Social Work (85)의 합(OECD STAN database).

2 PPP로 환산할 경우 2005년 OECD 선진국의 평균 1인당 국민소득은 36,264달러였는데 남부 유럽은 28,680달러에, 한국은 22,808달러에 그쳤다(Penn World Table 7.0).

3 물론 윤리적인 이유로 규제되는 법률 서비스도 있으나, 이는 소비자의 제한된 합리성 때문에 상품을 단순화하는 것을 목적으로 시행되는 규제가 아니다.

4 기업 대출 기반 구조화 증권은 부동산 대출 기반 구조화 증권 다음으로 보편적인 구조화 증권이다. 2005년~2008년 간 부동산 대출 기반 구조화 증권 발행량은 전체 구조화 증권 발행량 중 56%, 기업 대출 기반 구조화 증권 발행량은 30%에 달했다(Benmelech & Dlugosz, 2009).

5   파생금융상품의 역할은 그 종류만큼 다양하며, 이를 범주화하기는 매우 어렵다. 파생금융상품은 금융혁신의 산물인데, 금융 혁신의 역할은 대개 다음 6가지로 정리할 수 있다. ❶ 기금의 시·공간 이동(저축성 예금) ❷ 기금의 집적(뮤추얼 펀드) ❸ 위험의 축소(보험, 파생금융상품) ❹ 정보 추출 ❺ 정보의 비대칭성 및 도덕적 해이의 해소(벤처 캐피탈) ❻ 지불 수단(화폐, 신용카드)로 정리된다. 파생금융상품도 이와 같은 역할을 수행한다고 할 수 있다(Lerner & Tufano, 2011). 그중 특히 중요한 기능은 ❶과 ❷의 기능을 수행하여 유동성을 공급하는 역할과 ❸의 역할이다. 1978년~1984년 간 미국에서 개발된 대표적 파생금융상품 중 위험 회피를 주된 목적으로 하지 않는 파생금융상품은 개인 저축 계좌(IRA account) 한 가지뿐이었다(Van Horne, 1985).

6   일반적으로 선물은 환율의 변동, 옵션은 유가증권 가격의 변동에 대한 회피 수단으로 활용된다. 스왑 거래는 보다 다양한 영역을 포괄하는데, 선물이나 옵션이 1회에 한해서 행사가 가능하다면 스왑 거래는 계약 기간 안에 일어나는 모든 거래의 위험을 포괄하는 특징이 있다. 예를 들어, 이자율 스왑은 변동 금리에 따르는 이자 지불의 부담을 더는 대신에 고정 금리에 따르는 이자 부담만큼 계약 당사자에게 지불하는 계약이다. 이러한 이자율 스왑은 계약 기간 내 금리의 급작스러운 상승에 따른 위험을 제거하는 특징이 있다(Stulz, 2004).

7   Van Horne(1985)은 금융 혁신(Financial Innovation)의 원동력을 ❶ 물가 및 이자율의 변동 ❷ 금융 규제의 변화 ❸ 조세제도의 변화 ❹ 기술 진보 ❺ 경제활동의 수준 변화 ❻ 학술 활동의 성과로 정리한다. 이 중 수요 원인은 ❶ 물가 및 이자율의 변동 ❷ 금융규제의 변화 ❸ 조세제도의 변화 ❺ 경제활동의 수준 변화 4가지이다. 여기서 물가 및 이자율의 변동은 이자율 스왑과 같은 위험 회피 수단의 수요를, 그리고 경제활동의 수준 변화에 따르는 국제 교역의 증대는 환율 선물과 같은 위험 회피 수단의 수요를 확대시킨다. 즉 ❶과 ❺는 '위험의 회피'를 목적으로 하는 파생금융상품 개발의 유인이 된다.

8   실제로 1983년~1989년 간 미국 주식 가격과 옵션 시장 상장(listing)과의 관계를 연구한 Kumar et al.(1998)에 의하면 옵션 시장에 상장된 주식은 가격 오차(price error)의 분산이 줄어드는 경향이 있었다.

9   장하준은 수많은 금융 서비스업 종사자들이 '나는 몰랐다'라고 주장하는 말을 그대로 인용하면서 이들이 복잡한 금융 상품을 이해하지 못했다는 증거로 제시한다. 그러나 이들의 말은 믿기 어렵다. 최소한 2006년부터는 저신용 부동산 대출

이 부실화되기 시작했으므로 그에 기반한 주택 담보부 증권과 부채 담보부 증권의 위험은 당연히 증가하고 있었다. 금융업 종사자들이 이 사실을 정말로 몰랐다면 이는 배임 행위에 해당한다. 이들 금융업 종사자들은 자신들의 책임을 회피하기 위해 몰랐다고 변명하고 있을 뿐이다. Calomiris(2007)는 이러한 상황을 '그럴듯하게 부정할 수 있는 상태(Plausible Deniability)'라고 표현한다.

Thing 17

1   장하준의 책에는 2004년에 발표한 논문이라고 되어 있으나 2001년도 World Bank Economic Review Vol.15 No.3(pp.367-391)에 수록된 논문이다.

2   Krueger, A. B. and M. Lindahl, "Education for Growth: Why and For Whom?," Journal of Economic Literature 39(4), 2001, pp.1101-1136.

3   Barro, R. J. and J.-W. Lee, "A New Data Set of Educational Attainment in the World, 1950-2010," NBER Working Paper 15902, 2010.

4   브레이버만의 논의는 자본주의 사회의 작업장(일터)에서의 작업이 노동자의 필요를 충족시키기 위한 것이 아니라 이윤의 창출을 위해 행해지므로 여기서 노동자와 자본가 사이에 근본적인 이해의 충돌이 발생한다는 논리에 기반을 두고 있다. 따라서 자본의 입장에서는 노동의 잠재력을 최대한 뽑아내기 위해 노동자에 대한 통제가 필요하고 이를 위해 탈숙련화가 진행된다. 따라서 새로운 기계의 등장 혹은 기계화는 이윤을 발생시키기 위한 목적으로 이루어지고 새로운 기계의 등장과 더불어 직업 관련 지식이 파괴되어 노동의 역할은 저렴해지고 파편화되며 직무 수행을 위한 기능이 그 직무의 내용으로부터 분리된다. 즉, 기계화는 기계가 노동을 대체할 뿐만 아니라 근로자의 직무와 관련해 필요한 기술적 지식을 감소하여 근로자의 탈숙련화를 촉진시킨다.

5   포드주의(Fordism)는 일관 조립 라인(Assembly line)을 통해 낮은 비용으로 표준화된 제품을 대량생산할 수 있게 한 제조 시스템을 의미하며 자동차 생산에 이를 처음 적용한 헨리 포드의 이름을 땄다. 마르크스주의자들에 따르면 포드주의는 제한된 노동시간 내에 생산량을 극대화하기 위해 노동강도를 강화했고 노동과정 안에서 노동자들의 자율적인 공간을 제거함으로써 자본가의 통제를 확고히 한 체제이다. 그러나 포드주의는 낮은 비용으로 표준화된 제품을 대량 생산할 수 있게 만든 효율적인 제조 시스템을 의미하며 이를 통한 노동생산성의 상승과 더불어 근로

자들이 높은 임금을 받게 됨으로써 대량 소비의 시대를 가능하게 만든 시스템이었
다고 평가할 수 있다.

6 Acemoglu, D. and F. Zilibotti, "Productivity Difference," Quarterly Journal of Economics 116(2), 2001, pp.563–606.

7 헤리티지 재단과 월스트리트저널에서 측정한 스위스의 경제 자유도는 1990년대 중반 이후 4~9위 수준을 유지하고 있고 이는 유럽에서 가장 높은 수준이다. 따라서 스위스는 유럽 국가들 중에서 가장 높은 경제적 자유를 구가하고 있는 국가라고 할 수 있다.

Thing 19

1 '대약진 운동'은 1958년~1961년의 기간에 중국에서 있었던 거대한 사회주의 계획경제 실험이었다. '대약진 운동'은 중국의 풍부한 노동력을 근간으로 사회주의적 집단 협업을 통해 농업과 공업을 병행 발전시킨다는 목표로 출발하였다. 마오는 곡물과 철강 생산을 경제 발전의 두 기둥으로 보았고 이를 위해 농촌에 자급자족적인 인민 공사가 조직화되었다. 인민 공사의 조직화는 토지와 농기구 등 생산수단 사유화 전면 폐지, 공동 취사의 실시 등을 통해 공산주의적 공동체 이상 실현을 시도한 것이었고 농민 등 공동체 지역민을 생산대로 편제하였다. 인민 공사를 중심으로 곡물과 철강 생산의 증대를 꾀했는데 곡물의 경우 집단화 농업의 비효율성에 더해 잘못된 농법 실험으로 오히려 곡물 생산이 크게 감소하였다.
1958년 8월 공산당 정치국은 인민 공사를 비롯한 마을의 소형 용광로를 이용하여 1년 안에 철강 생산을 2배 증가시키기로 결정하였다. 소형 용광로는 모든 인민 공사와 도시 인근에 세워졌고 마을마다 할당량을 채우기 위해 많은 농민들이 철강 생산에 동원되었을 뿐만 아니라 소형 용광로에 쓰일 목재 및 고철로 각종 가재도구 및 농기구들까지 동원되었다. 그러나 그렇게 생산된 철강은 경제성이 거의 없는 낮은 품질의 철강이었다. 따라서 할당량을 달성하지 못한 당 간부들은 허위 보고를 통해 생산량을 부풀리고 이는 더 많은 증산을 계획하게 되는 악순환에 빠졌다. 그 결과 곡물과 철강의 증산은커녕 산업 생산의 감소로 대약진 운동 기간 동안 중국 경제는 마이너스 성장을 하였고 도시 인구의 급증 및 곡물 생산의 감소로 수천만 명의 아사자가 발생하는 대재앙이 나타났다. 아사자의 숫자는 정확하지 않으나 4천만 명 이상이라는 것이 거의 정설로 받아들여지고 있고 이러한 결과는 사회주의 계획경제가

얼마나 처참한 결과를 가져오는가를 역사적으로 보여준 명백한 증거이다.

2 Albert, M.(1992)은 「Capitalism against Capitalism」에서 구소련과 동유럽 사회주의 계획경제가 몰락한 이후에 발표된 책으로 유럽식 복지국가, 유럽식 자본주의가 영미식 자본주의보다 우월함을 주장하고 있다. 이 책에서와 같이 유럽식 자본주의와 영미식 자본주의를 구분하는 것은 정부의 개입 정도이다. 이러한 사고는 또한 정부의 계획과 개입을 통해 목표로 하는 특정의 분배 결과나 자원 배분 결과를 시장에서 얻을 수 있다는 믿음에 근거한다.

3 인도의 경우에 대해서는 Panagariya, A., India's Trade Reform: Progress, Impact, and Future Strategy, mimeo, 2004를 참조하라. 인도가 전후 다른 개발도상국에 비해 안정적인 거시 경제 기조를 유지했음에도 불구하고 빠른 성장을 하지 못한 것은 정부의 과도한 개입 및 보호주의 정책 때문이라는 것이 Panagariya(2004)의 주장이다.

Thing 20

1 그렇다고 자산을 균등화하는 정책은 더욱 사용하기 어렵다. 자산을 균등화하는 정책은 저축 의욕을 저해하여 민간 투자 재원을 축소시킨다. 이는 자본 축적을 둔화시켜서 경제성장에 치명적인 악영향을 가져온다.

2 미국의 공공 교육 지출은 GDP의 5.5%, 공공 고등교육 지출은 GDP의 1.4%로 각각 OECD 선진국 평균인 5.8% , 1.4%와 유사하다(OECD, 2009).

3 맞벌이 부부 중 한 명은 평균 소득, 또 한 명은 평균 소득의 33%를 버는 가정의 경우(http://stats.oecd.org).

4 새 직장을 탐색하는 과정에서 발생하는 일시적인 실직 상태.

5 농업과 같이 계절적인 노동 수요 변동이 있는 산업에서 비수기에 노동수요가 급감하면서 발생하는 실직 상태.

6 OECD SOCX data 〈http://www.oecd.org/els/social/expenditure〉, OECD. StatExtracts 〈http://stats.oecd.org/ Index.aspx〉

Thing 21

1 저소득층에 대한 소득 보조금과 같은 정부의 이전소득과 가족 · 친지 · 민간 자선

단체의 지원과 같은 민간의 이전소득이 취업을 하지 않은 상황에서 취득할 수 있는 대표적인 소득이다.

2   OECD 국가 중 동구권, 터키, 중남미를 제외한 국가를 선진국으로 간주하였으며, 포르투갈과 스웨덴은 자료의 부족으로 분석에서 제외하였다(OECD SOCX data 〈http://www.oecd.org/els/social/expenditure〉, OECD.StatExtracts 〈http://stats.oecd.org/Index.aspx〉).

3   유의 수준 5%에서 통계적으로 유의한 관계이다.

4   1990년~2000년 간 3인 가족에 대한 보조금은 2000년 가격으로 월 480달러에서 379달러로 하락하였다.

5   정확하게 표현하자면 연방정부의 지원을 받을 수 있는 기간은 60개월이었다. 60개월 이상 지원은 주 정부가 자체 재원으로 지급할 수 있었다.

6   캐나다(0.22), 영국(0.29), 미국(0.33)보다는 높으며 아일랜드와 유사(한국 제외)하다.

7   뉴질랜드(0.38), 포르투갈(1.88), 프랑스(2.13)보다는 높고, 아일랜드와 유사(한국 제외)하다.

8   노르웨이가 10.2%, 스웨덴이 14.4%, 핀란드가 26.5%이다. 참고로 미국의 장기 실업자 비중은 10.7%로 노르웨이보다 약간 높다.

Thing 22

1   이를 경제학에서는 조정 실패(coordination failure)라고 표현한다.

2   당시 J. P. 모건의 파트너가 이사회에 참여한 기업들은 주식의 가치가 10%~40% 더 높을 정도로 투자은행의 감독 능력은 시장에서 인정받았다(De Long, J Bradford., 1990).

3   연기금과 기업 경영진의 상호 접촉에 대해서는 Gillan and Starks(2000) 참조

4   자원 배분의 왜곡은 교전 때문에 발생한 생산수단 파괴 및 국제무역의 축소에 기인한다. 국제무역이 축소되면서 이들 국가들은 농업생산물을 어느 정도는 자급에 의존할 수밖에 없었고, 그 결과 비교 우위가 있었던 공업 부문에 생산요소를 집중할 수 없었다.

Thing 23

1   대개 임금은 물가보다 조정이 늦어서(Sticky Wage 가설) 기업의 비용 부담이 일

시적으로 완화되고, 그에 따라 산출과 고용이 증가하는 경향이 있다. 그런데 물가 인상이 정례화되면 경제주체들이 물가 인상에 대비하여 가격 및 임금을 정기적으로 인상하여 이러한 물가 조정 시차가 줄어든다. 그 결과 물가는 인상되어도 경기는 부양되지 않는 현상이 나타날 수 있다. 1970년대 중반 고물가 · 저성장 현상은 이러한 상황을 반영하는 것으로 이해된다.

2　OECD 회원국 중 동부 유럽 국가들과 터키, 멕시코, 칠레, 이스라엘, 한국을 제외한 22개국.

3　IMF. World Economic Outlook Database 〈http://www.imf.org/external/ns/cs.aspx?id=28〉

4　미국의 경우 '안정화 시대'에 경기 안정의 20~30%는 보수적인 거시 정책 기조의 정착, 20~30%는 생산성의 향상, 그리고 나머지 30~40%는 '알려지지 않은 행운'에 기인하는 것으로 추정된다 (Stock & Whatson, 2002).

5　실제로 외국 자본은 호황기에 더 많이 유입되고 불황기에는 급격하게 유출되어 경기변동을 증폭하는 성격이 있음이 확인된다(Ocampo & Stiglitz).

Acemoglu, Daron, Philippe Aghion, Fabrizio Zilibotti(2001). "Distance to Frontier, Selection, and Economic Growth". Working Paper no. 9066. National Bureau of Economic Research.

Acemoglu, D. S. Johnson and J. A. Robinson (2001). "An African Success Story, Botswana," mimeo.

Acemoglu, D. and F. Zilibotti (2001). "Productivity Difference," *Quarterly Journal of Economics* 116(2), pp.563-606.

Adams, Rene' e, Benjamin

Albert, M. (1992), *Capitalism against Capitalism.*

Aoki, Masahiko & Hugh Patrick(1995). *The Japanese Main Bank System.* Oxford University Press, USA

Ark van, B., Inklaar, R., McGuckin, R. (2003), "ICT and productivity in Europe and the United States: Where do the differences come from?", CESifo Economic Studies, Vol. 49, No (3), pp.295-318.

Baily, Martin Neil (2002). "Distinguished Lecture on Economics in Government: The New Economy: Post Mortem or Second Wind?". *The Journal of Economic Perspective.* 16(2). p.3-22

이제민 (2001). "한국의 산업화와 산업화정책", 『한국경제성장사』(안병직 편) 제13장, pp.483-524.

Baldwin, R. (1969). "The Case against infant-industry protection," *Journal of Political Economy* 77(3), pp.295-305.

Barro, R. J. and J.-W. Lee (2010). "A New Data Set of Educational Attainment in the World, 1950-2010," NBER Working Paper 15902.

Barro, Robert J. (1987). "Government Spending, Interest rates, prices, and budget deficits in the United Kingdom. 1701-1918". Journal of Monetary Economics 20(2), 221-247

Baumal, William J. (2004). "Education for Innovation: Entrepreneurial Breakthroughs vs. Corporate Incremental Improvements" (Working Paper No. 10578). National Bureau of Economic Research.

Baumol, William J., Robert E. Litan and Carl J. Schramm (2007). *Good Capitalism, Bad Capitalism, and the Economics of Growth and Prosperity*. New Haven & London: Yale University Press.

Bautista, R. M. and A. Valdes (1993) *The Bias Against Agriculture: Trade and Macroeconomic Policies in Developing Countries*.

Benmelech, Efraim & Jennifer Dlugosz (2009). "The Alchemy of CDP Credit Ratings" (Workipg Paper no. 14878). National Bureau of Economic Research

Benmelech, Efraim, Jennifer Dlugosz, and Victoria Ivashina (2011). "Securitization without Adverse Selection: The Case of CLOS" (Working Paper no. 16766). National Bureau of Economic Research.

Blomstrom, M. and A. Kokko (1998). "Multinational Corporations and spillovers," *Journal of Economic Surveys* 12, pp.247-277.

Borjas, George J. (1999), "The economic analysis of immigration" in Handbook of Labor Economics Volume 3, Part 1, Pages 1697-1760. North-Holand.

Borjas, George J. & Rachel M. Friedberg (2009). "Recent Trends in the Earning of New Immigrants to the United States." (Working Paper no. 15406). National Bureau of Economic Research.

Blank, Rebecca M. (2002). "Evaluation Welfare Reform in the United States". (Working Paper no. 8983). National Bureau of Economic Research.

Bound, J., Cummins, C., Griliches, Z., Hall, B.H. and Jaffe, A (1984). "Who does R&D and who patent?" in Z. Griliches, ed, *R&D patents and productivity*. Chicago: University of Chicago.

Broadberry, Stephen N. (1993) "Manufacturing and the Convergence Hypothesis: What the Long-Run Data Show." The Journal of Economic History, 53(4). 772-795

Bruno, M. and W. Easterly (1998). "Inflation Crises and Long-Run Growth," *Journal of Monetary Economics* 41, pp.3-26.

288

Brynjolfsson, Erik and Lorin M. Hitt (2000). "Beyond Computation: Information Technology, Organizational Transformation and Business Performance". *Journal of Economic Perspective.* 14(4). p.23-48

Burton, Henry J. (1998). "A Reconsideration of Import Substitution". *Journal of Economic Literature.* 36(2). pp. 903-936

Caballero, R., Hoshi, T., & Kashyap, A. (2008). Zombie Lending and Depressed

Restructuring in Japan. American Economic Review, 98(5), 1943-1977. Calomoris, Charlse W. (2008), "The Subprime Turmoil: What's Old, What's New, and What's Next" AEI Online

Campos, Nauro F. and Fabrizido Coricelli (2002), Growth in Transition: What We know, What We Don't, and What We Should. Journal of Economic Literature, 40 . 793-836

Carlin, Wendy (1994). "West German Growth and Institution, 1945-90" (Discussion Papers no. 896). Center for Economic Policy Research. no. 896

Chandler, Alfred. D. (1990). *Scale and Scope: The Dynamics of Industrial Capitalism.* Harvard University Press.

Chandler, Alfred D. (1992). "Organizational Capabilities and the Economic History of the Industrial Enterprise". *The Journal of Economic Perspectives.* 6(3). 79-100

Chiswick, Barry R. (1978). "The effect of Americanization on the earning of foreign-born man". Journal of Political Economy. 86(5):897-921

Craft, Nicholas (2002). "The Solow Productivity Paradox in Historical Perspective.". CEPR Discussion Paper No. 3142

Crafts, N.F.R. (1984). "Economic Growth in France and Britain, 1830-1910: A Review of the Evidence". The Journal of Economic History. 44(1). 49-67

Dean, P. (1957). "The Output of the British Woolen Industry in the Eighteenth Century," *Journal of Economic History* 17(2), pp.207-223.

DeNavas-Walt, Carmen, Bernadette D. Proctor, and Robert J. Mills,(2004) "Income, Poverty, and Health Insurance Coverage in the United States: 2003," (Current Population Reports, P60-226,) U.S. Census Bureau,

DeLong, J. Bradford (1990). "Did J.P. Morgan's Men Add Value? A Historical Perspective on Financial Capitalism" Working Paper no. 3426. National Bureau of Economic Research

DeLong, J. Bradford (2002). "Productivity Growth in the 2000s", Mark Gertler and Kenneth Rocoff .eds. *NBER Macroeconomics Annual_* 2002. Vol. 17. pp.113-158

Easterly, William and Ross Levine (2001). "It's Not Factor Accumulation: Stylized Facts and Growth Models", World Bank Economic Review, 15. 177−219

Eichengreen, Barry (1996). Golden Fetters. Oxford Universtiy Press. USA

Eliss, Luci, (2008). "The Housing meltdown: Why did it happen in the United States?" (BIS Working Paper no. 259). Bank of International Settlement.

Elston, Julie Ann (1998). Investment, liquidity constraints, and bank relationships: Evidence from German manufacturing firms. in Black, S.W. and M. Moersch (eds.), *Competition and Convergence in Financial Markets: The German and Anglo−American Models*, North−Holand. 135−171.

Estrin, Saul (2002). Competition and Corporate Governance in Transition. Journal of Economic Perspective, 16(1) 101−124

Frankel Allen D. and Douglas Gale (2000) Comparing Financial Systems. Cambridge, MA: The MIT Press.

Fischer, S. (1993). "The Role of Macroeconomic Factors in Growth," *Journal of Monetary Economics* 32, pp.485−512.

Fischer, S., R. Sahay, and Vegh, C. A. (2002). "Modern Hyper−and High Inflations," *Journal of Economic Literature* 40(3), pp.837−880.

Frankel, J. A. (2010). "Mauritius: African Success Story," NBER Working Paper 16569.

Gersovitz, M. (1989). "Transportation, State Marketing, and the Taxation of the Agricultural Hinterland," *Journal of Political Economy* 97(5), pp.1113−1137.

Gerybadze, A. and G. Reger (1999). "Globalization of R&D: recent changes in the management of innovation in transnational corporations," *Research Policy* 28, pp.251−274.

Gillan, L. Stuart and Laura T. Starks(2000), "Corporate Governance Proposal and Shareholder Activism: the Role of Institutional Investors", *Journal of Financial Economics*, 57, 275−305

Gillan, L. Stuart and Laura T. Starks(2007). "The Evolution of Shareholder Activism in the U. S". Journal of Applied Corporate Finance. 19(1). 55−73;

Gompers, Paul & Josh Lerner (2001). The Venture Capital Revolution. *Journal of Economic Perspective*, 15(2), pp. 145−168

Gompers, Paul & Josh Lerner (2006). *The Venture Capital Cycle*(2nd edition). Cambridge, Massachusetts. London, England. The MIT Press.

Gompers, Paul A. and Josh Lerner (2001). *The Money of Invention*. Harvard Business School Press.

Gordon, Robert J. (2000b). "Does the "New Economy" Measure up to the Great Inventions of the Past?" (Working Paper no. 7833). National Bureau of Economic Research.

Gordon, Robert J. (2000a). "Interpreting the 'One Big Wave' in U.S. Long-term Productivity Growth". in Bart van Ark, Simon Kuipers, and Gerard Kuper, eds. Productivity, Technology, and Economic Growth, Kluwer Publisher. pp. 19-65

Gorton, Gary B. (2008). "The Subprime Panic" (Working Paper no. 14398). National Bureau of Economic Research.

Grossman, G. M. and Horn, H. (1988). "Infant Industry Protection Reconsidered: the case of informational barriers to entry," *Quarterly Journal of Economics* 103(4), pp.767-787.

Hall, Bronwyn H. & Josh Lerner (2009). "The Financing of R&D and Innovation" (Working Paper no. 15325). National Bureau of Economic Research.

Haltiwanger, John, Ron Jarmin, and Thorsten Schank (2003). "Productivity, Investment in ICT and Makrket Experimentation: Micro Evidence from Germany and the U.S.". CES 03-66. Center for Economic Studies.

Hanke, S. H. (2008). "Zimbabwe-From Hyperinflation to Growth-," Cato Institute Development Policy Analysis No.6.

Harrison, A. and A. Rodriguez-Clare (2010). "Trade, Foreign Investment, and Industrial Policy for Developing Countries," Ch.63 in *Handbook of Development Economics* Vol.5 edited by D. Rodrik and M. R. Rosenzweig.

Head, K. (1994). "Infant industry protection in the steel rail industry," *Journal of International Economics* 37, pp.141-165.

Heilburm, J. (2003). "Baumol's cost disease," *A Handbook of Cultural Economics.*

Heston, Alan, Robert Summers and Bettina Aten(2011. May), Penn World Table Version 7.0, Center for International Comparisons of Production, Income and Prices at the University of Pennsylvania 〈http://pwt.econ.upenn.edu〉

Hoffman, Philip T. (1988). "Institutions and Agriculture in Old Regime France." Politics and Society . V.1-19. 241-264.

Holmstrom, Bength and Steven N. Kaplan (2001) "Corporate Governance and Merger Activity in the United States: Making Sense of the 1980s and 1990s." *Journal of Economic Perspectives.* 15(2). 121-144

Hoshi, T. & Kashyap, A. (2008). Will the U. S. Bank Recapitalization Succeed. Eight Lessons from Japan. (No. 14401). National Bureau of Economic Research.

Howitt, Peter & David Mayer-Foulkes (2005). "R&D, Implementation and Stagnation: A Schumpeterian Theory of Convergence Clubs". Journal of Money, Credit and Banking. 37 (1). 147–77

Irwin, D. A. (2009). "Revenue or Reciprocity? Founding Feuds over Early U.S. Trade Policy," NBER Working Paper 15144.

Irwin, D. A. (2000). "Did Late-Nineteenth-Century U.S. Tariffs Promote Infant Industries? Evidence from the Tinplate Industry," Journal of Economic History 60(2), pp.353–360.

Jarrell, Gregg A., James A. Brickley, and Jeffry M. Netter. (1988). The Market for Corporate Control: The Empirical Evidence Since 1980" *The Journal of Economic Perspectives*, Vol. 2, No. 1, pp. 49–68. 참조

Jones, C. I. (2002). "Sources of U.S. Economic Growth in a World of Ideas," *American Economic Review* 92(1), pp.220–239.

Jorgenson, Dale W. Mun S. Ho, and Kevin J. Stiroh (2008), "A Retrospective Look at the U.S. Productivity Growth Resurgence". *Journal of Economic Perspective*. 22(1). p.3–24

Kaplan, Steve N. & Benradette A. Minton (2008). "How Has CEO Turnover Changed?: Increasingly Performance Sensitive Boards And Increasingly Uneasy CEOs" (Working Paper no. 12465). National Bureau of Economic Research.

Khan (2000), Rents, *Rent-Seeking and Economic Development* Cambridge University Press

Klein, April and Emanuel Zur(2009), "Entrepreneurial Shareholder Activism: Hedge Funds and Other Private Investors", The Journal of Finance. 64(1), 187–229

Kleinknecht, Alfred (1987). *Innovation Patterns in Crisis and Prosperity: Schumpeter's Long Cycle Reconsidered,* London: Macmillan.

Klenow, Peter J. and Andre's Rodri'guez-Clare (1997). "The Neoclassical Revival in Growth Economics: Has it Gone too Far?". In *NBER Macroeconomics Annual 1997,* edited by Ben Bernanke and Julio Rotemberg, pp. 73–103. Cambridge, M.A., MIT Press.

Kortum, Samuel and Josh Lerner (1998). "Does Venture Capital Spur Innovation?" (Working Paper No. 6846). National Bureau of Economic Research.

Krueger, A. O. (1997). "Trade Policy and Economic Development: How we learn," *American Economic Review* 87(1), pp.1–27.

Krueger, A. B. and M. Lindahl (2001). "Education for Growth: Why and For Whom?" *Journal of Economic Literature* 39(4), pp.1101–1136.

Lamoreux, Naomi R. & Kenneth L. Sokoloff (2009). "Introduction", in Naomi R. Lamoreaux and Keneth L. Sockoff eds. *Financing Innovation in the United States, 1870 to the Present.* Cambridge, Massachusetts and London, England. The MIT Press. pp.1–37

Leahy, D. and P. Neary (1999). "Learning by doing, precommitment, and infant-indstry protection," Review of Economic Studies 66(2), pp.447–474.

Lemieux, Thomas (2007). "The Changing Nature of Wage Inequality". (Working Paper no. 13523). National Bureau of Economic Research.

Lemieux, Thomas, W. Bentley MacLeod , Daniel Parent (2007). "Performance Pay and Wage Inequality". (Working Paper no. 13128). National Bureau of Economic Research.

Lehner, Josh (2009). *The Boulevard of Broken Dreams.* Princeton University Press

Lehner, Josh & Peter Tufano (2011). " The Consequence of Financial Innovation: A Counterfactual Research Agenda.". (Working Paper no. 16780) National Bureau of Economic Research.

Levin, Wesley M. (1989). "Empirical Studies of innovation and market structure" in R. Schmalensee and R.D. Willig eds. Handbook of Industrial Organization. Vol. 2. pp. 1060–1107

Lipsey, R. E. (2000). "U.S. Foreign Trade and the Balance of Payments, 1800–1913," in *The Cambridge Economic History of the United States Vol. II, The Long Nineteenth Century* edited by S. L. Engerman and R. E. Gallman, pp.685–732.

Markusen, J. R. (1999). "Foreign direct investment as a catalyst for industrial development," *European Economic Review* 43, pp.341–356.

Marx, K. (1865). *Value, Price, and Profit.* online edition Jan. 2006, New York Labor News Company.

Mayer-Foulkes, David (2002). "Global Divergence", unpublished manuscript.

Mokyr, Joel (1998). "Editor's Introduction: The New Economic History and The Industrial Revolution" in The British Industrial Revolution: An Economic Perspective, Second Edition . Westview Press. p. 1–83

Ndulu, B. J. and S. A. O'Connell (1999). "Governance and Growth in Sub-Saharan Africa," *Journal of Economic Perspectives* 13(3), pp.41–66.

Nezu, Risaburo (2004). "Why did Japanese Industry Lose Out in the Global Competition During the 1990s?". *The Japanese Economy.* 32(1). p. 45–75

North, Douglass C. & Barry R. Weingast (1989). "Constitution and Commitment: The

Evolution of Institutional Governing Public Choice in the Seventeenth Century England". The Journal of Economic History. 49(4). 803–832

Ocampo, Jose' Antonio & Joseph E. Stiglitz (2008). *Capital Market Liberalization and Development.* Oxford University Press.

Office of the Chief Economist, Securities and Exchange Commission (1985), "Institutional Ownership, Tender Offers and Long Term Investment,"

OECD (2003). *ICT and Economic Growth– Evidence from OECD Countries, Industries and Firms.* OECD, Paris

OECD (2005). *Education at a Glance 2009.* OECD. Paris

OECD (2009). *Government at a Glance 2009.* OECD. Paris

OECD (2011). *Economic Outlook no.89.* OECD. Paris

Panagariya, A. (2004). "India's Trade Reform: Progress, Impact, and Future Strategy," mimeo.

Partony (1999). "The Siskel and Ebert of Financial Markets?: Two Thumbs Down for the Credit Rating Agencies". Washington University Law Quarterly. 77(3). 619–714

Pavitt, K., Robson, M. and Townsend, J. (1987). "The size distribution of innovating firms in the U.K, 1945–1983". *Journal of Industrial Economics.* 35. pp.267–316

Philippe Aghion, Nicholas Bloom, Richard Blundell, Rachel Griffith, and Peter Howitt (2002), "Competition and Innovation: An Inverted U Relationship", (Working Paper no. 9269). National Bureau of Economic Research.

Pritchett, L. (2001). "Where has all the education gone?" *World Bank Economic Review* 15(3), pp.367–391.

Rajan, R. G. and A. Subramanian (2005). "Aid and Growth: What does the Cross-country evidence really show?" NBER Working Paper 11513.

Rajan, Raghuram G. and Luigi Zingales (2001). "Financial Systems, Industrial Structure, and Growth". Oxford Review of Economic Policy 17(4).pp. 467–482

Rand, A. (1964). *The Virtue of Selfishness.*

Ravallion, Martin. (2001). "Growth, Inequality and Poverty". (WPS 2558). The World Bank

Rich, K. M., A. Winter–Nelson, and G. C. Nelson (1997). "Political Feasibility of Structural Adjustment in Africa: An Application of SAM Mixed Multipliers," *World Development* 25(12), pp.2105–2114.

Ridley, M. (2010). *The Rational Optimist, How Prosperity Evolves.*

Romer, D. (2006). *Advanced Macroeconomics,* McGraw–Hill/Irwin, 3rd edition.

Sala–i–Martin, Xavier (2002). " The Disturbing "Rise" of Global Income Inequality".

(Working Paper no. 8904). National Bureau of Economic Research.

Saure, P. (2007). "Revisiting the infant industry argument," *Journal of Development Economics* 84, pp.104–117.

Shammas, C. (1994). "The Decline of Textile Prices in England and British America Prior to Industrialization," *Economic History Review* 47(3), pp.483–507.

Shiller, Robert J. (2008). The Subprime Solution. Princeton University Press.

Shleifer, Andrei & Robert W. Wishny (1997). "A Survey of Corporate Governance". *The Journal of Finance.* 52(2). pp. 737–783

Smith, Adam (1795). The Theory of Moral Sentiments.

Spiller, T. Pablo. (2008). "An Institutional theory of public contracts: regulatory implication" (working paper no. 14152). National Bureau of Economic Research

Stock, James H. & Mark. W. Watson (2002), "Has the Business Cycle Changed and Why?", Working Paper no. 9127. National Bureau of Economic Research

Stiglitz, Joseph E. (2010). *Freefall.* Norton

Stulz, Rene' M. (2004). "Should We Fear Derivatives?". *Journal of Economic Perspectives.* 18(3). pp.173–192

Stulz, Rene' M. (2009) "Credit Defaults Swaps and the Credit Crisis" (Working Paper no. 15384). National Bureau of Economic Research.

Sundaram, A. K. and A. C. Inkpen (2004). "Corporate Governance Revisited," *Organization Science* 15(3), pp.350–364.

Svenjnar, Jan (2002). Transition Economies: Performance and Challenges. Journal of Economic Perspective 16(1). 3–28

Swafford, Patricia M. Soumen Ghosh, and Nagesh Murthy (2008). "Achieving supply chain agility through IT integration and flexibility." *International Journal of Production Economics.* 116. pp. 288–297

Temin, Peter (1998). "The Stability of the American Business Elite" (Historical Paper no. 110). National Bureau of Economic Research.

Temin, Peter (1997). "The American Business Elite in Historial Perspective" (Historical Paper no. 104). National Bureau of Economic Research.

Temin, Peter (2002). "The Golden Age of European growth reconsidered". *European Review of Economic History.* 6. p.3–22.

Thiele, R. (2002). "The Bias against Agriculture in Sub–Saharan Africa: Has it survived 20 years of Structural Adjustment Programs?" Kiel Working Paper No. 1102.

Tirole, J. (2001). "Corporate Governance," *Econometrica* 69(1), pp.1–35.

Triplett, J. E. and B. P. Bosworth (2003). "Productivity Measurement Issues in Service Industries, "Baumol's Disease" has been cured," FRBNY Economic Policy Review, September, pp.23-33.

Van Horne, James C. (1985). "Of Financial Innovations and Excesses". The Journal of Finance. 40.(3). pp.621-631

Varian, Hall R. (2003). "Economics of Information Technology". mimeo

Viner, J. (1930). "English Theories of Trade Before Adam Smith (Concluded)," *Journal of Political Economy* 38(4), pp.404-457.

Wallison, Peter J. and Charles W. Calomiris (2008). "The Last Trillion-Dollar Commitment: The Destruction of Fannie Mae and Freddie Mac". Financial Service Outlook. American Enterprise Institute for Public Policy Research.

Westphal. Larry E. (1990). "Industrial Policy in an Expert Propelled Economy: Lessons From South Korea's Experience". *The Journal of Economic Perspective*. 4(3). pp. 41-59

Williams, Oliver E. (1985). *The Economic Institution of Capitalism: Firms, Market, Relational Contracting.* Free Press

World Bank (1987). *World Development Report,* 1987. Oxford University Press.

World Bank (1993). "The East Asian Miracle". Oxford University Press.

김낙년 (1999). "1960년대 한국의 경제성장과 정부의 역할," 「경제사학」 27호, pp.115-150.

박영구 (2001). "정부인가 시장인가: 1980년대 중화학공업 조정 이후의 효율성과 시사점," 「국제경제연구」 제7권 제1호, pp.213-231.

박영구 (2002). "산업과 보호: 1970년대 중화학공업정책과 재정정책," 「한국경제연구」 9호, pp.117-144.

양동휴 (1997), 「규모와 범위의 경제-알프레드 챈들러의 경영사관」, 『미국 경제사 탐구』, 서울대학교 출판부, pp.287-324

양동휴 (2004), "영국산업혁명과 신경제사 재론", 경제사학 43(4)

양동휴 (2007), 『세계화의 역사적 조망』, 서울대학교 출판부

이제민 (2001). "한국의 산업화와 산업화정책", 『한국경제성장사』(안병직 편) 제13장, pp.483-524.

조덕희 (2002), "벤처산업의 성과와 과제: 부문별 주요 논점 및 제도개선 과제", 한국산업연구원